[錢基博集]

碑傳合編

BEICHUAN HEBIAN

傅宏星／主編　傅宏星／校訂

2014年湖北省學術著作出版專項資金資助項目

華中師範大學出版社

新出圖證(鄂)字 10 號

圖書在版編目(CIP)數據

碑傳合編/錢基博著;傅宏星主編、校訂.
—武漢:華中師範大學出版社,2014.12
(錢基博集)
ISBN 978-7-5622-6517-7

Ⅰ.①碑…　Ⅱ.①錢…　②傅…　Ⅲ.①歷史人物—列傳—中國—古代
Ⅳ.①K820.2

中國版本圖書館 CIP 數據核字(2014)第 018425 號

碑傳合編
錢基博著
傅宏星主編　傅宏星校訂

責任編輯:郭志剛　責任校對:劉　峥
封面設計:甘　英　封面製作:胡　燦
出版發行:華中師範大學出版社
社址:湖北省武漢市珞喻路 152 號　郵編:430079
電話:027—67863426(發行部)　027—67861321(郵購)
傳真:027—67863291
網址:http://www.ccnupress.com　電子信箱:hscbs@public.wh.hb.cn
印刷:湖北恒泰印務有限公司　督印:章光瓊
字數:326 千字　印張:21.5　插頁:4
開本:787mm×980mm　1/16
版次:2014 年 12 月第 1 版　印次:2014 年 12 月第 1 次印刷
定價:42.00 圓

歡迎上網查詢、購書

錢基博先生晚年證件照

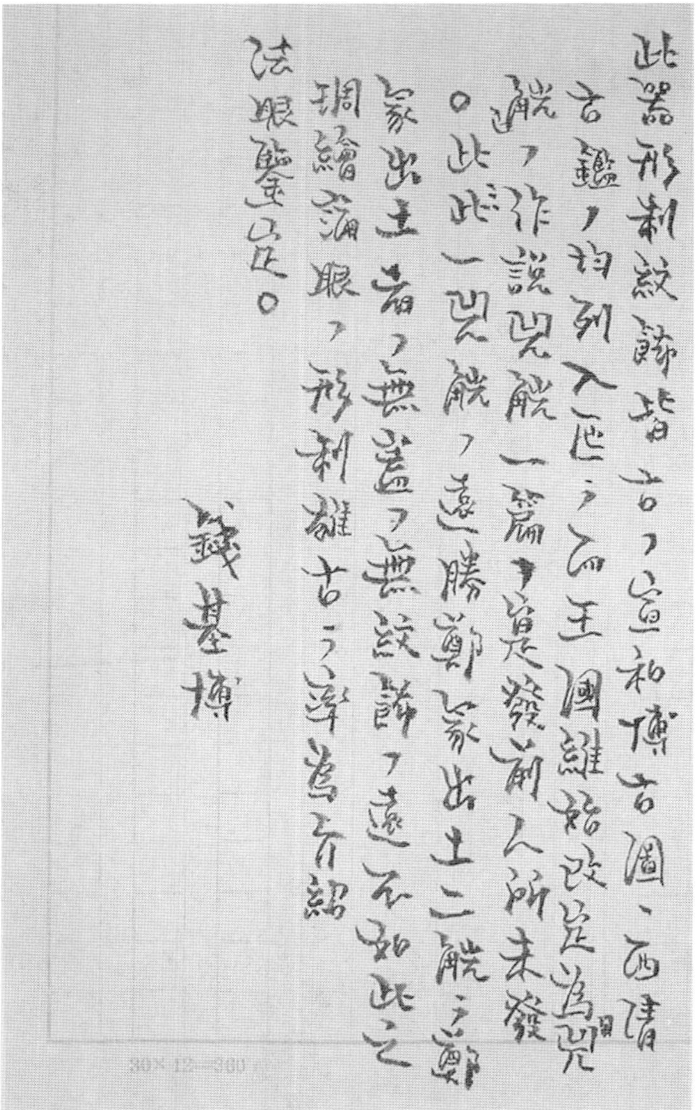
此器形制紋飾皆古。宣和博古圖、西清古鑑，均列入匜，至王國維始改定為兕觥，作說兕觥一篇，實足發前人所未發。此此一兕觥，遠勝鄭冢出土二觥。鄭冢出土者，無蓋，無紋飾，遠不如此之瑰繪滿眼，形制雖古，幸為介紹法眼鑒定。

錢基博

錢基博先生手迹

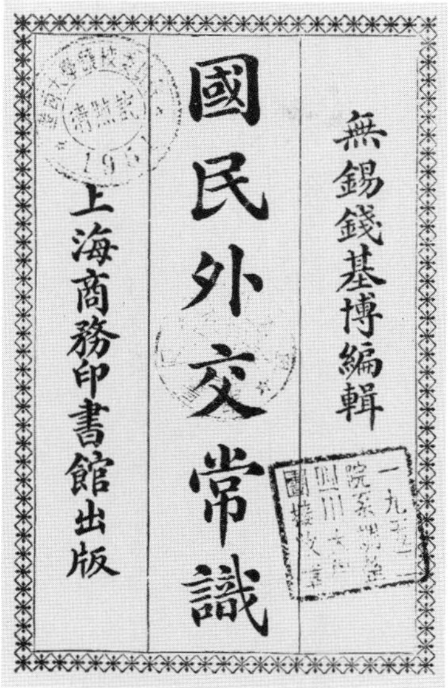

《國民外交常識》書影

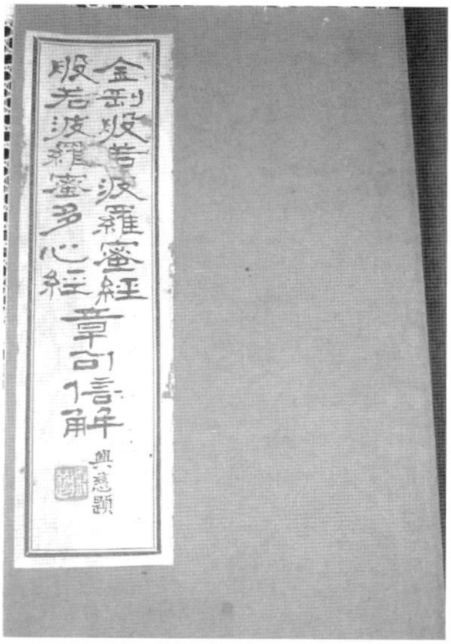

《金剛般若波羅蜜經
般若波羅蜜多心經　章句信解》書影

《孟子約纂》書影

《讀莊子天下篇疏記》書影

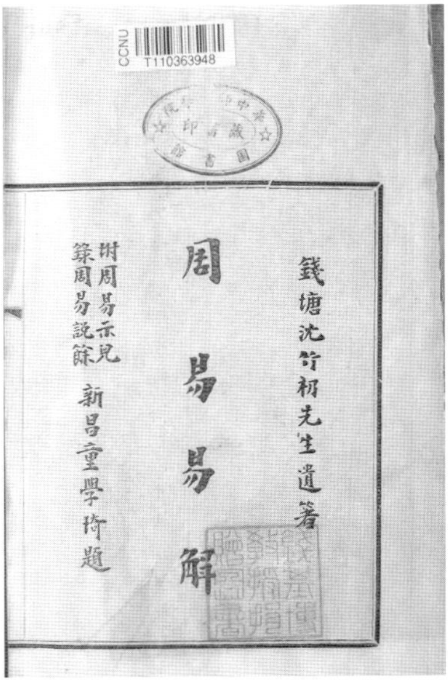

錢基博先生捐贈華中大學圖書館之部分古籍及捐贈書目

出版説明

錢基博先生(一八八七—一九五七),字子泉,號潛廬、老泉,江蘇無錫人。現代著名學者、文史專家和教育家。他一生勤奮讀書,博涉古今中西,治學領域極其廣泛,曾自述:"基博論學,務爲浩博無涯涘,詁經譚史,旁涉百家,抉摘利病,發其闔奥。自謂集部之學,海内罕對。子部鈎稽,亦多匡發。而爲文初年學《戰國策》,喜縱横不拘繩墨。既而讀曾文正書,乃澤之以揚馬,字矜句鍊;又久而以爲典重少姿致,叙事學陳壽,議論學蘇軾,務爲抑揚爽朗。所作論説、序跋、碑傳、書牘,頗爲世所誦稱;碑傳雜記,於三十年來民情國故,頗多徵見,足備異日監戒。論説書牘,明融事理,而益以典雅古遒之辭出之,跌宕昭彰。序跋則以生平讀書無一字滑過,故於學術文章得失利病,多抉心發奥之論。"誠爲先生終生治學生涯的實録。可是對於當今一般學人而言,恐怕衹會注意錢老先生"文在桐城陽湖之外,别闢一塗"和"集部之學,海内罕對"兩個方面,殊不知他在史學、經學、子學等方面亦造詣宏深,不僅著作數量多,而且門類齊全,幾乎無人能及。而錢先生生前,雖未能對自己的所有著作進行彙編出版,但從目前僅存的八册綫裝本《潛廬集》钞稿中,仍可以看出他對於出版文集是有所考慮和規劃的。據説,上世紀五十年代初,江蘇古籍出版社就擬議出版《錢基博全集》,可惜由於歷史的原因未能實現。一九六一年,先生之弟錢基厚亦曾爲之編訂《潛廬家藏遺文集》,可惜現在下落不明。最可嘆者,"文化大革命"運動中,先生遺留的五百餘册、綿歷數十寒暑的《日記》,遭到查抄、批判,並被付之一炬。因此,二十多年前,吴忠匡、周振甫、石聲淮等前輩學人就曾呼籲社會和有關學術團體、出版單位趕緊整理出版錢先生遺著,使其人其學不至湮没無聞。

一九八六年,臨近"錢基博先生誕辰百周年"的紀念日子,華中師範大學在章開沅先生的支持下,由錢先生弟子彭祖年、石聲淮、吴忠匡等人牽頭,做了大量富有成效的工作,如一九八七年底,華中師範大學以學報特刊的形式,首次將部分遺著結集面世，爲我們瞭解錢基博提供了極大的方便。同時，湖南岳麓書社又重新出版了錢先生的《現代中國文學史》、《近百年湖南學風》等著作。十年之後，我校曹毓英先生以此次整理工作爲基礎，精心策劃，於一九九七年十二月編輯出版了《錢基博學術論著選》，此書對推動國内錢基博研究的深入開展可謂功不可没。此後又是一個十年期，我們委托傅宏星先生陸續對錢基博遺著在全國各大圖書館的保藏情況進行了一番細緻的普查，一份相對完善詳備的著作編年目録也隨之形成了。

綜觀錢先生一生，出版各類學術專著二十六部，編撰各類教材十二部，雜著十二部，稿本、油印本等未公開發行的著作二十一部，約計七十一部，目前均分藏於全國各大圖書館、大学和民間私人手中；而他的大量學術論文、碑傳雜記、書信則散見於解放前出版的地方報紙、學術刊物、鄉賢著述、譜牒家乘和私人手中，無人問津，漸致散佚。雖然先生逝世至今，大陸方面，他的一些代表性著作多次再版，甚至影印出版，如《經學通志》、《版本通義》、《〈周易〉解題及其讀法》、《〈四書〉解題及其讀法》、《現代中國文學史》、《（增訂新戰史例）孫子章句訓義》、《近百年湖南學風》等。港臺方面，臺灣商務印書館等出版機構亦有多部錢著多次重印出版。但這些重版的著作還不到錢先生公開出版物總數的五分之一。

華中師範大學是中國真正具有百年以上歷史的少數知名大學之一。在其一百多年的發展過程中，有一批又一批篳路藍縷、披荆斬棘的先驅者，他們嘔心瀝血，殫精竭慮，爲華中師大的奠基與成長作出了無可磨滅的貢獻。

隨着我們對大學學脈與傳承精神的感悟日深，出版社已將把挖掘百年老校豐富的學術資源作爲未來工作的重心之一。整理出版一代國學大師錢基博先生的文集，華中師範大學出版社責無旁貸。可以這麼説，正是在幾代學者的共同關心和努力下，經過二十年的醖釀和籌劃，二〇〇六年六月，我們才正式將《錢基博集》列爲我社在“十一五”期間的重點出版選題，計劃分輯推出。同時，精心組織，合理安排，從資料搜集、點校、專審和圖書設計四個方面加大資金和人員的投入，努力打造好此項精品工程。

華中師範大學出版社

二〇一〇年十二月

凡　例

一、《錢基博集》以公開出版著作爲基礎，增補了目前已發現的未公開發表的手稿本、油印本等，還包括大量散落在《新無錫》、《無錫新報》、《錫報》、《通海新報》、《南通報》、《力行日報》、《江蘇民報》、《武漢日報》等報紙，以及《婦女雜誌》、《小説月報》、《教育雜誌》、《新教育》、《東方雜誌》、《無錫縣教育年刊》、《約翰聲》、《甲寅》、《國學叢刊》、《清華學報》、《清華週刊》、《光華大學半月刊》、《青鶴》、《國立師範學院季刊》、《國立師範學院旬刊》等雜誌上的散文、小説、方志、序跋、書牘、碑傳等佚文。當然還包括目前我們能夠見到的地方教育雜誌、譜牒家乘、鄉賢著述中的序跋文函、碑傳雜記等，亦予以收録。

二、關於底本的選擇和確定。專著方面，有修訂本、增訂本的，以修訂本、增訂本爲底本；如果没有修訂本、增訂本，則需要比較初版、再版，取其較優者爲底本。當然，港臺的重印本、盜印本也在此遴選範圍之内。散篇方面，某一篇文章可能會在多處發表，文字或不盡相同，則酌情取捨，若影響到對句意的理解，則用脚注説明，以利讀者判斷。部分油印本還有複本，則取其較優者爲底本。各卷所據底本，一般無標點或僅用舊式圓點者，均重新標點；底本未分段者，一般不予分段。

三、各册散篇在前，專著在後。卷内各篇（專著和散篇），一般均按成文（成書）時間先後編次。凡有年月可考而日無可考者，列於各月之末；凡有年可考而月、日無可考者，列於各年之末；年份不詳者，列入各卷之末。爲節省篇幅，避免重複，凡已經被收入專著中的篇目，又没有必要單獨歸類或按單篇發表時間分列的，則只收録一次。有改動處，酌加注釋。凡輯入《錢基博集》者，一般仍采用原有標題，個别的酌加改動。新收録的論著亦遵此例，但未經發表的書信短箋則由編者根據内容或收信人另加標題。

四、各册部分專著，注明出版机构名稱、版期。凡輯於報刊之散篇者，注明所據報刊雜誌之名稱、版期。所標時間一律采用西曆。

五、凡收入本文集的作品，一般不做删改；作者的原用字、原譯名，習見的異體字、通假字，原則上保持原貌；標點符號用法，多依從作者習慣，未予改動。文集中的作品都具有史料性質和價值，難免帶有特定時代的印痕，部分文字甚至可能存在“政治偏向性”問題，請讀者和研究者閲讀和使用時注意鑑别。

六、《錢基博集》除署名主編之外，校訂者不一，亦同署名。各册由校訂者標點、校勘。底本原注用小字或（　）標明；錯别字、脱字、衍字等則用脚注予以説明；缺字用□標出。

卷一　傳記

卷二　述狀

卷三　銘表

卷四　哀祭

卷五　碑記

傳 記 ZHUANJI

記彭剛直公[①]

庚子游贛，乘輪駛湖口。同載一老叟殷姓，口吐楚音，頗能道太平軍戰事，其人髯髮雪白，逾六七十矣。自言少隨衡陽彭剛直公爲親從，以功歷階至參將，故能言公治軍事甚悉，口講指畫，不覺鬚眉奮張，勃勃作氣勢，猶若饒餘勇可賈也者。博頗心慴之，顧其言有可稱者。

叟之言曰："咸豐七年八月，公治水軍湖口。時則九江湖口之險，爲敵所扼，而我軍方以乘勝鋒鋭，深入要利，陷鄱陽湖不得出，於是外江、内湖水師始分。阻絶内湖者，公實將之，一日數戰，冀出與外江水師合以厚軍勢。寇亦時時狙擊。一夕，夜半，公躬操小舟巡江遠斥候以覘不虞，瞥見己所部一舟，有卒方踞坐艦首擊鼓，鼓聲緩慢。公艤舟近覘之，其人垂首目若瞑，睡欲熟矣。公私計曰：'彼其人必持鼓警夜者，乃寐無所警若是。一旦猝爲敵乘，彼不警夜而夜將警彼矣。奈何?'乃攀其人所居舟舷，欲上竊其鼓。其人突起大聲叱曰：'我固知汝之至也。汝中余紿矣。'捉身後棍疾擊，中舷；棍起，再下，公已跳遁。其人追不及，乃極口肆穢語相詬，且詈辱公母以洩憤。

---

① 本篇又名《張勝》。

公潛識其舟歸。

“明日，公召其人至，詰之，其人則張勝也。既至，具以告。公曰：‘彼其人竊汝鼓，擊之，職也。彼母何罪？乃遭若詬，且若知其人爲誰歟？’勝駭公之知之也詳，猝不知爲對，久之，乃曰：‘意其人必敵間來覘我軍，取鼓歸以爲信也。某一擊之不中，恨甚，故不覺信口罵。’公則應之曰：‘吾儕搏敵，力能擒戮之，斯亦已耳。徒以口舌相詬厲，非武也。夫戰，勇氣也。儻叫囂怒罵之甚，吾之憤得所逞而氣竭矣，不亦足以怒寇而自怠耶？且天下惡聲無不反，汝罵人之母，人必反之，是汝一言之無禮，貽詬及于先人。于若之心安乎？茲竊汝鼓者非他，特余有以試汝耳。’勝惶恐伏地請死罪。公曰：‘余伺夜竊汝鼓，即汝賊也。汝擊賊，勇也，然詈罵則無禮也。今予汝杖三十，緡錢亦三十，功過不相掩，不亦可乎？’于是三軍之士皆奮，莫不曰：‘一罵詈之微，罰必及之，況有大於是者乎？一擊之勞，賞亦不遺，況有大於是者乎？’且知公之督察也勤，凜乎雖一息無敢懈焉。今朝廷亦知國勢不競，亟焉整軍經武矣。然擁兼圻開府作鎮者，吾未見有果於誅賞，能鼓舞三軍如公焉者也；吾未見有勤於督察，大畏志如公焉者也。詎意中國新軍，頃乃有與列强比烈之譽也哉！此非余之所知也。”

博聞之，感不絶於心。已而叟又言曰：“使勤督察而果誅賞，柄兵者盡如彭公所爲，則公亦何賢貴之有哉！公亦何賢貴之有哉！”公名玉麟，字雪琴，仕至兵部尚書，加太子太保，卒謚剛直。

（原刊於《無錫新報》，1922年10月7日、8日）

記合肥李文忠公之手杖[1]

奥[2]在有清同光之世，合肥李文忠公，功高掌兵柄，爲國重臣。性素闊達，喜嘲謔揶揄人，以是取人詬怒。文忠一不以屑意，遇外國人尤爲輕侮，其意殆市儈視之，謂彼輩航海熙攘，徒貿吾利耳，信義匪所知也。我亦持籌握算，惟利之所擇焉，壹以賈販之道待之而已。蓋媚外之性，文忠無之也。然每心折一人，輒亦拳拳服膺，終身以之。

中國有一人焉，曰湘鄉曾文正，公生平嚴事之如父，出治軍持國論，與曾公相首尾，人所知也。外國有一人焉，曰美故總統格蘭德，蓋南北美戰争之有大功者也。嘗遊中國，謁當國貴人，無一傾心輸服焉。既，見文忠乃大服，曰："公才英邁，貴國王公無與比。"顧貌似重公而心實内忌之，恐終不能相與以有成耳。文忠不覺喟然，有間，乃曰："以予所見外國人不爲不衆矣，其德量無逾君也。"無何，格蘭德歸國，謁辭，曰："吾兩人産異國，數萬里重洋間隔，倖獲交歡無阻。今别矣！不可無以誌此日交誼也，願公有以

① 本篇又名《手杖》。

② "奥"疑爲"粤"之訛。

贈我焉。”文忠諾，猝無以應。格蘭德又曰：“余不惟異物，惟公手澤之所存焉者，庶異日面之如面公耳。”文忠乃以端硯一贈之。蓋文忠晨起必臨摹《聖教序》百字，雖嚴寒暑無輟。此蓋文忠生平養心自律之一法，一秉曾文正教，是硯所習用也。既，文忠則謂格蘭德曰：“吾渴君留遺一物爲誌，亦如君之於余也。君亦有以相貽乎？”格蘭德謝曰：“吾輕裝作客，愧無瓊瑶之報，倖公恕之。”文忠瞥見格蘭德所持手杖，飾巨鑽石，光華耀目，心愛好之，指曰：“此杖辱以相貽，敢不拜嘉。”格蘭德曰：“杖之爲物甚微，既承公愛，敢違公之寵命！惟余前任敝國總統，倖不滋人民詬怒，故製此相贈。翳敝國人民之貽，誼不可以餽私交，他物惟命。”文忠默然。格蘭德曰：“公年七十，而精神矍鑠，逾於少壯，異日天假之福，或者辱公賁臨，爲敝國光寵。敝國人民，渴仰盛德，必有以歡迎我公。屆時，余詢之輿人，率衆以此杖相獻，不亦足以尊重敝國人民之意，昭我公休美乎？”文忠善其言，遂别。此可以覘格蘭德之爲人，甚貴重其民人，即一杖之微，亦不敢以輕率人民相付與之意，況在土地、人民、政事之大者乎？

無何，文忠奉使赴賀俄皇加冕，禮畢，歷聘歐西諸邦，道美國歸。時格蘭德已前卒，國人方爲之鳩金營墓，文忠出裝中金助之。已竣役，將舉落成之典，彼都人士，莫不曰：“李傅相，中國名卿也。格氏之爲總統也，國人稱良焉。吾美之大人長德，亦傅相之好友也。某遊中國也，倖傅相加殊禮焉。今骨肉歸復於土，而傅相惠然蒞止。時乎時乎！微傅相，疇足落成格氏之墓者？”詢謀僉同，乃以請於文忠。文忠許之。蓋文忠方以太子太傅官文華殿大學士，大學士官于古爲宰相，故簡稱之曰傅相也。顧文忠則既諾國人請矣，方馳車赴格蘭德墓，將至，數里，婦女夾道歡呼，争持花球擲嚮文忠車，落英繽紛，文忠不覺色舞。後語人曰：“吾爲宰相三十年，爵五等，當國貴重無與比。顧爲美國總統格蘭德墓落成，舉國裙屐傾接，一時稱盛，頗覺畢生無此榮也。”其自憙有如此者。

既，禮畢，格蘭德夫人墨絰操杖爲衆人言曰：“先夫子不敢以辜諸君之賜，亦既持此杖以遊於中國，與傅相約，曰：‘萬有一傅相能蒞吾美，必以此杖貽之，將以大昭吾美民貴之絶隆也。’今傅相不吝其玉趾，惠我來矣。先夫子尸骨未寒，未亡人不欲棄先夫子之末命，敢以請。”衆皆鼓掌。文忠受杖歸，旋入總理衙門，掌外交。一日，德宗召見，從容詢杖。文忠退，以杖獻。

既，太后又召見，詢杖如帝。文忠免冠對曰："此美國總統之所用，非宜人臣。老臣不敢以自有，已奏進皇上矣。"太后意頗不悦，久之，曰："卿憊矣，去休!"文忠叩首退。

初，文忠之歸國也，先以聯俄失帝歡，進總署本非帝欲，蓋太后意也。既用杖拂太后旨，不久，遂罷官，出總署。或曰："有寺人不悦文忠，先以進杖事告太后中之也。"蓋會稽陶臬司大均嘗爲予言之如此。臬司事文忠久，其言當可信。既，予以語武進劉北禾。北禾曰："唯唯否否，異乎吾所聞！蓋文忠之督粵也，有美國教師以事袒庇教民，謁文忠。文忠力斥之，教師語抗不爲下。文忠怒，適倚弄格蘭德杖在手，即揚擊之曰：'若何敢爾！此若國總統所貽也。吾持笞若有餘矣。'教師大駭遁，得免。"其事絶趣，顧不知信否？遂附記之。

（原刊於《無錫新報》，1922年10月21日—28日）

吴禄貞傳

吴禄貞者，湖北雲夢人也，字綬卿，雄傑有大略。自少時學兵法，志趣殊常。年十八，以兩湖總督張之洞命，赴日本，習爲騎將。會清德宗以義和團啓釁，八國聯軍問罪，隨太后西走長安。禄貞在日本，聞之奮起，約結死士，潛歸國，曰："時哉不可失！"默相天下大勢，自以楚産，悉江、漢間情勢，謂夏口兵衝要地，襟帶江沔，依阻湖山，左控廬、淝，右連襄、漢，南北二塗，有如繩直，一旦驟有變，則河洛震驚，南服均阻。又其人剽輕易發怒，可劫以起事，日夜招致。事敗，多死者。禄貞以親從四五人走大通，乏食無所資，則劫大通鳌局，得千金以散親從。而變易姓名，間行，復東渡留學；既而返國，之洞則以爲將弁學堂教習。數慷慨言當世事，積忤大吏，置不省；然名字漸起。長沙黄興謀用湘獨立，函要禄貞與計事。禄貞既不得志於鄂，頗思有事於湘，立赴召，爲籌畫方略。時清廷懲於屢敗而建新軍，設練兵處於北京，函電相促，禄貞辭不往。其徒有勸之者，謂："殷之興，伊摯在夏。周之興，吕牙在殷。不若乘機進用，攬北方兵柄，伺隙而動，入虎牙，得虎子，斯其時矣！"遂行，抵京，授練兵處監督；以所志學教督後進，播布各軍。

陸軍部尚書鐵良，夙材器禄貞爲人。然察其心神鞅鞅有異意，遇事齮齕，俾不獲竟其志。禄貞則以其間周歷蒙古、陝甘按視邊兵，體察形勢，而放言高論。陝甘總督升允聞之，大惡，以聞於朝，欲中禄貞以危法。禁衛軍統制良弼故友善禄貞，在北京營救，得免。既而延吉兵譁餉而噪，日人出兵以臨圖們江，邊庭震驚。清廷索撫邊者無應，不得已，仍起禄貞幫辦延吉邊務。禄貞單騎抵延吉，計軍實而申儆之，曰："無餉而譁，吾不以爲汝曹罪。汝曹爲國家效命疆場，國家矜念之不暇，何心飢汝曹。顧不得食，主者過，非國家不念汝曹！吾能食汝曹，速安輯，毋得違吾命取戾！"驕兵悍將，環立而聽，範我馳驅，無敢動者！日帥聞之，爲却軍三十里。禄貞則造謁，往復論説，卒有以屈日帥，使認延吉爲中國領土。督辦慙於見絀，而嫉禄貞擅其功。東三省總督徐世昌惜禄貞才，百方解護，檄調奉天幫辦軍務。日帥聞禄貞去，復進軍迫延吉。督辦不羞告警，而禄貞奉命督辦延吉邊務，鋭力振新，邊人賴之。時爲光緒三十二年。在邊三年，百墮俱舉，而刊有《延吉邊務報告》四册，則其客江陰章鍾祚蒐輯禄貞在邊之書牘也。回京，補副都統，派赴德法觀操。返，出爲保定第六鎮統制，惟良弼實薦之。

良弼，字賚臣，滿洲人，以禁衛軍統制而參議軍諮府，軍諮府大臣倚爲謀主者也。顧與陸軍部尚書蔭昌不協，而暱於禄貞。禄貞與良弼同留學日本，相好也。顧禄貞頗俶儻不羈，而良弼則禮法自繩。禄貞喜言革命；而良弼必折之，往往面赤聲嘶，持不下。然意氣相投，禄貞亦暱於良弼以自全。獨自以漢人，而良弼非我族類，又素相知，意得柄必相傾。顧良弼薦以爲保定第六鎮統制，而意不能無虞，而躍馬相過，謂："吾兩人爾汝如兄弟，如攜手練兵以禦外侮，左提右挈，天下事大可爲。尊主庇民，何必革命！"禄貞唯唯。既送客，而馳書以告友人無錫廉泉曰："識時務者爲俊傑。以賚臣之英雄，而不識時務，不過不忘己之爲滿人爾！"然亦不慊於種族革命之説，而力斥排滿，以謂："種族革命之説大昌，將授滿人以間，蒙、回必合滿以角漢，兵連禍結，邦分崩離析。滿人宴安，久不習兵，而蒙、回則善鬥輕生。以漢人倒滿，無不勝；以漢人角蒙、回、滿，則無不敗！黄克强生長南方，而未遊河朔，不解此也！"良弼與廉泉結爲兄弟，呼以大哥；禄貞則因良弼之呼以爲呼，意趣不同，而各有陳説。泉則一與之爲亡町畦。而禄貞既涖第六鎮，殫精訓練，期成勁旅以扞京畿，撥其根株。時黨人用新軍之謀漸洩，蔭昌夙知禄貞之才也，恐與黨人連，或起據肘腋爲變，不能制，尼之，鬱鬱無所施。至辛亥八月，黄興以第八鎮協統黎元洪起兵武昌。禄貞既見厄於廕昌，不得逞，而自請督師赴鄂，思南宋李綱、岳飛，僉謂鄂岳地勢建瓴，終爲天下要害，欲乘勢合兵以湔前敗。廕昌知禄貞終不爲清廷用，陰阻於載濤曰："禄貞武烈過人，倘資之兵使去，是縱虎出柙也，一旦有變，不可復縶矣!"載濤然其言，不許禄貞請，以廕昌督師，而令將第六鎮兵從。禄貞懼廕昌之以法誅，則辭以疾。

既而灤州軍聯名要求立憲，勢甚亟。清廷知禄貞得將士心，電令往宣慰。禄貞馳抵灤州，召將士，曉以大計，謂："廕昌傾北京兵南征武昌，諸君倘偕我倒戈，掩北京不備，可無血刃而定。然後綏靖士民，易置帝政，而傳檄東南，釋甲寢兵，天下事大定矣，奚以立憲爲!"皆讙應曰："諾!"乃電奏安堵，弛北京備。而密部署諸將，以灤州張紹曾所部第二十鎮爲第一軍；奉天藍天蔚所部爲第二軍；新屯盧永祥所部爲第三軍；會師豐台以逼北京。會有與議者，馳北京告變；密調灤州火車抵北京以阻禄貞運兵。會山西太原軍變，遥應武昌。載濤遽檄第六鎮留守兵，攻娘子關。禄貞在灤州，聞保定兵發，曰："吾勸諸將襲北京，而所部攻晉，吾何面目在此與諸將相嚮乎!"逕赴石家莊，叱停戰。而身入娘子關，與晉軍媾和。令出關運第六鎮兵輜重以足軍火，而電告清廷曰："無遽晉虞，晉軍已受撫矣!"奉俞旨，授山西巡撫，促令赴任。未發，其帳下小將馬惠田突以手槍擊禄貞仆，割其首，持奔北京，時辛亥秋九月十七日也。偕死者二人：一參謀張世膺，與禄貞室鄰，聞槍聲，走視；被刃死。一副官周維楨，亦赴救禄貞，遇害。禄貞性坦直，不疑人，將兵十載，吏卒深夜入見，未嘗陳兵衛，故及於難。

禄貞能爲詩，感時撫事，隨口吟唱，如不經意，而清音麗句，觸緒紛來，味美於回，往往有在悵惘不甘中者。顧不自檢拾，稿多散佚。及其死，廉泉爲蒐所存，付廉夫人吴芝瑛，寫定《吴烈士遺詩》上下二卷，而屬同縣錢基博爲之傳以冠於篇。

錢基博曰：吾聞之廉泉，廉泉聞之寧河王照，謂以禄貞材武，宜若可以有爲！曾憶甲辰在京師，偕禄貞飲酒座。酒酣，禄貞顧座大言曰："諸公猶憶庚子夏，皖盜劫大通釐局事乎？亦知盜爲誰某乎?"聲震四座。座客駭愕，無應者。禄貞右手舉酒滿杯，左手自指鼻尖語曰："不敢欺，我也!"揚杯飲，一吸而空。時良弼、姚錫光在座，相視失色！《易》曰：“幾事不密則害成。”此其所以失身而喪元歟？吾知處心積慮以死之者爲已久也，而禄貞意氣自豪，曾不稍顧以蹈於禍，可慨也夫！

（原刊於《吴烈士遺詩》，吴芝瑛手書，1912 年石印本）

魏鐵三傳

己酉冬，予客贛臬會稽陶司使幕府，先得鐵三手書詞稿十二葉，讀之，心異其瑋麗敻絶。陶司使語予鐵三却聘某宫保及勸某相國歸隱兩事。予意其爲人必清逾伯夷，然山陰王吉生時宦江右，於鐵三爲鄉里後進，甚道鐵三居鄉落拓不羈，遂撰次是篇。歲月不居，今鐵三未識尚在人間世否？抑已窮老死也。偶理舊稿，自誦一過，秋水蒹葭，徒使我想望不盡，怊悵曷極，爰寄刊《小説月報》，以志嚶求。著者記。

鐵三，浙之山陰人，魏姓，名龍常，一名鋮，鐵三其字也，年將五十矣。少負不羈才，倜儻自豪，傲睨當世士，寡當意者，故跳盪好凌人出其上，與人鬬輒勝，勇力固殊尤人也。嘗拳毆西洋人至死，亡命，走杭州。時杭州太守，鬱平陳公璚也，奇之，妻以女。當是時，鐵三年才二十三耳已。獄久不得主名，解，返里。父以其肇禍，痛抶之。鐵三曰："易耳!"引刃斷其指，曰："兒復敢鬬毆人者有如此指!"血淋漓滿衣袖灑地，鐵三色不變。自此折節讀書，不遂如初昔矣。然其豪盪負奇氣，故復時流露異常人也。其爲人也，中身，長不過四尺，短小精悍，擊刺妙天下，云得諸異人傳。尤善縱躍，蹻捷如飛鳥，嘗偕里中諸少年劇飲市酒樓，酒酣，詭語里少年曰："今日之事我爲政。"囊實無一錢。少年故多厭鐵三肆飲食，不持一文，未有以難也，皆應曰："諾。"罷飲，群譁走匿市中，覘鐵三。鐵三左右顧，鄰座有一僧獨飲，箸持雞一臠下酒。鐵三遽擊棹放聲叫曰："和尚吃雞！"僧驟聞鐵三大聲，驚駭，雞墜地已，大慙怒。鐵三故斜睇僧笑曰："和尚，戲耳。奚怒爲？"顧語侍飲者曰："此飲鈔若干，需和尚還矣！"起欲行，侍飲者瞤眙視僧。僧氣結不能言，洶洶起持鐵三欲鬭。鐵三仆僧之地，騰身起，自窗中躍出。窗故臨河，河廣數十尺。迨僧自地起逐鐵三，鐵三故已在彼岸矣。僧遥指鐵三頓足詈，上指天而下畫地。鐵三睹僧狀則仰天大笑，聲震市屋。聚飲者觀如堵，咸指鐵三語曰："狂生，狂生！"鐵三徉長竟去。

鐵三以光緒十四年舉於鄉，明歲，走京師，應禮部試。闈中同號生聞鐵三高聲誦己作，奇其文，索觀，默識之。生故知名士，文已就，睹鐵三文勝己，輒棄去不録，録鐵三文。分校官獲鐵三卷，閱之，大驚賞，荐諸主司。主司嗟異如之，已擬中魁矣。而同號生卷至，文同鐵三。主司咤語分校官曰："予固疑此文非近人可幾也。"偕同號生俱斥。鐵三顧不以怨同號生，反大喜過望，走告諸友人曰："同號生知我！"其自喜如此。

鐵三之爲人，懷奇負氣，不肯規規循尺度，若不可以法度拘者，當不復禮法儒所宜有。退而質其生平趣舍大節，無一悖於義者，介然持節，不委隨流俗，嚴取予審去就之辨。君子多之。某宫保柄用時，勢倚赫濯，天子賓禮之，力能進退天下士。士大夫多輻輳其門。宫保顧獨心重鐵三，耳其名，介其友招之往見。鐵三曰："某士也，若趨候公卿之門，非噉名，即附勢，何取焉？"不往。宫保轉益重之。未幾，宫保病免。故嘗奔走宫保邸者，皆不復往謁，門寂無車馬迹矣。鐵三聞之曰："嗟乎！毋使翟公地下笑人。"趨往投刺謁宫保，款語移時而出。人多駭之。鐵三交游故多有氣力者，力能致鐵三通顯，而鐵三性故不慕榮利，淡仕進。某相國者，故父執也。鐵三嘗往謁之。相國曰："汝盍仕矣？"鐵三曰："微公言，某故當勸公賦《遂初》矣！"相國舌撟而不能下也。鐵三意所不可，不復委諸爲人下，多此類也。鐵三於文無所不工，尤以詩詞名天下。詞尤勝，瑰偉絶特，不復主故常；書亦蒼勁不猶人。貴人索題，或不膺曰："我不受人役。"然鐵三書流傳頗多，亦未嘗故自矜重也。鐵三故疏狂，居京師久，侘傺不自得，乃益縱恣，慕柳敬亭之爲人，聚數十百伶人教之出，衣敝不完，徜徉市肆。伶人或道遇之，輒噪諍曰魏先生云。

錢基博曰：予不識鐵三，識其友，數數稱道鐵三。予止使不復云，曰："奚故?"曰："嘗聞《語》曰：'嶢嶢者易缺，皦皦者易污。'余死，余誓不其然；然余不能無好奇。嗟如之人，天與以才負之氣。陽春之曲和者寡，容頭並進不可意。其然，宜其然也。余初聞若言，邈乎若有思，習焉則化，化則由子之友之道而不自知，將甘與躓也。干將、莫邪鋭則折，庸庸者多後福。以余志之，在彼不在此。子急闔若口，毋余語，余不欲聞。"其友起而言曰："吁！友伊誰?"則江西按察使司陶杏南先生大均也。

文中某宫保即項城。某相國，爲定興鹿公。同號生亦奇士，惜余不知其姓[①]氏也。著者自識。

（原刊於《小説月報》第4卷第7號，1913年11月25日）

① 姓，原作"性"，今改正。

金宫芸女士傳

傳者傳也，所以傳其人之賢否善惡，以垂示萬世。本史家之事，後以史官失職，潛德勿耀，文人學士亦往往效爲之。或謂之家傳，則以藏之私家爲名；叙次甚略者，則謂之小傳；單述軼事者，則謂之别傳，又謂之外傳。各因其體而爲之名。

女士金氏，名芸，宫芸其字，吴江同里市人也。父某，有文德；母顧夫人，繼母王夫人；得女子子五，女士次居長。自幼莊敬如成人，能得大母袁歡心。及女士之歿也，其父作詩哭女士，稱之曰“一笑天爲春”，又曰“大母鍾愛之，含飴當孫弄”者也。少長讀書，師許爲穎。九歲，顧夫人歿，輒嚶嚶作孺子，慟極哀，以是大母袁尤愛憐之。及大母之歿也，女士年則二十矣，輒孺慟如喪顧夫人，殆不愧其父詩所謂“爾失重闈眷，血淚如綆縻”者焉。聞者莫不稱其慕。然王夫人之歸也，女士依依昵王夫人如母，而王夫人亦忘其不我出也，則許之順。先是女士年十四，負笈蘇州蘇蘇女學，歲不及期，歸，適本市任味知先生肇建麗則女學以是年始，女士遂肄業焉。九年，所學以成。蓋女士時已以高等小學畢業生卒學本校師範本科矣。於是任先生謂其温而有文，劬躬而能將事也，輒以本校初等一年級主任事委之。彼稚生授書執弟子禮者，似跳踉無所知，然而莫不曰金先生，是其人惠而能肅，循循焉而不可犯者也。女士年二十三，將歸於袁，以民國四年七月二十日，遘暑疾卒。時無錫趙女士毓荃司教麗則女學者已三年矣，女士嘗受學焉。及其卒也，趙女士走唁，哭之慟，異甚。曰："吾交金先生久而愈敬愛，爲難能也。"

錢基博曰：予以今歲八月蒞麗則女學始事，任先生即爲道女士行誼不衰，曰："若女士者，可謂勤勞厥職者也。疾已殊甚，然不肯輕委職而歸，歸四日，逝矣。"他若嚴先生玉成、俞先生丹石之儔，嘗授學女士以及身親見之者，輒又稱之如任先生。予竊怪女士何系人思慕之深也。既女士之妹曰蘅，則予弟子也。予一詢及其姊，輒汍瀾不能言。予知彼之悼其姊甚矣。殆其父哭女士詩所謂"諸凡小弟妹，誘掖使無讙。春花秋月夕，今誰與盤桓"者乎？則其悼之甚也固宜，於是爲作《金女士傳》以慰衆人之慕。

桐城方靈皐先生謂史有贊論，義法創自太史公。其指意辭事，必取之本文之外。班史而下，有括終始事迹以爲贊論者，則於本文爲複矣。本傳贊論，一依史公義法，宜細玩之。

（原刊於《婦女雜誌》第1卷第12號，1915年12月5日）

費太公家傳

費太公，諱允嘉，字大猷，南通縣人也。兄弟五六人，皆拳勇怙氣力，而公次居長，壯佼魁於諸弟，拄兩臂，能舉重八百斤。以販海蜇赴吴門，單舸棹揚子江，中流遇盜舟數十，猝傍公舟，躍入，敩爲隱語，如俗所傳古水盜，叱喝曰："汝啖過刀麵，抑落湯餛飩耶?"過刀麵者，殺之之詞；落湯餛飩者，溺之之詞也。於斯時也，稔公者，計莫不意公之能力敗諸盜決矣；而公則籲曰："吾魚鹽販也，安所得金寶纍纍爲諸君壽? 願悉所有海蜇，獻以市吾生。"海蜇，厥形如鐘，肉柔美可食，歐儒所謂"腔腸動物"，海味也，俗稱之曰"海月"。濱海漁人捕之，漬鹽盛木桶，致遠地貿什一利，公實資之以爲生焉。諸盜聞公言，不理，攢公手足，駢縛置艙，爭舁其桶。桶巨於牛腰，高四五尺，度可重五六百斤不啻，盡數盜力而不能勝。公以面貼艙板，仰首言曰："諸君釋我，請爲舉之，幸無以勞諸君。"言未已，輒潛氣鼓運，併力撐拏，縛繩寸寸截。起，從容舉桶移盜舟，如移几案。盜相顧唶愕，叩問公姓氏、居所，公乃曰："吾江北費大猷也!"盜則連頓首抵地，乞貰死。公笑移桶還己舟，麾之曰："去去! 毋溷我!"諸盜莫不憚公之勇，而感其仁有惠也，伺公歸，來謁謝。里中纖兒相率誣公爲窩盜，公則曰："是不過涎吾貲耳！全吾貲於盜而失諸里子弟，何害焉!”厚賂遺之，乃已。蓋公之視里子弟亦猶之其視盜，不欲以力勝而以度勝焉耳。嗚呼！公亦可謂人傑矣哉!

無錫錢基博曰：如公兄弟，所謂雄武魁傑人也。然吾聞公兄弟服義自持，恂恂友于，生小家貧，不能具好服，每置一襲，弟兄遞互易著，融融怡怡，退然如恐相傷也。嗚呼！是可以愧世之士大夫，讀書譚道，而競鶩於鬩牆者，其好勇鬬狠者又勿論也。

錢基博又曰：公生距今，伯什禩矣。乙卯之冬，公玄孫師洪持狀來乞傳，計當勝清乾嘉間人也。師洪，通州張謇弟子，亦恂恂孝友人也。父歿，能遍致竝世鴻生魁宿，爲撰傳誌，以垂美於無極。撫教稚弟，致有恩禮，爲之介，請業於余，是可以覘師洪之爲人也。嗚呼！公之遺澤遠矣哉!

（作於1915年，收入費範九編《南通費氏世德録》，
上海浄缘社影印綫裝本，1948年出版）

記布加利亞之婦人

吴訥《文章辨體·金石例》云："記者，紀事之文也。"西山先生曰："記以善叙事爲主。後人作記，未免雜以議論。"陳后山亦曰："退之作記，記其事耳。今之記，乃論也。"蓋自始至終直事一人一事者，此爲記之正體。

巴爾艮山之陰有國焉，是名曰布加利亞；山之陽則突厥，蓋布之上國也。然而突人之遇布也，曾不施德而日播虐焉。布人怒，迺掃境内而屬之將軍，合縱塞爾維亞、希臘、巴爾艮半島諸小邦崛起以與突人戰，世所稱爲一千九百十二年巴爾艮之役是也。

於是時也，處國之西邊有婦人焉。婦之女兄，則世之所謂健婦也。自以所天不勝突人之虐以寡，誓必得當而後快，亦既毁容易服，荷戈摧鋒陷敵陣者數矣。見者徒詫其勇，莫疑其爲荏弱婦人也。而婦則以其夫間關從軍旅，徒以捍衛牧圉，日夕甘鋒鏑如飴而捨其耒耜，南畝蕪矣。故田野耘鋤之事，婦遂不得不以身任餱餉之資。然農功之暇，輒亦時時紉衣制襪履以緘寄其所天，細意熨貼，柔情壹寄密縷。吾諷唐女人盛小叢之詩曰："日盱山西逢驛使，殷勤南北寄征衣。”蓋不啻若爲之咏焉。既其夫戰死，女兄寓一書諷效所爲，婦發書淚漣，終不之許。或哂其懦不如女兄武，婦則應之曰：“吾所天亡，何難身命相殉！然而不爲者，匪敢愛死也。徒以吾國男子匪尋常疲蹇駑無勇者可比，亦既丁壯疲戰陣，老弱轉糧餉，莫不踴躍以赴所職，畎畝爲之一空。是故國之殷於相需而不可闕者，匪戰士也。疇則能瘁力農桑耕織紉饋以彌縫所闕，無貽前敵諸君後顧之憂者，是則吾儕女子之天職也。吾茲覥顔視息，忍須臾無死，凡以爲此也。彼戮力殺敵致果，不恤争一旦之命者，是即能爲吾夫復仇者也。儻戰事一日不已，吾矢必一日饁前敵諸君食餌，緘衣履相寄，以嚮之所以遺吾夫者遺諸，不亦足以大復仇之誼乎?”聞者乃歎其識職。

英斯賓塞爾氏謂群之興，要以一群之民，能得其民直者爲歸。嗚呼！若婦者，匪所謂得其直者歟？説者謂蕞爾布見蹙於突厥者已夙，卒能蹶而再興，非幸也。

（原刊於《婦女雜誌》第2卷第1期，1916年1月5日）

亞幾梅笛别傳

（英譯漢）

别傳之作，多因其人已有傳，别舉一二事以補其佚。誼見《金宮芸女士傳》，正與此題事相稱。譯西人文字，不可徒稱己意。於其提掇轉折處，須一一如原文出之，不惟不没却作者結構苦心，亦以其必爲通體主旨所在也。本譯文惟起“亞幾梅笛者，叙拉古王希羅之信臣也”句，實在原著中權。照原文應譯：“王有信臣，曰亞幾梅笛者，一智士也。”亦未嘗不重提以醒讀者眉目。何者？以其爲本文主人翁也。觀此正可悟中西文字息息相通處。兹特提前作起筆以符傳體，餘率不敢竄易，諸生參觀原文可知。

亞幾梅笛[①]者，叙拉古王希羅之信臣也。王之爲人，不憚爲奢侈以自張大，徒以壤土褊狹，無所厭於心。輒謀戴一王冕，務殫極天下鉅麗，用以傲當世王侯。迺出黄金十斤，其質純一不雜，世所謂精金者是也。所聘工人，

---

① 亞幾梅笛，今譯阿基米德。

亦攻金之良焉者。其人隆於伎巧，靡所不能爲。王則與金而詔之曰：“若其善以此制冕，將天下列辟，莫不欣豔以自有之矣。若毋錙銖盜吾金，而輒取他惡金鎔鑄以相和也。”其人曰：“唯，敢不如王命。臣受金九十日，臣斁製冕以獻於王矣。其質之輕重，豈敢銖黍有異於今茲之金哉!”已而其人言信，見者莫不曰：“美哉冠乎！莫之與京也。”王輒加諸首，頗覺重不任。然而王不之意也，廑曰：“並世君王衆矣，疇則不冕?”意蓋無有富麗瘉己者，此則王之所及知耳！既，免冠取秤重如故，乃大喜，益譽其人而勞之曰：“若擅大譽於時，宜也。若伎工巧矣，乃能勿銖遺吾金之爲瘉，善也。”亟召亞幾梅笛入視冕，意望亞幾梅笛之譽之也。雖然，亞幾梅笛其人則智士也，捧冕審視久之，默不言。王曰：“若何思?”對曰：“王冕信美矣。但句絶但金?”意躇躕未欲斁辭。王曰：“何但冕？吾則秤之矣。金重無銖減也。”亞幾梅笛曰：“王之言信乎？抑何燦黄不如塊金之色赤也。王亦曾察之乎?”王曰：“金率黄色，然聞汝言及此，頗亦似憶塊金之色澤猶較麗也。”亞幾梅笛曰：“設其人盜王金之什一二，而取銀及銅鎔和之，則其重不已均乎?”王則應之曰：“惡，何言！彼無是也。”意者金以鎔煅而變色耳。然心亦以此鞅鞅，不能釋慮於冕，後乃語亞幾梅笛曰：“彼攻金者其人之誠若僞，汝能有以策之乎?”對曰：“不能。”雖然，人亦有能有不能耳。彼亞幾梅笛者，豈復庸衆人者可比？遇有事，廑以“不能”二字自諉已哉！蓋其生平爲人好爲人排難解惑，雖困阨不以自餒，終能玩索以有得。其天性然也。於是日久彌瘁，輒不恤焦竭思慮，謀所以不毀冕而驗其金之良楛，勿得勿措。嗚呼！可謂卓然能自立之士也已。一日，晨起，且思且汲水浴，遂不覺注水盈盂，與盂緣齊。迨投身其中，水溢泛地。嗚呼！此亦等閒事耳，盡人能知遇也。然能身體以有悟者，厥微亞幾梅笛者莫屬也。時則亞幾梅笛喃喃自語，曰：“吾投身於水，頃溢水幾何乎？是其所溢之水，當與余體之大小相均，人所知也。今有人於此，其體半於余，則其溢水亦得半焉耳。思之，吾重思之，設以王冕，余代而投之器，則器中溢出之水，亦必與冕之大小等，可斷言也。噫！吾得之矣。夫金視銀爲重，投黄金十斤所溢之水，當視什七之金，得銀什三相鎔和而成者爲多。茲冕之重以十斤，設王冕爲精金所製，其所欲溢之水，必與黄金十斤者等，否則必過之矣。噫！吾得之矣，吾終得之矣。”既輒奮身自浴盂中出，乃至衣屐之不皇，周道而馳以號於王之宮曰："王，吾得之矣！王，吾得之矣！"於是攻金者之奸以窮而辜迺定。至其人之得罪與否，茲不著，以非本文主旨所在也。噫！彼希羅者所制冠，蓋一世之王冕，以視亞幾梅笛格物而致其知之浴器，疇則爲鉅價而可珍者乎？願讀吾文者自知之。

（原刊於《婦女雜誌》第2卷第2期，1916年2月5日）

嘉利樂別傳

（英譯漢）

於今三佰年，意大利有少年曰嘉利樂[①]。其人者，時窮究事物之理而致其知，亦猶之亞幾梅笛也，嘗創制驗温機以迄望遠、顯微諸鏡之雛形矣，蓋其有造於科學者匪細也。方其居比塞之耶穌寺也，年則不逾十八歲耳。一夕，睹禮堂中熒熒燈火，燃油而懸以竿，上屬於承塵，偶爲燃燈者所觸，風過被吹，輒前後震動，如後世所爲之鐘擺焉，於是嘉利樂則有思矣。蓋其見燈之懸於等長之竿者，其震動於前後也，亦爲時不忒；其較短者時亦較速，憧憧往來，彌覺醰醰其有味也。嗚呼！彼蚩蚩者之生斯世，曾親身親見系燈之懸擺者，廑以數什佰萬計；然而未有能窮理積思以顯諸庸如嘉利樂其人者也。時則嘉利樂匆匆返其寢室而從事於實驗矣。輒懸緫緫不等長之繩承塵，而系鎚繩之末端，俾之前後震動，猶之禮堂之燈焉。其繩，則不啻懸燈之竿也。於是玩索愈久而有得矣。蓋繩具三十九吋有十一之長者，則其一分時間之擺動，當以六十次計矣。繩長四分之一者，其速當再倍之，則每次纔半秒時耳。

---

① 嘉利樂，今譯伽利略。

設擺動之速三倍者，則其繩長不過三十九吋有十一者之九分一矣。是則時計之得以利用鐘擺，如吾人今日所云爲者，皆嘉利樂之有以肇明之也。由是觀之，則燈之懸擺禮堂也，儻匪嘉利樂者夙有好問深思之習，斯世終亦無有肇明鐘擺時計之一日。是則嘉利樂之志，不其荒乎？嗚呼！讀吾書者，尚其持繩系鎚如嘉利樂所爲也可，舍曰能之，或者其有以審知一擺動時間之以二秒計者，其繩之長幾何也。

（原刊於《婦女雜誌》第 2 卷第 4 期，1916 年 4 月 5 日）

高老愚先生家傳

先生無錫人，高氏，名汝璞，字韞甫，老愚其自號也。自明處士孟永公以青城市人遷居無錫市，六傳而爲忠憲公，學問氣節，彪炳於史乘。有賢兄曰鳴陽公，以孝友比德齊懿，厥爲先生十一世祖。先生幼而敦厚，父月洲公，母顧太夫人，舉丈夫子三，年相若而先生其仲也。實介居於少長之間，自待寧薄，而無所忤於弟若兄，推梨讓棗，見者嘉歎，每舉爲小兒女勗曰："彼年不長於若，何怡怡善處兄弟間也?"或則曰："汝盍不觀高氏兒?"亡何，顧太夫人歿，先生年則六歲耳。乃歲不兩稔，而兄若弟又相繼蚤世，先生内隱極痛，深悼於心，然未嘗不作孺子容承父歡，思所以慰其戚也。君子稱先生，於是乎知禮。

先生年十二歲，而繼母張太夫人，下氣怡聲，則以嚮之思所以竭誠盡孝事顧太夫人者孝事繼母，嚮之竭誠盡友愛於同母兄弟而不得者，今以友愛於異母弟妹，迨老而彌篤，戚鄰稱孝友焉。烏虖！是可以繩鳴陽公而亡愧者也。顧先生尤篤思深致力於忠憲公主静之學，養氣以自克，習書畫以涵泳心性，笑貌藹然，未嘗失色於人，有所委，勿輕諾，諾必誠謹將事。識與不識，稱先生長者，顧先生遜謝不遑，曰："吾盡吾心焉耳!"蓋其篤謹有如此者。

先生體本清羸，自少小以至長老，亡歲不病，然能自攝養，以不攖其生。家世儒素，歲入常不給，而先生處之晏如也。終身布衣蔬食，未嘗以貧自戚也。烏虖！近世①學問之士，往往徇外物而不安所守，急功名奔走形勢之塗，美其謚曰“政客”，若以天下安危爲己任。而其實濡首酣豢，處穢污，不羞造作語言，睥睨海内，日夜幸有變而因爲利便，天下遂日以多事。其尤甚者，快心一逞，至不恤拚父母之邦作孤注擲，而不思張鄰乘之，國且不國，秏矣哀哉！何若人之喪心病狂，一至此也。原其由，要自不能安貧始。烏虖！如先生者，可以風矣！平居不憙以文字表襮，而躬行不替。每有造謁，必攬鏡整衣冠、飾容貌者久之，而後出，曰：“君子不可不爲容也。”迨疾革，誦十二字自挽曰：“到死保全遺體，平生未有愧心。”語至平實亡奇，而知言者輒以爲未易幾云。年六十三卒，時民國六年某月日也。配喬夫人，子三：文煥、文彬、文海。

邑子錢基博曰：余未嘗修後進禮展拜望先生顔色，然蚤歲交季子涵叔甚稔。涵叔少博三歲，修謹無子弟過，博以故弟畜之，是先生於博故丈人行也。亡何，博弟婦於高，實先生異母弟女，嘗爲博言涵叔所以事親者孝。每先生疾，涵叔必侍湯藥，婉容愉色，視無形，聽無聲，先生非涵叔侍不安；而先生伯子文煥蚤卒，遺孤子振武，涵叔撫之有恩禮，人皆難之。博誠褊衷侍親接昆季多忤容，今聞弟婦言，每讀《禮記》“孝子深②愛、必有和氣、愉色、婉容”數語，未嘗不汗沾背慙對涵叔也。博雖不曉先生素行，然有是父乃有是子。博則以信涵叔者信之矣，遂叙次涵叔爲相語者而傳之如右。

（原刊於《新無錫》，1918 年 10 月 28 日）

---

① “近世”下原衍一“自”字，今删。

② 深，原誤作“淺”，今據《禮記》改。

南通費生傳

南通費生以文章介其伯兄範九君問業於余者六載，而迄未一見。然余讀其文，知爲力學敦行不怠人也。今歲壬戌七月二十二日，以病肺死。範九馳書告哀，且曰："吾弟年二十三，即病，不必死，然而不能無死者，皆彊自力於學以致之也。"於戲！世之爲人子弟者，方恨其不力學敦行，或暫力學敦行而不能無怠，而生也以力學敦行不怠死。於戲！此範九所爲深恫也。

生名師恒，字士惟，住南通縣平潮市。考諱某，侯官嚴復嘗傳其行誼，而余係之讚，所稱爲費太公者也。太公之歿也，思食猪腰未果，自是歿生世不食猪腰，其終身慕有如此者。生嘗以書問作文之法，余復書引歐陽文忠公語云："無他術，惟勤讀而多爲之自工，然善作必由善讀。"生又致書問讀文之法，余復以書曰："古人之文，辭句未成而意已立。既立之後，於是乎始，於是乎終，於是乎前，於是乎後，百變而不離其宗，所謂一篇之主意也。讀者必先明其主意所在，譬之連山千里，必有主峰，滙水百川，必有正脈。然古人作文，又喜爲吞多吐少，幽獨咀含，未嘗抉明主意者，亦往往有之。如侯壯晦稱：'閒漫纖碎處，反宜動色而陳，鑿鑿娓娓，使讀者尋繹不倦；至大議論，人人能解，不過數語，控馭歸於含蓄。'曾文正公曰：'作文從四面寫來，似無倫次，如入漢武建章、隋煬迷樓。而正言止瞥然一見，在空際宕漾，恍若大海中日影，空中雷聲，不可捉摸，此又不可不知也。'”生又以作文必有主意，議論之文也；若叙記文，記事而已，何主意之有？重致書詢而媵以文。余復之曰："接書，具見好學深思之懷。吾賢近日文字，粗有規模，改筆宜細參詳，此中占實者何以須參活筆，托空者何以須證實之處，要須自參透，不可以言説也。至云記叙文似難找出一篇主意，此是賢功候未到之故。葉落歸根，作文必有結穴，如韓退之《藍田丞廳壁記》，寫'丞之不得職，余不負丞而丞負余'句，是其一篇點睛處。《新修滕王閣記》中，'竊喜載名其上，詞列三王之次，有榮耀焉'句，是一篇結穴處。柳子厚《始得西山宴遊記》，著眼做'始'字；《愚溪詩序》，著眼做'愚'字；蘇子瞻《三槐堂記》，'仁者必有後'，是一篇眼。此猶有迹象可求者也。至柳子厚山水諸記，大率以寫其感憤不平之情，若呆作山水記讀，則無味矣。讀之須得其欲説不得説，嗚咽吞吐，不得已而寄情山水之懷；須知此即柳子厚山水諸記之眼，與他人記山水不同者也。博嘗謂玩索古人文字，總須於無文字處求之，得其興象，乃能盡文字之妙；若於有文字處求，猶嫌泥迹象也。博亦近始悟此秘，故特爲賢説之。"半月之間，凡書三往復而後已。蓋生生平討根索源，不肯苟爲然，多此類也。

兩年以來，生卒業南通代用師範，而病不任事，書乃稍稍間矣。顧不肯自暇逸，又通英文，疾革，卧籐椅，側置一小几，披録不休，間有撰譯，今《南通報》所刊《自立論》，即生譯馬爾騰博士原著之遺稿也。吾讀《列子》載：子貢倦於學，告仲尼曰："願有所息。"仲尼曰："生無所息。"子貢曰："然則賜息無所乎？"仲尼曰："有。望其壙，睪如，宰如，墳如，鬲如，則知所息矣。"然則學者子貢之所不能無倦，而生乃能不倦於子貢之所倦，然則生之無所息，生既不待余告而知之矣。獨念以生之劬學，方粗有成而不及有所用於世，顧未可息而遽息乎？此余之所爲悁悁無已也，姑爲傳以抒余哀而塞範九之悲。

（原刊於《南通報》，1922 年 10 月 11 日）

近世游俠三君傳

（費太公、邱大刀、萬君）

費太公，諱允嘉，字大猷，南通人也。兄弟五六人，皆拳勇怙氣力，而公次居長，壯佼魁於諸弟，扗兩臂，能舉重八百斤。以販海蜇赴吴門，單舸棹揚子江，中流遇盜舟數十，猝傍公舟，躍入，怙衆持刀脅公以死曰："速獻金！"於斯時也，稔公者，計莫不意公之能力敗諸盜，決矣；而公則籲曰："吾魚鹽販也，安所得金寶纍纍爲諸君壽？願悉所有海蜇獻以市吾生。"海蜇，厥形如鐘，肉柔美可食，俗稱之曰"海月"是也。濱海漁人捕之，漬鹽盛巨筐，致遠地，貿什一利，公實資之以爲生焉。諸盜聞公言，不理，攢公手足，駢縛置艙，爭舁其桶。桶巨於牛腰，高四五尺，度可重八九百斤不啻，盡數盜力，不能勝。公則以面貼艙板，仰首言曰："諸君釋我，請爲舉之，幸無以勞諸君。"言未已，輒潛氣鼓運，併力撐拏，縛繩寸寸截。起，從容舉桶移盜舟，如移几案。盜相顧唶愕，叩問公姓氏居所，公乃曰："吾江北費大猷也。"盜則連頓首抵地，乞貰死。公笑移桶返己舟，麾之曰："去去！毋溷我。"諸盜莫不憚公之勇而感其仁有惠也，伺公歸，來謁謝。里中纖兒相率誣公爲窩盜，公則曰："是不過涎吾資耳，全吾資于盜而失之里子弟，何害！"厚賂遺之，乃已。蓋公之視里子弟，亦猶之其視盜，不欲以力勝而以其度勝焉耳。嗚呼！公亦可謂人傑矣哉！

無錫錢博基曰：如公兄弟，所謂雄武材傑人也。然吾聞公兄弟服義自持，恂恂友于，生小家貧，不能具好服，每製一襲，兄弟遞互易著，融融怡怡，退然如恐相傷也。嗚呼！是可以愧世之士大夫，讀書談道而競鶩於鬩牆者，其好勇鬭狠者，又勿論也。

錢基博又曰：公生距今伯什禩矣。乙卯之冬，公玄孫師洪來乞傳，計當勝清乾嘉間人也。師洪，南通張謇弟子，亦恂恂孝友人也。父歿，能遍致當世鴻生魁宿，爲撰傳誌以垂美無極。撫教稚弟，致有恩禮，雖以博之齊年不德，猶謙謙修弟子儀，是可以覘師洪之爲人也。嗚呼！公之流澤遠矣哉！自公之死百餘年，而徐州有邱尊謙焉。其友人南通張謇嘗傳之爲邱大刀者是也。

邱尊謙，徐州豐人也。本名某，從軍積功，列薦牘時，人爲易此名，而字之曰益亭，遂棄本名不自道。大刀，其所用武器，重八十餘斤，自尊謙爲盜及從軍立功，皆用之，著名燕、齊、晉、豫、皖、蘇之間，故人呼之爲“邱大刀”。遇而呼，輒應，不必名字也。身長幾營造尺六尺餘，廣膊修臂，濃眉大眼，員顴哆口，足長一尺。自十四歲時，即能騎，怒馹殺人爲盜。豐與山東荷澤鄰，縣人常争界田，相聚衆厲械鬭殺，其大姓富家下至平民皆世仇。大刀之伯父以争田，惡死于荷澤某姓之鬭。大刀年已十六，思報之而無計，聞蒙古親王僧格林沁奉朝命剿東匪，前鋒已入東省界，大刀則與其徒數十人突夤夜北走，無一人知。大刀怨家故荷澤某莊圩董，圩近孔道。一日，得僧王檄，令亟備糗糧芻豆，候大軍過。詰朝，委員乘新藍輿，從數百騎，飆忽馳至，圩董出迎道左，名版甫遞，輿簾揭，大刀超躍出，手提仇人殺之，率衆疾驅，破圩，屠其人殆盡，旋逸四散。比僧王前鋒至，大刀已不可蹤迹矣。怨家戚訟之官，大刀知所犯重，捕急，益遠颺，狎群盜，盜奉爲魁。是時，撚匪縱横肆擾六省之交，小閻王任柱①尤剽悍不易制，僧王且勦且撫，收降群盜，陰求能制柱者。大刀領衆投王部某帥，請戰柱自效。某歲之役，大軍合圍柱，大刀、柱交鋒劇戰。柱妾驍武，能馬上使矛戟，馳至助柱，柱

① 柱，原作“桂”，今改正。

轉戰他將，大刀乃生擒杜妾，俘戮王軍前。由是大小百戰，大刀靡不與，功積叙保。大刀不識字，不知交歡幕僚，故守備都司職皆一再複①，東匪肅清，洊總兵提督空札而已。所得俸，揮霍隨盡，不贏一錢。廬江吴長慶以提督統兵駐宿遷，時招致大刀爲先鋒官，軫其濩落，時厚恤之；大刀亦傾心相依。南通張謇亦客長慶所，見大刀于浦口軍次。是時大刀年已四十許，酒酣氣作，猶能舞刀。强之舞，廣場大庭，解衣卓刀立，左右上下，擊掠刺斫，起落盤旋，聲霍霍有風。或觸磚，磚碎；足頓，則旁案杯盤震跳跸戛作響。舞止微汗，不喘，置刀太息曰："吾負此刀，未使成大名于世。"問刀所從得，曰："得之山東某所，本重百斤，吾自度吾力，用之或不利戰，去環與柢，得今數。吾愧刀舊主人也！"泰興朱曼君時狎侮之，謂若何能者。時十月衣棉，語已，大刀忽出曼君背，撩其兩臂，而横舉之，舉過頂，曼君狂叫乃謝過，縮手徐下之曰："朱先生重不足百斤。"江寧候補某，亦與大刀有仇殺怨，大刀至浦口，猶欲報之。某寓承恩寺樓，嘗以黑夜逾牆上，緣壁摸索門窗不得，再往如故，疑某不當死，違天不祥，乃止。事過昌言告人，不稍諱。大刀亦好色，顧不耐婦人纖側作態，少時醉後嘗裂清江浦妓踝；又嘗搯妓陰膣。又自言生平爲盜則不污人婦女，戰陣擒得者，雖横挾馬上不動心，非畏神鬼，畏人言劣種非漢子。己卯，張謇貢成均，明年須入都應試，與友商道所從，大刀適在座曰："若陸行，設遇響馬，可爲語'風筝兒上朋友，我從浦口邱大刀處來'，以此二語行盡中原六省無恐也。""風筝兒上朋友"，蓋盜夥隱語。太史公作《游俠列傳》，引《韓子》曰："俠以武犯禁。"今觀於大刀而信，然非所論於萬君。

萬君名春渠，字星樓，江西南昌縣人也。□□楊增犖宧遊南昌，君介其宗人黼清往見，增犖稱權奇憙事，黼清爲言："君嘗得異人法，善技擊，不以力矜，壹求之氣。獨居存想者二十年，乃至行住坐卧，隨想所注，皆氣之匯，久而益堅，又久而俱化。所遇南北技師，莫與抗。"增犖請其技不可；既請之力，乃解衣舞劍，光閃閃刺目如電，不可逼視，少焉奮臂出没，變化尤奇詭不可名狀。增犖對諸客詫歎以爲希有，君笑謂曰："是維末技，吾子不鄙，請

① "複"疑爲"褫"之誤。

俟他日，悉以告。”既而隨增舉入京師，暇輒試劍爲樂。諸貴人與增舉遊者，往往置酒請説劍，或以利餂之，有所圖，君不屑。别歸，死於家，而增舉思之甚。一日讀佛書，見師子比丘尊者象，絅其兩顴，極肖君，增舉感而寫之以象，供延真閣，爲題讚而具説其事。因次以爲傳焉，綴以亂曰：

右三君皆實事，鑿有據，告惇史。誰爲傳之？余小子博，錢其氏。

（原刊於《無錫新報》，1923 年 2 月 20 日—25 日）

常州學者傳

序目

叙曰常州學者之稱，著於經學，然經學未足以盡常州學者也。常州之初，實曰毗陵，隴山東秀，二泉流甘，章山南來，雙氿浴黛，土厚水深，通渠江湖，周孝侯所謂："三江之雄潤，五湖之腴表，神皋結爲上腴，謂之毗陵者，言其厚也。"山澤清曠，畸士生焉；志節貞剛，質有其文。春秋之世，延陵季子，顯名于諸侯，太史公所謂"宏覽博物君子"也。孝侯繼起，桓桓武烈，而好學有文思，斯並間氣所鍾，卓犖爲傑，且勿論焉。言其近者，五六百年來，論繪事則無錫倪瓚，闢寫意畫之别徑；武進惲格，開寫生畫之前茅。而地理有江陰徐霞客，窮河沙，上崑崙，辨江源之非岷山，以正中國山河兩戒之説；有無錫顧祖禹據正史，考訂地理，著《讀史方輿紀要》百二十卷，貫串諸史，出以所獨見，寧都魏禧所謂"數千百年絶無僅有之書"也。理學則有無錫顧憲成、高攀龍之開東林學派焉。經學則有武進莊存與、劉逢禄之創今文派焉。文學則有武進張惠言、惲敬、李兆洛之成"陽湖派"焉。亦有無錫顧棟高者，生有《左》癖，類别部居，囊括春秋二百四十年之制度文物，作《春秋大事表》五十卷，倣《史記》十表例，旁行斜上，觀其大較，新會梁啓超稱之曰"歷史統計學"者是也。下暨晚清，則有無錫徐壽父子之制器尚象，華蘅芳兄弟之算學，皆能獨開風氣，尊聞行知，爲於舉世不爲之日，聲教所被，洋溢乎中國，炳焉蔚焉，莫之與京也。寧獨經學之治今文，異軍突起耶？余生無錫，舊隸常州爲下邑，而又持教三師，學區所領，武武進、錫無錫、江江陰、宜宜興，跨江有靖靖江，皆故常州屬也。將發潛德之幽光，勗繼軌於方來，述常州學者傳凡十六人：

繪事：倪瓚　惲格

理學：顧憲成　高攀龍

地理：徐霞客　顧祖禹

史學：顧棟高（存目）

經學：莊存與（存目）　劉逢禄（存目）

文學：張惠言　惲敬　李兆洛

科學：徐壽（子建寅）　華蘅芳（弟世芳）

此十六人者，史或有傳，或無傳，而吾之所以傳之者，要未嘗敢襲前史一字一句，史之所詳者，吾或略焉，而轉博學詳說於史之所未及詳者。蓋史之所傳者事功，而我之所傳者學術也。史之所欲傳者世間成功之學者，而我之所欲傳者在其人如何成學者也。子曰："我欲載之空言，不如見之行事之深切著明也。"此余所爲著書之意也。百爾君子，尚念之哉！

繪事：

倪瓚　惲格

元倪瓚，字元鎮，又字玄映，署别號曰荆蠻民，曰浄名居士，曰朱陽館主，曰蕭閒卿，曰雲林子。而雲林二字，以題詩畫特著。據毛晉《雲林遺事》。爲無錫梅里之祇陀村人。據周南老《元處士雲林先生墓誌銘》。所居閣曰清閟，三層，製如方塔，中有書數千册，悉手自校定。其餘法書名畫以百數，而二王真迹，多至六七卷。古琴一張，比時製短半尺，漢以前物也。四時卉木，縈繞其外，高木修篁，蔚然深秀，故自號雲林。參據周南老《元處士雲林先生墓誌銘》、錢謙益《列朝詩集小傳》、黄起蛟《西神叢話》。家故高貲富室，知天下將亂，一旦鬻田宅，得錢盡推與知舊，人皆竊笑。及兵興，富室盡被剽剥，而瓚扁舟箬笠，往來五湖三泖間，人始服其前識也。據錢謙益《列朝詩集小傳》，而王賓元《處士雲林倪先生旅葬墓誌銘》、《大明一統志》、《無錫縣志》，亦載其事。吴張士誠招之，不往。其弟士信方掌兵貴重，致重幣及絹，索瓚畫。瓚裂其絹而返其幣。一日，士信偕諸文士湖遊，聞漁舟中有異香，意必異人，急傍舟近之，乃瓚也。士信見之，大怒，箠楚幾死，終不開口。一時文士在士信左右者，力救得免。問曰："何無一言?"曰："開口便俗。"據毛晉《雲林遺事》，而晉陵崇祀《先賢傳》載之，稍略。

性好僧寺，一住必旬日，篝燈木榻，蕭然晏坐，時操紙筆，作竹石小景，客求必與，亦未嘗自矜貴。有富人厚幣贄謁，笑曰："若亦知有倪雲林乎?"遂受其幣，徐出扇索畫，即艴然曰："吾畫不可以貨取也。"據毛晉《雲林遺事》，晉陵崇祀《先賢傳》亦載富人饋遺事，惟索畫作索書。所作畫，自成一家，瀟灑穎脱，若非出於人爲者，顧不求形似，與張藻仲書曰："僕之所謂畫者，不過逸筆草草，聊以自娱耳!"見《清閟閣集》卷十。又跋畫竹曰："余之竹，聊以寫胸中逸氣耳! 豈復較其是與非，葉之繁與疏，枝之斜與直哉?"見《清閟閣集》卷九。晚年，用枯筆焦墨，作斧擘皴，極蒼古，其畫竹枝與陳惟寅者，一枝數葉，常含雨氣，尤稱殊品。據何良俊《閱雲林畫題》。顧生平不畫人物，惟龍門生一幅有之，不用印章，有一方曰"荆蠻民"而已。據黄印《錫金識小録》引《無錫雜識》。詩雅淡，有理致，評者謂在陶、韋、岑、劉之間。而畫特工，過虞山，手圖七檜於道士山樓上，至明成化時尚存。沈周者，一時名畫師也，弱冠時，見而好之，坐卧壁下者三月，始伸縑泚筆，凡寫十餘縑，皆手裂棄去。據黄印《錫金識小録》。每仿瓚畫，其師趙同魯見，輒呼曰："又過矣! 又過矣!"據董其昌《題雲林畫》。蓋瓚之妙在氣韻，不求物趣，以得天趣爲高，而周則力勝於韻，故相去猶隔一塵也。論者推爲逸品。宋人畫工好有餘而少逸致，獨米襄陽寫意在筆墨蹊徑之外，元之能者雖多，然率承宋法，稍加蕭散耳。吴鎮大有神氣，黄公望特妙風格，王蒙奄有前規，而三家未洗縱横習氣，獨瓚古淡天然，米癡後一人而已。據陳繼儒《妮古録》。然瓚本以董源爲宗，及乎晚年，畫益精詣，而一變古法，以天真幽淡爲宗，要亦所謂漸老漸熟者，若不從董北苑築基，正未易幾耳。據莫是龍《寶顔堂訂正畫説》。以明洪武七年甲寅十一月十一日卒，年七十四。據周南老《雲林先生墓誌銘》。後人集所著詩文凡十二卷，題曰《清閟閣集》。

清惲格字壽平，以字行，改字正叔，武進人。少居城東，號東園草衣生。遷白雲渡，號白雲外史。既老，號南田老人。據惲敬《南田先生家傳》。而南田最著。生而敏慧，八歲，詠蓮花，驚其長老。據《江南通志》，惲鶴生《南田先生家傳》亦載之，惟長老作塾師。十三歲，隨父日初，依明帥王祁於建寧，祁敗，爲清總督陳錦所俘，下之獄，時作畫自遣。會陳錦妻欲置首飾，令人畫形模，不當意，或有言格能畫者，特釋之出，見其風神秀朗，錦妻大喜，自以無子，遂子之。攜遊杭州之靈隱寺，遇父於塗，父因與僧諦暉謀，俟錦妻入寺，紿言此子宜出家，不然且死，錦妻留之寺中，泣而去。父挈之歸，則褫其華帽，易寬袍大袖。参據湯修業《惲先生日初傳》，惲敬、惲鶴生《南田先生家傳》。不應舉，惟攻古文詞，其於畫，天性也，山水學王蒙，既見常熟王翬，筆意極相似。顧而嘻曰："公將以此擅天下名，吾何爲事此?"於是舍山水而畫花鳥，兼用徐熙、黄荃法，獨開生面，爲寫生正派。由是海内學者宗之。據惲敬、惲鶴生《南田先生家傳》，張庚《畫徵録》。其寫生簡潔精確，賦色明麗，天機物趣，畢集毫端。據張庚《畫徵録》。嘗曰："宋法刻畫而元變化，然變化本由於刻畫，妙在相參而無礙。貫師道、巨然筆力雄厚，但過於刻畫，未免傷韻。余欲以秀潤之筆，化其縱横，然正未易言也。"見《甌香館集》卷十一。又論敷色之法，曰："前人用色，有極沈厚者。有極澹逸者。其創製損益，出奇無方，不執定法，大抵濃麗之過則風神不爽，氣韻索矣。惟能澹逸而不入於輕浮，沈厚而不流爲鬱滯，傳染愈新，光輝愈古，乃爲極致。然青緑重色，爲濃厚易，爲淺淡難。爲淺淡矣，而愈見濃厚爲尤難。惟趙吴興洗脱宋人刻畫之迹，運以虚和，出之妍雅，濃纖得中，靈氣惝恍，愈淺淡，愈見濃厚，所謂炯爛之極，仍歸自然，畫法之一變也。"亦見《甌香館集》卷十一。詞氣之間，極重吴興。然格之點花，粉筆帶脂點後，復以染筆足之，點染同用，吴興未傳此法，是其獨造。如菊花、鳳仙、山茶諸花，脂丹皆從瓣頭染入，亦與世人畫法異。據方蘭士《山静居畫論》。遇知己，或匝月爲之點染。非其人，視百金猶土芥，不市一花片葉也。據張庚《畫徵録》。格雖專寫生，山水亦間爲之。常曰："石谷王翬字不喜余寫生，對孫承公云：'正叔研精卉草，日求其趣，其於烟雲山水之機疏矣。’余初不以爲然，已而思寫生，與畫山水，用筆則一，蹊徑不同。久於花葉，手腕必弱，一花一葉，豈能通千巖萬壑之趣乎？”見《甌香館集》卷十二。所作山水，如《丹邱小景》、《趙承旨水村圖》、《細柳枯楊圖》，皆超逸名貴，深得元人幽雋冷淡之致。顧終不自快意，與王翬書曰：“格於山水，終難打破一字關曰窘，良由爲古人規矩法度所束縛耳。”據張庚《畫徵録》。作花鳥，自爲題識書之，世稱南田三絕。據惲敬《南田先生家傳》。以清康熙二十九年庚午卒，年五十八。據惲鶴生《南田先生家傳》。後人集所著古今體詩及畫跋凡十二卷，署曰《甌香館集》。

贊曰：余讀《明史》及《無錫縣志》，咸以隱逸傳倪瓚。然士之老死山林，姓名靡得稱者，卒亦何可勝道，而瓚之名特著，以善畫也。《明史》粗具事迹，稱“瓚善書畫”，然畫之所以善，不著，又與書並稱。雖然，瓚之傳在畫不在書也。《無錫縣志》稱：“瓚畫簡淡，世推逸品第一。”豈不信然？至陽湖惲敬撰《南田先生家傳》，稱：“先生泥塗軒冕，身世皭然，而世徒以畫知先生，末矣。”是亦以隱逸重南田也。雖然，畫不足以盡南田，而世之卒知南田以畫，又惡可不深論之哉？敬亦未爲摯論也。余故發憤而爲之傳。

（原刊於《國學叢刊》第1卷第3期，1923年9月）

理學：

顧憲成

明顧憲成，字叔時，無錫膠山鄉涇里人也。父學，四子，而憲成次三。幼而徇齊，年十一，讀韓文至《諱辨》，問於師曰：“父名當諱耶？”師曰：“然。”自是讀書諱父名。有不可諱者，輒鬱不樂。父聞呼招之曰：“吾名學，汝勿諱學。諱學是忘學也。忘學是忘我也。孺子識之。”憲成謹受命。稍長，師張原雒。原雒授經不拘傳注，直據所自得者爲説。憲成聽之，輒有會。一日，講《論語・或問禘之説》章，憲成曰：“惜哉！或人欠却一問，夫子不知禘之説，何以知知其説者之於天下也，如示諸掌乎？夫子必自有説。”又講《孟子》至“養心莫善於寡欲”，憲成曰：“我以爲寡欲莫善於養心也。”原雒問故，憲成曰：“心者，耳目四肢之主。主人明，不受役於色矣；主人聰，不受役於聲矣。若但向聲色上驅除，是主与奴競，孔子所謂仁則我不知也。”原雒賞其語曰：“作如是觀，方可讀《論》《孟》。”遂介以謁武進薛應旂。應旂以學使家居，講學有重名，見而大喜，持《考亭淵源録》以授。曰：“洙泗以下，姚江以上，萃於是矣。異日無忘老夫也。”萬曆四年，舉鄉試第一。八年，成進士。累官吏部文選郎中，忤時宰，仆而起，卒削籍歸。事具《明史》本傳。

憲成姿性絶人，自幼有志聖學，名所居曰“小心齋”。曰：“無可無不可，吾以見孔子之小心焉。”或問作何解？曰：“可者，因而可之，聖人未嘗敢自有其可也。不可者，因而不可之，聖人未嘗敢自有其不可也。這是何等樣小心。”或曰：“然則小心是個敬。程子之言敬曰‘主一無適’，謝上蔡則曰‘常惺惺法’，尹和靖則曰‘其心收斂，不容一物’，似説較精。”憲成曰：“今執逆之人而告之曰‘主一無適’，曰‘常惺惺法’，曰‘其心收斂，不容一物’。正恐茫然，有如告之曰‘小心’，誰不曉了？及其至，即堯舜猶病此最易知易能，又最無窮盡者也。”其答門人論學曰：“堯舜、孔孟豈不大聖大賢？而兢兢業業到老，汲汲皇皇到老。人心惟危，道心惟微，毫髪放松，淵墜冰陷無已。惟有濂溪所揭‘無欲’二字極好，這個欲，自人生落地時，便一齊帶下。千病萬痛，皆從此起。我要爲善，這個却出來做對頭，不愁你不屈伏；我不肯爲惡，這個却出來做牽頭，不愁你不依順。所謂‘人心惟危’以此，‘道心惟微’以此，堯舜之不能不兢兢業業，孔孟之不能不汲汲皇皇亦皆以此。須辨取明白，一刃斬斷，拔出自家一個身子來，然後要爲善便真能爲善，要不爲惡便真能不爲惡。若識不破，跳不過，終日營營，只要陪奉這個軀殼，其與糞壤之蠅蛆何以異?”聞者感悚。

既廢歸，益覃精研究，力闢王守仁“無善無惡心之體”之説，而不爲訕訐過當之論。澄海唐伯元語於人曰：“世之談良知者，如鬼如蜮，皆守仁階之厲。”憲成聞之曰：“《大學》言‘致知’，守仁恐人認識爲知，便走入支離去，故就中間點出一‘良’字。孟子言‘良知’，守仁恐人將這‘知’作光景玩弄，便走入元虚去，故就上面點出一‘致’字。其意最爲精密。至於如鬼如蜮，正良知之賊也。奈何歸罪守仁！獨其揭‘無善無惡’四字爲性宗，余不能釋然耳。”告子以無善無惡之説淩跨性善，陽明先生以無善無惡之説描寫性善，兩下語意迥然不同。然總是一個空，其相去亦一間耳。或曰：“若是則陽明僅與告子班乎?”曰：“告子恐未可小覷，釋典七佛倡及二十七祖相囑付之語。大指不越‘無善無惡’四字，業已被告子道破。老子言：‘失道而後德，失德而後仁，失仁而後義。’而告子亦曰：‘以人性爲仁義，猶以杞柳爲桮棬。’其學正與二氏相表裏，特以曾經孟子闢過，不敢與之主張耳。從上聖賢費盡氣力，只要扶策這個善字，告子費盡氣力只要壓倒這個善字。孟子安得不闢。”曰：“荀荀子道性惡，不尤甚乎?”曰：“荀子道性惡，將惡做不好的。看告子亦將善做不好的看，荀子還是强人爲善，告子直是嫌人爲善，其爲流害孰大孰小?”曰：“陽明視告子何如?”曰：“從上聖賢道性善，都是实实地就本體上指点出來，陽明道性無善無惡，却是虚虚地就光景上形容出來。一邊作平常説，一邊作元妙説。只這些意思便會做病。若謂以善言性，猶是强名，將無視性太高?又謂善與惡对，一齊抹煞，將無視善太卑?始也本欲極意形容以張吾性，終也使人茫然人於杳冥恍惚之中，而周章四顧無所憑依；始也本欲掃盡世法，以成就第一等聖人，卒也反使人公然逸於規矩繩准之外。而縱横百出，無所底止。蓋其幾微矣。目古聖賢教人，惟曰：‘爲善去惡。’爲善，爲其所固有也。去惡，去其所本無也。本體如是，功夫如是，其致一而已矣。陽明豈不教人爲善去惡?然既曰‘無善無惡’矣，又曰‘爲善去惡’。學者執其上一語，不得不忽下一語也。何則?心之體無善無惡，吾亦無善無惡已耳。若擇何者而爲之，便未免有善在。若擇何者而去之，便未免有惡在。若有善有惡，便非所謂無善無惡矣。將以何者爲心之體?陽明曰：‘四無之説，爲上根人立教，四有之説，爲中根以下人立教。’是陽明且以無善無惡掃却爲善去惡矣。既已掃之，又欲留之，縱曰：‘爲善去惡之功，自初學至聖人究竟無盡。’彼直以爲是權教非實教也。其誰肯聽?縱重重教戒，重重囑付，彼直以爲是爲衆人説，非爲我輩説也。又誰肯聽?夫何故欣上而厭下，樂易而苦難，人情大抵然也。投之以所欣而復，因之以所厭畀之，以所樂而復攖之，以所苦必不行矣。故曰：‘惟其執上一語，雖欲不忽下一語而不可得，至於忽下一語，其上一語，雖欲不可得。’”生平講學，不爲依違，皆此類也。居恒以小心自處，以爲善去惡自力。謂：“君子友天下之善士，況於一鄉，吾吴多君子，若能聯屬爲一，相牽相引，接天地之善脈於無窮，豈非一大勝事哉!”遂以二十六年八月，會南浙諸同志，講學於惠泉之上，嘗謂高攀龍曰：“日月逝矣，百工居肆以成其事，吾曹可無講習之所乎?”無錫故有東林書院，宋楊時講道處也。憲成與攀龍倡修復之。大會四方之士，講學其中。歲兩大會，月一小會，各三日。悉仿朱子白鹿洞規，務在躬修實踐，而益之以飭四要（一、知本；二、立志；三、尊經；四、審幾）、破二惑（一、錫故未有講學之會，亦可以已；二、學故躬行何如耳? 將焉用講。）、崇九益（一、德義相切磨；二、與人爲善；三、耳目一新，精神自策；四、非仁義不談，非禮法不動，凡情俗態不覺蕩然盡；五、應聲氣求，隨取隨足；六、片言立契，相説以解；七、含舊立新；八、十目視，十手指；九、會以明學，學以明道。）、屏九損（一鄙；二僻；三浮；四妄；五怙；六悻；七賊；八滿；九莽），天下學者咸以東林爲歸。一時聞風興起者，毗陵有經正堂，金沙有志矩堂，荆溪有明道書院，虞山有文學書院，皆請憲成蒞臨爲都講焉，學者稱涇陽先生。

憲成於世無所嗜好，食求果腹，衣取蔽體，居取容膝，不知其他。四壁不堊，庭草不除，帷幄不飾，一几一榻，敝硯秃筆，終日儼然。憂時如疾痛，好善如飢渴，必也友一鄉之善，然推而大之，以底於友一國之善，友天下之善，友萬世之善。其不善者曰小家相，憲成不屑矣。以四十年五月卒，年六十三。崇禎初，累贈吏部右侍郎，謚端文。

（選自油印本《江蘇省立第三師範學區紀念人物志》，作於 1921 年）

高攀龍

高攀龍，初字雲從，後字存之，别號景逸，無錫人。自幼端重，五六歲，母授果餌必拱手接；或命自取，一如所授。舉萬曆十七年進士，授行人。忤時宰，謫揭陽典史。再起，累官左都御史。以得罪魏忠賢，削籍歸，詔逮，赴水死。事具《明史》本傳。

初海内學者率宗王守仁，攀龍心非之，與顧憲成同講學東林書院，以静爲主，自謂：“讀書雖多，不甚得力者，尊德性工夫少也。當分日之半讀書，半静坐，爲涵養德性之地。”每出遊，則於水邊石上，茂林修竹處静坐，夜卧至平旦氣清時，即擁衾危坐操然，履篤實，粹然一出於正。爲一時儒者之宗，海内士大夫識與不識，與憲成並稱曰“顧高”。其自序爲學之次第云：“吾年二十有五，聞令公李元沖名復，以萬曆十一年任無錫縣知縣。與顧涇陽先生講學，始志於學，以爲聖人所以爲聖人者，必有做處，未知其方。看《大學·或問》，見朱子説入道之要莫如敬，故專用力於肅恭收斂。持心方寸間，但覺氣鬱身拘，大不自在，及放下又散漫如故，無可奈何久之。忽思程子謂：‘心要在腔子裏。’不知腔子何所指。果在方寸間否耶？覓注釋不得。忽於小學中見其解，曰：‘腔子，猶言身子耳。’大喜，以爲心不專於在方寸，渾身是心也。頓自輕松快活。適江右羅止庵名懋忠來講李見羅修身爲本之學，正合於余所持循者，益大喜不疑。是時，只作知本工夫，使身心相得，言動無謬。己丑第後，益覺此意津津。壬辰，謁選，平生恥心最重。妄自擔負，期於見義必爲，冬至，静坐，忽思‘閑邪存誠’句，覺得當下無邪，渾然是誠，更不須覓誠，一時快然如脱纏縛。癸巳，以言事謫官，頗不爲意。歸嘗世態，便多動心。甲午秋，赴揭陽，自省胸中理欲交戰，殊不寧帖。在武林，將過江頭，是夜明月如洗，坐六和碑①畔。江山明媚，知己勸酬，爲最適意時。然余忽忽不樂，勉自鼓興，而神不偕來。夜闌别去，余便登舟。猛省曰：‘今日風景如彼，而余之感情②如此，何也？’窮自根究，乃知於道全未有見。身心總無受用。遂大發憤曰：‘此行不徹此事，此生真負此心矣。’明日，於舟中厚設蓐席，嚴立規程。以半日静坐，半日讀書。静坐中不帖處，只將程朱所示‘誠敬主静’，‘觀喜怒哀樂未發’，‘默坐澄心’，‘體認天理’等法門。參求行之，立坐食息，念念不舍，夜不解衣，倦極而睡，睡覺復坐，於前諸法，反覆更互，心氣清澄時，便有塞乎天地氣象，第不能常。在路二月，幸無人事，而山水清美，寂寂静静。晚間命酒數行，停舟青山，徘徊碧澗，時坐磐石，溪聲鳥韻，茂樹修篁，種種悦心，而心不著境，過汀州，陸行，至一旅舍，舍有小樓，前對山，後臨澗，登樓甚樂，偶見明道先生曰：‘百官萬物③，兵革百萬之衆，飲水曲肱，樂在其中。萬變俱在人，其實無一事。’猛省曰：‘原來如此。實無一事也。’一念纏綿，斬然遂絶，忽如百斤擔子，頓爾落地。又

---

① 碑，《明儒學案》作“塔”。

② 感情，《明儒學案》作“情景”。

③ 物，《明儒學案》作“務”。

如電光一閃，透體通明，遂與大化融合無際，更無天人内外之隔，至此見六合皆空。腔子是其區宇，方寸亦其本位。神而明之，總無方所可言也。平日深鄙學者張皇説悟，此時只看作平常，自知從此方好下功夫耳。乙未春，自揭陽歸，取釋老二家參之。戊戌，作水居，爲静坐讀書計。然自丙申後數年，喪本生父母。徙居婚嫁，歲無寧息。只於動中煉習，但覺氣質難變。甲辰，顧涇陽先生始作東林精舍，大得朋友講習之功，徐而驗之，終不可無端居静定之力。蓋各人受病不同，而救療之方，總以培養元氣爲主。大聖大賢，養浩然之氣，故能收攝精神，主静立極。學者神短氣浮，須得數十年静力，方可變化氣質，培養德性。而最受病處，又在自幼以干禄爲學，先文藝而後德行，俗根入髓，非傾刻可拔。必埋頭讀書，使義理浹洽，變易其俗腹俗骨，澄神默坐，使塵妄消散，堅凝其正心正氣，乃可耳。至丙午，方信得孟子‘性善’之旨，此性無古今，無聖凡，天地人只是一個。惟最上根，潔凈無蔽，便能信入。其次全在學力，稍隔一塵，頓遥萬里，孟子所以示瞑眩之藥也。丁未，方實信程子‘鳶飛魚躍，必有事焉’之旨，謂之性者，色色天然，非由人力，鳶飛魚躍，誰則使之？所以必有事者，如植穀然，根苗花實，雖其自然變化，而栽培灌溉，全非勉强學問，苟漫説自然，都無一事，即不成变化，亦無自然矣。辛亥，方實信《大學》‘知本’之旨。壬子，方實信《中庸》之旨。至此，覺得天地間道理只是停停當當一個中，平平常常一個庸，有一毫走作，便不停當，有一毫造作，便非平常。本體如是，工夫如是，天地聖人不能究竟，況於吾人，豈有涯際？勤物敦倫，謹言敏行，兢兢業業，死而後已云爾。”此其生平功修大凡也。

晚年涵養愈粹，工夫愈密，到頭學力，自云心如太虚，本無生死。山陰劉宗周曰“先生心與道一，盡其道而生，盡其道而死，是謂無生無死，非佛氏所謂無生死”者也。攀龍之學，一本程朱，故以格物爲要。然程朱之格物，以心主乎一身，理散在萬物，存心窮理，相須並進。而攀龍謂：“纔知，反求諸身，是真能格物者也。《大學》之格物，即《中庸》之明善，所以使學者辨志定業，剖爲己爲人之界，别義利公私之極，必使此心光明洞達，無毫髮含糊疑似於隱微之地。然後善必爲，惡必去，意誠心正而身修，善所以純粹而精，止所以凝定而固也。不然，非不欲止欲修，而氣稟物欲，拘蔽萬端，恐不能實用其力矣。”崇禎初，贈太子少保、兵部尚書，謚忠憲。

博按：此兩傳無一字襲《明史》顧憲成、高攀龍本傳，以《明史》自記其居官之績，而此則詳其學問之大也。亦與《明儒學案》不同，以以黄棃洲以東林之真也。後學錢基博記。

（選自油印本《江蘇省立第三師範學區紀念人物志》，作於1921年）

地理：

徐霞客

明徐霞客，以字行，名宏祖，江陰梧塍里人也。奇情鬱然，力耕奉母，踐更徭役，蹙蹙如籠鳥之觸隅，每思飈去。年三十，母遣之出遊。東南佳山水，如東西洞庭、陽羡、京口、金陵、吴興、武林，浙西徑山、天目，浙東五洩、四明、天臺、雁宕、南海落迦，皆几案衣帶間物耳。有再三至，有數至，無僅一至者。

其行也，從一奴或一僧、一杖、一襆被，不治裝，不裹糧，能忍飢數日，能遇食即飽，能徒步走數百里，凌絶壁，冒叢菁，攀援下上，懸度綆汲，捷如青猿，健如黄犢；以崟巖爲牀席，以溪澗爲飲沐，以山魅、木客、王孫、玃父爲伴侶。僔僔粥粥，口不能道詞，與之論山經，辨水脈，搜討形勝，則劃然心開。居平未嘗握管斆爲文，行遊約數百里，就破壁枯樹，燃松拾穗，走筆爲記，如甲乙之簿，如丹青之畫，雖才華之士，無以加也。

遊雁宕還，過陳木叔小寒山，木叔問："曾造雁山絶頂否?"霞客唯唯。質明失所在，十日而返，曰："吾取間道，捫蘿上龍湫，三十里，有宕焉，雁所家也。攀絶磴上十數里，正德間白雲、雲外兩僧團瓢尚在。復上二十餘里，其顛罡風逼人，有麋鹿數百群，圍繞而宿。三宿而始下。"其與人争奇逐勝、欲賭身命，皆此類也。已而遊黄山、白岳、九華、匡廬；入閩，登武夷，泛九鯉湖；入楚，謁南岳；北遊齊魯燕冀，陟嵩雒，上華山，下青柯坪，心動趋歸，則其母正属疾，噛指相望也。

母喪服闋，益放志遠遊，訪黄石齋於閩，窮閩山之勝，皆非閩人所知。登羅浮，謁曹溪，歸而追石齋於黄山。往復萬里，如涉武耳。由終南背走峨眉，從野人采藥，棲宿巖穴中，八日不火食，抵峨眉，属奢酋阻兵，乃返，隻身戴釜，訪恒山于塞外，尽歷九邊阨塞而歸。嘗謂昔人志星官輿地，多承襲附會，江河二經，山川兩戒，自紀載來，多囿於中國一隅。欲爲崑崙海外之游，窮流沙而後返。以崇禎九年九月啓途，僧静聞願登雞足禮迦葉，請從焉。遇盜湘江，静聞創死，則函其骨，負之行。泛洞庭，上衡岳，窮七十二峰，再登峨眉，北抵岷山，極於松潘。又南過大渡河，至黎、雅，登瓦屋、驪經諸山，復尋金沙江，極於犛牛徼外，由金沙南泛瀾滄，由瀾滄北尋盤江。已而過麗江，憩點蒼、雞足，埋静聞骨於迦葉道場，從所志也。由雞足而西，出玉門關數千里，至崑崙山，窮星宿海，又數千里至西藏，参大寳法王，著爲《溯江纪源》一書。大致謂《禹貢》岷山導江，乃氾濫中國之始，非發源也。中國入河之水爲省五，入江之水爲省十一，計其吐納，江倍于河。按其發源，河自崑崙之北，江亦自崑崙之南，非江源短，而河源長也。又辨三龍大勢，北龍夾河之北，南龍抱江之南，中龍中界之，特短；北龍衹南向半支入中國，惟南龍旁薄半宇内，其脈亦發於崑崙，與金沙江相並南下，環滇池以達五嶺，龍長則脈源亦長。江之所以大於河也。其書數萬言，皆訂補《桑經》、《酈注》及漢宋諸儒疏解《禹貢》所未及者。歸而病甚，語問疾者曰："漢張騫鑿空，未睹崑崙；唐元裝①、元耶律楚才，銜人主之命，乃得西遊。吾以老布衣，孤笻雙屨，窮河沙，上崑崙，歷西域，題名絶國，與三人而爲四，死不恨矣！"以崇禎十三年卒，年五十有六。刊有《遊記》傳於世。

（選自油印本《江蘇省立第三師範學區人紀念物志》，作於1921年）

顧祖禹

清顧祖禹，字景范。家無錫之宛溪上，號廊下顧。父柔謙，爲贅壻昆湖

---

① "元裝"即"玄奘"。

譚氏，生祖禹，祖禹故間自署常熟，其实世無錫人也。

少負異才，經史背誦如流，尤好遊，足迹遍天下，無所遇。康熙間，崑山徐乾學奉敕修《一統志》，延致祖禹，與太原閻若璩、常熟黄儀、德清胡渭四人於家。四人之學，尤精地理。又得傳是藏書樓，參籍窮討，各有撰述。而祖禹則撰《歷代州域形勢》九卷，《南北直隸十三省》一百十四卷，《川瀆異同》六卷，《天文分野》一卷，共一百三十卷。又用開方法繪地圖□卷，名曰《讀史方輿紀要》，凡《職方廣輿》諸書承譌襲謬，皆一一駁正，詳於山川險要及古今戰守之迹，而景物名勝，皆在所略。讀其書，可以不出户牖而知天下之形勝，爲地理之學者莫之先焉。當世所稱三大奇書，此其一也。一、梅文鼎《曆算全書》；一、李清《南北史合抄》。祖禹爲此書，年二十九屬稿，五十乃成。無一日中輟，自言舟車所經，必覽城郭，按山川、稽里道、問關津，以及商旅之子、征戍之夫，或與從容談論，考覈異同。新會梁啓超曰："清代地理極盛，然體大思精，至今蓋尚無出無錫顧祖禹《讀史方輿紀要》上者。"祖禹晚年隱膠山以老。

（選自油印本《江蘇省立第三師範學區紀念人物志》，作於1921年）

文學：

張惠言

清張惠言，字皋文，武進人。四歲而孤，家貧，就世父讀。一日，暮歸，無以爲夕飧，不食而寢；遲明，不能起。顧不以自廢，年十四，即爲童子師。舉嘉慶四年進士，散館授編修，卒於官，年四十二。惠言少𢡟詞賦，擬司馬相如、揚雄，過同郡錢魯思伯坰而示之，伯坰以工作書爲詩名天下，見之大喜。顧而謂："吾嘗受古文法於桐城劉海峰先生。"因爲稱道其説，乃盡屏置曩時所習詩賦不爲，而爲古文。又友桐城王悔生灼，灼亦海峰弟子也，往往語以所受於其師者。爲之二三年，稍稍得規槩。已而遊杭州，一日方與客語，有覢然而來者，則伯埛也。蓋不相見者十三年矣。其言曰：“吾見子古文，與劉先生言合。故來與子論古文。”惠言曰：“何如?”曰：“吾嚢於古人之書，見其法而已。今吾見拓乎石者，則如見其未刻時；見其書也，則如見其未書時。夫意在筆先者，非作意而臨筆也。筆之所以入，墨之所以出。魏晉唐宋諸家之所以得失，熟之於中，而會之於心。當其執筆，繇乎其若存，攸攸乎其若行，冥冥乎，成成乎，忽然遇之，而不知所以然。故曰意。意者，非法也。而未始離乎法，法有盡而意無窮。吾於爲詩亦見其若是焉，豈惟詩與書，夫古文亦若是則已耳。”惠言聞之意豁然而誌其言。已而思古之以文傳者，雖於聖人有合有否，要就其所得，莫不足以立身行義施天下，致一致切，治荀卿、賈誼、董仲舒、揚雄以儒，老聃、莊周、管夷吾以術，司馬遷、班固以事，韓愈、李翺、歐陽修、曾鞏以學，柳宗元、蘇洵、軾、轍、王安石雖不逮，猶各有所執持，操其一以應於世而不窮，故其言必曰道，道成而所得之淺深醇雜見乎其文，無其道而有其文者，則未有也。故迺退而考之於經，求天地陰陽消息於易虞氏，求古先聖王禮樂制度於禮，鄭氏蘄窺微言奥義以究本原，而文日淵雅。既歿，刊有著《茗柯文編》。湘鄉曾國藩爲之序曰：“文章之變多矣。高才者好異不已，往往造爲瑰瑋奇麗之辭，仿傚漢人賦頌繁聲僻字，號爲復古，曾無才力氣勢以驅使之，有若附贅懸瘤施膠漆於深衣之上，但覺其不類耳。叙述朋舊，狀其事迹，動輒卓絶，若合古今來名德至行備於一身，譬之畫師寫真，衆美必具，偉則偉矣，而於其所圖之人固不肖也。吾嘗執此以衡近世之文，能免於二者之譏實鮮。皋文先生編次《七十家賦》，評量殿最，不失銖黍。自爲賦，亦恢閎絶麗，至其他文，則空明澄澈，不復以博奥自高，平生師友多超特不世之才，而下筆稱述，適如其量。若帝天神鬼之墜臨，褒譏不敢少溢，何其愼歟!”論者以爲知言云。

博按：此傳無一字襲惲敬《張皋文墓誌》、阮元《張惠言傳》以筆誌其居官，既傳其經學，而此則傳其文學也。李元度《國朝先正事略·張皋文》一篇即次比惲志阮傳爲之。後學錢基博記。

（選自油印本《江蘇省立第三師範學區紀念人物志》，作於1921年）

惲敬

惲敬，字子居，號簡堂，武進人。生負異稟，八歲學爲詩，十一學爲文，十五學六朝文，學漢魏賦頌及宋元小詞。十七學漢魏宋元明諸[①]大家文。父輪，老儒也。始告以讀書之序，窮理之要，攝心專氣之驗，匪是不足以爲文。於是復返而治小學，治經史百家，然未有所發也。索之心，誦之口，書之手，芒乎摇乎，父詔之曰："此心與氣之故也。不可以急治，當謹而俟之，减嗜欲，暢情志。嗜欲减則不淆雜，情志暢然後能立，能立然後能久大。"敬唯受命。

举乾隆四十八年鄉試，充官學教習。居京師，與張惠言友，治古文。五十九年，授富陽知縣，歷江山、新喻、瑞金，擢守南昌府吴城同知。其爲人負氣，矜尚名節，所至輒與上官忤，卒中吏議奪職，士論惋惜，而敬一不以措意，益務爲文自壯。張惠言之殁也，敬聞之慨然曰："古文自元明以來，漸失其傳，吾向不多作者，以有皋文在也。今皋文死，吾当並力爲之。"侍郎曹振鏞問爲古文之法，敬復書曰："古文，文中之一體耳。而其體至正，不可餘，餘則支；不可盡，盡則敝；不可爲容，爲容則體下。方望溪先生曰：'古文雖小道，失其傳者七百年。'望溪之言若是。是明之尊岩[②]、震川，本朝之雪苑、勺庭、堯峰諸君子，世俗推爲作者，一不得與乎望溪之所許矣。望溪謹厚，兼學有源本，豈妄爲此論耶？蓋尊岩、震川，嘗有意爲古文者也。有意爲古文，而平生之才與學不能沛然於所爲之文之外，則將依附其體而爲之。依附其體而爲之，則爲支爲敝爲體下，不招而至矣。是故尊岩之文贍，贍則用力必過，其失也少支而多敝；震川之文謹，謹則置辭必近，其失也少敝而多支。而爲容之失，二家緩急不同，同出于體下。此望溪之所以不滿也。李安溪先生曰：'古文韓公之後，惟介甫得其法。'是説也，視望溪之言有加甚焉。敬常即安溪之言推之。蓋雪苑、勺庭之失，毗於尊岩而鋭過之，其疾徵于三蘇氏。堯峰之失，毗于震川而弱過之，其疾徵于歐陽文忠公。歐蘇所畜有餘，其疾難形，侯魏汪所畜不足，其疾易見。噫，可謂難矣！然望溪之於文，則又有

① "諸"字原闕，今據錢基博《江蘇學風·惲敬傳》補。

② 尊岩，又作遵嚴。

未至者。是故旨近端而有時歧，辭近醕而有時窳。近日朱梅崖於望溪有不足之辭，而梅崖所得，視望溪益痺隘。文人之見日勝一日，其力則日遜焉。是亦可虞者也。蓋自厚趋薄，自堅趋瑕，自大趋小，而所謂爲支爲敝爲體下，皆其薄其瑕其小爲之，如能盡其才與學以從事焉，則支者如山之立，敝者如水之去腐，體下者如負青天之高。於是積之而爲厚焉，斂之而爲堅焉，充之而爲大焉，然所謂才與學者何哉？曾子固曰：'明必足以周萬事之理，道必足以適天下之用，智必足以通難知之意，文必足以發難顯之情。'如是而已。"

敬自言其學非漢非宋，不主故常，於陰陽名法儒墨道德之書，既無所不讀，又兼通禪理。張惠言嘗稱："其亦狂亦狷，亦隘亦不恭。"蓋惠言研精經傳，其學從源而及流。敬泛濫百家之言，其學由博而及約，二人之致力不同。

而敬治古文尤得力於韓非、李斯，與蘇允明相上下，近法家言，叙事似班固、陳壽。而敬自謂："吾文皆司馬子長出，子長以下無北面者。"刊有《大雲山房文集》八卷。自序曰："昔者班孟堅因劉子政父子《七略》爲《藝文志》，序六藝爲九種，聖人之經，永世尊尚焉。其諸子則别爲十家，論可觀者九家，以爲雖有蔽短，合其要歸，亦六經之支與流裔。至哉此言！論古之圭臬也。敬嘗通會其説，儒家體備於禮及《論語》、《孝經》，墨家變而離其宗，道家、陰陽支駢於《易》，法家、名家疏源於《春秋》，縱橫家、雜家、小説家適用於《詩》、《書》。孟堅所謂'《詩》以正言，《書》以廣聽'也。惟《詩》之流，復引爲詩賦家，而樂寓焉。農家、兵家、術數家、方技家，聖人未嘗專語之，然其體亦六藝之所孕也。是故六藝要其中，百家明其際會，六藝舉其大，百家盡其條流。其失者孟堅已次第言之。而其得者窮高極深，析事剖理，各有所屬，故曰：'修六藝之文，觀九家之言，可以通萬方之略，後世百家微而文集行，文集敝而經義起，經義散而文集益漓，學者少壯至老，貧賤至貴，漸漬於聖賢之精微，闡明於儒先之疏證。而文集反日替者何哉！蓋附會六藝，屏絶百家，耳目之用不發，事物之賾不統，故性情之德不能用也。敬觀之前世，賈生自名家、縱横家入，故其言浩汗而斷制；鼂錯自法家、兵家入，故其言峭實；董仲舒、劉子政自儒家、道家、陰陽家入，故其言和而多端；韓退之自儒家、法家、名家入，故其言峻而能達；曾子固、蘇子由自儒家、雜家入，故其言温而定；柳子厚、歐陽永叔自儒家、雜家、詞賦家入，故其言詳雅有度；杜牧之、蘇明允自兵家、縱横家入，故其言縱厲；蘇子瞻自縱横家、道家、小説家入，故其言逍遥而震動。至若黄初、甘露之間，子桓、子建，氣體高朗。叔夜、嗣宗，情識精微，始以輕雋爲適意，時俗爲自然，風俗相仍，漸成規範。於是文集與百家判爲二途。熙寧、寶慶之會，時師破壞經説，其失也鑿。陋儒襞積經文，其失也膚。後進之士，窃聖人遺説，規而畫之，睇而斲之。於是經義與文集并爲一物，太白、樂天、夢得諸人自曹魏發情，静修、幼清、正學諸人自趙宋得理，遞趋遞下，卑冗日積。是故百家之敝，当折之以六藝；文集之衰，当起之以百家。'”生平持論視此。而陽湖之文，乃别出於桐城以自張一軍。蓋桐城之文①恣肆，桐城之體□□，而陽湖之體閎博，其大較然也。敬以嘉慶二十二年卒，年六十有一。

博按：此傳據惲氏《大雲山房本集》及陸繼輅《七家文鈔》，期於提要鉤元，見陽湖别家一派之所以，與李元度《國朝先正事略》不同。後學錢基博記。

（選自油印本《江蘇省立第三師範學區紀念人物志》，作於1921年）

李兆洛

李兆洛，字申耆，晚號養一老人，江蘇陽湖人。其先本無錫夾山王氏，明神宗時，有本成者，育於武進三河口李氏，遂冒李姓。武進分陽湖，三河口屬之，故爲陽湖人。父徵蘭，諸生。母奚氏。兆洛生而穎異，五歲，入小學，氣弱不能讀書，衹默坐；而聞兄康齡受《禮記》，即能背誦。稍長，益力學；分日課馬端臨《文獻通考》，期年盡之；其節目要處，略能上口。閲朱子《通鑑綱目》，以事不詳實，更讀司馬光書，能貫徹首尾；尤喜顧祖禹《讀史方輿紀要》，巨帙繁重，未有刊本；命書人鈔録而手校之，旁逮《太平寰宇記》各省通志，較互千餘年來水地之書，證以正史，刊定顧氏書之與原史不符者，皆硃書小楷，精整有法。既而應縣試。陽湖令陳君見兆洛年最少，而交卷最速，疑而考問，應對如流。陳君款詢家世，曰："汝可即歸！吾不招覆

① "桐城之文"下當脱"□□，而陽湖之文"七字。

汝矣！通場雖皆未投卷，然知必無及汝者，招覆非第一不可！汝童年初試，即蓋一邑；非吾之所以期汝也！”即在廳事書聯爲贈曰：“他日定成名進士，乃翁真有好兒郎！”一時傳爲佳話！

旋丁母憂，服闋赴試。督學使者爲仁和胡文恪公，奇其文；既首擢，及發落，文恪已將兆洛原場及覆試卷刻成，九學諸生各給一本，曰：“歸家熟讀之！若毋薄李生新進！老夫衡文半天下，未見有如李生者矣！”尋以高等食餼。仁和盧文弨方以學士主講龍城書院。從游皆一時英彥，如臧鏞堂、顧文炳頗講求訓詁之學。兆洛意殊不屑！而文弨獨契異之，謂其造詣非群輩所及！嘉慶九年，以第一人舉江南鄉試。明年成進士，改翰林院庶吉士。戊辰散館，授知縣，選四川慶符縣。親老告近，改安徽鳳臺縣。

縣治與壽州同城，爲古南北用兵地；瀕淮帶汝，時阨於水；西接蒙城，北界阜陽，遠者百八十里，土曠民稀；風氣獷悍，喜剽奪，黨羽至千人，各有頭目，殺傷人日或數起，號難治。前令或不越歲，輒謝事去，故治率苟簡。兆洛下車，即周歷縣境，察水道，訪農圃，出教與士紳商興修事宜，以爲：“爲政之道，首在勸農以饒民，其次除盜以安良。而自漢迄唐宋，淮南北屯墾常爲天下最。漢芍陂在邑境，今名焦岡湖。下蔡城北有眉陂、大良陂等，皆溉田百餘頃，蓋即鬮疃、萬福集諸處；徒以陂渠久廢，邑濱淮而山岡環繞，易爲旱潦。”於是增堤防，設溝閘，督耕耘，民以有歲！遂以其餘力修葺學宮、縣署、訓導署；祠廟之應祀典者，橋渡之便民用者，並次第舉行。邑多豪猾，爲逋盜藪者相望。兆洛常馳騎率健勇循巡閭里，每出不意，得其魁。如朱紀、張盤士、任際殷諸劇盜，歷官莫敢誰何。至是擒治如律。有周清者，夙以氣力雄長群盜；一日身投階下。時適聽囚畢，呼問曰：“汝自首，汝黨且奈何?”則叩首曰：“幸府君辱收小人，可解散之歸農。”遂勞以酒食，署爲捕首。先是江南儀徵有劫殺巨案，戕一家三命，總督購緝偵得兇盜爲蒙城人而匿鳳臺，嚴檄兩邑，限一月捕送。兆洛知容盜者爲巨猾，其人不受捕；乃召周清至內室，賜之酒饌，曰：“吾不日解組，故與若作一劇飲。”清請其故?兆洛則示以總督檄。清曰：“役知其人所在，然力不能取。”兆洛笑曰：“若力能取，吾早以捕事責若矣！吾即去此，若終亦不能做好人，故與若作别耳。”清感激嗚咽，久之乃曰：“有一計，請收役家屬於獄，而發硃簽責役必得。役將往哀之，或得當以報。然三日不回，則役死猾家已！役之妻若子，可終身侍夫人公子，供掃除之役，幸得延宗祀；則府君之惠也！”即日馳詣猾家。猾款之曰：“雲泥路隔，三年不見；何幸辱臨，必有故？”示以硃簽。猾曰：“信在此，姑召出共飲而商之。”兇盜出，則曰：“我公之新交，而彼則故人也。且我一身而彼一家。顧爲新交之一身，陷故人一家乎！我即隨到官耳。”猾家距城二十五里；次早，猾遣長矛二十護送至城門而返；蓋兇盜至趫勁，猾恐清非其敵也。兆洛既遣清，即於署内製堅檻，並集舁者護者百餘人以需；至是清引盜至。兆洛適在廳事讞他獄，一訊姓名，立檻解蒙城而身督護送。鳳臺去蒙城七十里，中道有鎮爲分界所。檻車入飯店；兆洛降輿當門坐，環觀者如堵。兆洛曰：“此大盜無人能捕，而我竟捕得，若等知吾樂否？”取巨觥痛飲。又命侍者酌飲其父老，與話嘈雜不可休；醉甚，乃升輿前行。猾已遣數十健者來劫，見縣官攔店門轟飲，遂出伺鎮外，候良久，見兆洛輿過，問檻犯何以不來？答云在後。返馳至店，則早已毀店後牆，舁檻車前去，計且抵蒙矣！猾黨既返；兆洛即改乘快馬疾馳至蒙城，會蒙令受兇盜訶，即聯銜會印通詳聲明鳳邑捕得，遵檄交蒙邑轉解儀徵歸案。兆洛返鳳之次日，兇盜越獄走。蒙城令得嚴譴。兆洛每語人曰：“鳳、潁、泗三府州，揀集五千人，可以方行天下；然唯其豪能用之！必帥至千里外，或客兵勢盛，足相鈐制，乃可；否則驕蹇難爲降服已！”自治縣頗用刑名法術之學，束身勤以廉，御下嚴以察。吏不敢欺。而下民有欺侵官吏者，以爲投鼠不忌器，此犯上之漸！必窮治乃已。壽州鎮總兵以下，所屬將卒，時或撓治。兆洛一斷以法，靡所不敢！城西湖，即《水經注》之尉升湖也；湖西北屬壽州，惟北涯隸鳳臺，地窪下，遇潦輒没。舊免租賦，爲兵民樵牧之所；相傳兵四民六而無畛界。總兵遊擊都司守備各營馬縱踐民田，民爭屢不勝，愬曰：“惟爺直之！”兆洛以越職拒不受狀。叩頭曰：“爺神明置不問；兵食民無餘骨矣！”兆洛憫然曰：“此事非可以口舌勝！”命盡驅其馬，縶以來。兵數千人隨而譟，勢洶洶，不爲動。總兵多隆武憤白於總督、巡撫；乃檄廬鳳道鳳陽府會勘丈量。湖周三十餘里，兵四，實丈得地十四里；民六，實丈得地十七里；劃直溝爲道，溝以東爲民，溝以西爲兵，兩不得侵越；而餘一里於湖之南北岸，爲民人由湖東入湖西樵牧之路，繪圖著説，永世遵守。民困得蘇焉！

兆洛敏於爲政事無留滯；好整以暇，乃手纂《縣志》，詳利弊，稽古迹，考金石；搜録前明巡撫壽春人方孩未文集；而集壽州自明以來詩人，爲《小山嗣音》。又嘗謂：“《水經注》，壽春城郭左右，自長瀨津以下，有山淵寺、解南精廬、西昌寺、曲水堂，皆擅山水之勝。當南北戰争之時，此爲兵衝；而名藍傑觀，曾不墮壞。酈氏崎嶇戎馬，不廢燕遊。而今並闃然！”往來八公、四頂間，其巖壑尤爲秀美；欲於八公山創八公仙院，於四頂山下重興古雀離寺，使春秋勝日，邑中人士可以遊覽嘯咏，一洗獷悍；曰：“庶幾不爲俗吏矣！”而未及爲；遂丁父艱。在鳳臺者七年，中間署壽州者三年；自以意欲行而力不逮者，曰田賦，曰保甲。蓋其民性不戀土，聚散不恒，官無魚鱗册，無户區細册，棼舛已久，勢必改絃而更張之。然非州縣之所得而主。故著其説於志中，意不勝拳拳焉！既遭喪去官，不樂仕進；而鳳臺猶有官項未清，遂以羈滯。合河康紹鏞方爲安徽巡撫，知其畸士，禮聘入幕；尋隨之廣東；紹鏞以母憂去官，又偕歸揚州，如是者六七年，節修脯所入以償鳳臺官項；有餘則以刻書在廣東，則校刊《鳳氏經説》，則江陰鳳韶所著也。《虞氏易禮》、《周易鄭荀義》、《易義别録》、《虞氏易變動表》、《易圖條辨》諸書，則同縣張惠言所著也。《孔子年表》、《孟子年略》，則臧鏞堂所著也。在揚州，則校刊洪飴孫《三代職官表》，劉逢禄《公羊釋例》；並手纂《駢體文鈔》、《皇朝文典》等書，累數十百卷。所至，稽其山川道理、土俗利病、文章典實，及一物一名之異者，亦不忽遺。一語之合，欣然有會；一技之能，稱許不置；未嘗以一長自顯，而當世英彦，見者皆敬而親之，終莫與有争。當道鉅公，争延致之以爲重；而兆洛意倦遊。江陰人士延主暨陽書院，居之二十年以至老死！

自乾隆中葉後，海内士大夫興漢學；而大江南北尤甚。蘇州惠氏棟、江氏聲，常州臧氏鏞堂、禮堂、孫氏星衍，嘉定錢氏大昕，金壇段氏玉裁，高郵王氏念孫、引之，徽州戴氏震、程氏瑶田，争治詁訓音聲，瓜剖釽析；視清初崑山、常熟二顧炎武、祖禹及四明黄氏宗羲、萬氏斯同，即皆擯爲史學非經學，或謂宋學非漢學，錮天上聰明知慧，使盡出於名物考據之一途。兆洛生於其鄉，獨治《通鑑》、《通典》、《通考》之學，疏通知遠，不囿小近，不趨聲氣。及主暨陽書院，則盧文弨舊講席也；所居之廬曰葦學齋。自乾隆丙子，至是道光癸未，閱四十年，薪木毁傷，弟子零落殆盡！於是重葺葦學齋，與諸生講誦其中。其論學無漢宋，惟以心得爲主，而惡夫以餖飣爲漢，空腐爲宋者！詔人以治經之法，始於明句讀，終於籀義理；曰：“經之爲書，託於文字，傳於聲音，顯於訓詁，定於章句，因文以記音，音别而後求訓焉。累文以成句，句别而後求章焉。獨文爲訓，連文而殊。孤句立解，累句而異。句者，文字、聲音、詁訓之會，而發揮事理，斐然成章之所始也。故《大學》始事，即曰離經，離之而後合之也。獨字不可誦，句而後可誦，聲之引也。聲之引，資乎氣；當諷誦時，緩急、出入、周疏、遲速、高下之節出焉，而氣隨之，而心之解悟因之。善諷誦者，句讀明而義理自見；入於耳而不煩於言，氣爲之也。氣之所爲眇矣，能授諸神而達之於心。古人誦詩即以學樂，即詩之句讀，而樂之曲直、繁縟、節奏，一以貫之者也。古人之文，如其口語；句讀即其辭氣云爾；辭氣得，則誦其文，如聞其語；故殷盤、周誥，號爲詰屈，諷誦之久，心神爽然，有心能領之而口不能傳之者焉。至於義理之釋，憑於字句，一字之上屬下屬，一句之或絶或連，其差甚微，違迕斯大！劉歆移讓博士，已有分文析字之譏，虎觀諸儒，此類彌廣。康成以下，經師競出新致，幾於望文生義，各以意屬。而持之成理，或末師賢於往古；此又多師之藉也！然而無獨是之見者，不可與治經；蔽於所不見也；衆喙若雷，此挽彼推，頽靡而已！守獨是之見者，不可與治經；蔽於其所見也；盛氣所鑠，不顧迕錯，虚詭而已。是故治經之塗有二：一曰專家；恪守一師之法，尺寸不敢違越，唐以前諸儒類然。一曰心得；通之以理，空所依傍，惟求乎己之所安，唐以後諸儒類然。孔子曰：‘述而不作，信而好古。’專家是也。孟子曰：‘以意逆志，是謂得之。’心得是也。能守專家者，莫如鄭氏康成；而其於經也，泛濫博涉，彼此通會，故能集一代之長。能發心得者，莫如朱子；而其於經也，搜采衆説，惟是之從，故能爲百世之宗。孟子曰：‘博學而詳説之，將以反説約也。’不約不足以成學，不博則約於何施！彼治專家而遂欲盡廢後來之説，矜心得而遂欲悉屏前人之言，皆專己守殘，自益其孤陋者也！嘗謂漢宋紛紜，亦事勢相激使然。明代以八股取士。學士低首束縛於集注之日久，久則厭而思遁。一二才智之士，鑿空造奇，一遁而之子，再遁而之史，然皆不能越集注範圍。漢學興，於是乎以注攻注以爲得計；其實非爲解經，爲八股耳。一二君子倡之於前，無識者乃藉以取名，或甚以此希取富貴，波流至今日而極！而掇拾愈細，其味愈薄；亦稍稍有厭之者矣！”爲諸生説法，矢口舉《十三經》辭無遺失，上自漢唐注疏，下及近世諸儒經説，條别得失，不檢本；而進之讀《通鑑》、《通考》以充其學；旁及《史記》、《漢書》、《春秋繁露》、

《管子》、《荀子》、《吕氏春秋》、《商子》、《韓非子》、《賈子新書》、《逸周書》、《淮南子》以博其義。讀書多，積理富，而後課作詩賦、經解、策論，月一爲之，謂之小課。每課必鎖院面試，限刻繳卷；而慎校閲，必再三反覆，甲乙乃定；文章不取墨守章句，務達其所見，毋爲蹈襲。厭薄記誦之學，嘗謂及門曰："吾此處是不二法門，參禪不念佛。"不爲講學餘習，常曰："道學在躬行，不在口説。"於書無所不讀。四方來問學者，就其材之所近而授以業《三禮》、《尚書》、《毛詩》、《春秋三傳》、《爾雅》、二十四史、詩賦、駢體、古文、考據、推步、輿地、音韻、篆隸、鐘鼎、碑刻、書畫、雜藝，各示以古人成書而導之門徑。雅不喜宋刊曰："此骨董耳!"惟假以校讎，或録存其副；有求者，則轉與之，揮手不吝。藏書五萬卷，皆手加丹鉛，校羨脱，正錯牾。每得書，必并本厚釘，細楷目録，夾以銀行木板，束以青繩，嚴整明便，望而知爲輩學齋中物也！湖郡書賈，歲必麕至；有不知者，則告以是書何用，刊行自何時，價何等，即奉爲典型。爲人高明博厚而極精微，置物有常處，授人書帖，闇中探取不爽；不棄寸紙尺繩，隨宜取用。入人座中，則几上經籍悉記；間有檢閲，則云某有某書；往往其人亦茫不自知也！尤多能鄙事，書畫贋真，研石美惡，種植節候，罔不精曉。能以意製竹爲爵，義象古雅。布帛製衣，用此法裁則省，否則費；以今絺綌縷數，校古喪服升數，則精粗何似，可以比辨。用銅仿古嘉量爲升合，周漢與今部頒尺式若各省民用長短諸式咸備。以爲實事求是，學問之道固然！惟樂律不精，以爲吾耳不聰，不敢謂能辨五音。而曆算輿地兩業，尤深博無窮，爲畢生精力所萃，弟子日衆，擇其尤者分治天文輿地二業。兆洛始檢《圖書集成》中輿地圖本，苦其不著天度；又府各一圖。繼得康熙内府輿地圖，大於《集成》所繪，而有天度，亦分省，有外藩；即康熙五十年聖祖諭廷臣，所謂"《皇輿全覽圖》，朕費三十餘年心力，始得告成"者也。又於廣東巡撫庫見乾隆間所賜各省督撫内府輿圖，東西爲横幅長卷，而南北以次排之，欲臨其本而未成。晚得同縣董祐誠所繪圖，其圖摹兩朝舊本，而博稽掌故，旁羅方志，自乾隆以來州縣之改更，水道之遷異，皆參校確實而著之；依内府以天圖經緯分畫，天上一圖，當地上二百里；然緯度無贏縮；而經度自赤道迤北之次漸窄，則里數不可憑準；按一度當二百里，則一分當三里三分之一，一杪當二十步，穹數即小有不齊，而大約無甚贏縮；兆洛乃依《靈臺儀象志》實測，通南北畫爲每方百里以取計里之便，而以虚綫存天度之經度。使測天者仍可依傍其緯度。又祐誠分爲四十一圖，小大瓜離，不便觀覽；兆洛乃總爲一圖，舒之爲屏幅，卷之爲册葉；用硃印數十部，墨注古地名其上，以上古《禹貢》、三代、春秋、戰國爲經始，推及秦、漢、三國、六朝、唐、五代、宋、遼、金、元以迄於明，檢各史地志，以《皇輿表》及《一統志》覈其沿革，並得其實地而著之於圖，號曰《歷代輿地沿革圖》；其爲是圖也，别録各史地志，編以爲韻，既得其實地，乃會前代郡縣注之韻下，號曰《歷代地理韻編今釋》；弟子六承如、六嚴、徐思鍇、宋景昌實襄其成；而兆洛提命督課，殫十餘年之力，廑乃成之。又撰《皇朝輿地韻篇》二卷，《歷代紀元編》一卷，同治中合肥李氏與《一統圖》刻於江寧，總顔曰《李氏五種》者是也。兆洛又欲爲《歷代地名長編》曰："凡史中地名，因事而見，非郡縣者，悉録出，亦以韻類之，可并入上古、禹貢、三代、春秋、戰國諸地名。若成此，則地皆有歸宿，讀史無復遺憾。"然而有志未成也！元和李鋭有《三統四分乾象三術注》；兆洛推廣其義，以爲欲究各朝曆法疏密因變之原，宜舉《廿一史》中有曆律志者，盡通其法；以事體大，未能究業；乃先成天球、地球及《天文圖》。天球、地球，以銅與木爲之，各一；懼學者不能明也，乃爲文以釋之。《天文圖》，則依《會典》天文圖，以視法變赤道爲直綫，分十二宫爲十二圖，而别繪近南北極星爲圜圖，列於前後；較之原圖赤道南北分圖，尤便觀覽；第原圖俱無增星；今推準度分，合而繪之，以便占天者之考覽。而吾伯祖增貢君諱維樾方執摯爲弟子，又以兆洛之命，將恒星赤道，繪作分圖；距極三十度南北，各爲圜圖一；距極三十度以外之九十度南北，各爲皋鼓形圖十二；以朱絲一格爲一度；惟圜圖經度，在距極五度内，以一格爲十度；距極五度外之五度，以一格爲兩度；廣狹之勢然也；推步家得此，瞭如指掌焉！江陰教諭荆溪命冕之嘗從受四元算法；造正方、縱方，次商、三商之平廉、長廉各一具；仿劉徽《九章注》，斜解立方基，作爲塹堵、陽馬、鼈臑諸形，合之一大方，析之各體皆備。弧三角一術，爲西人絶業；而製銅爲弧矢切割，各綫然了。蓋博物多能，而蘄之於實事求是；大率類此！

方是時，桐城姚鼐之學大昌，論文盛推歸、方，崇散行而薄駢偶。兆洛則謂唐宋傳作，皆導源秦漢；秦漢之駢偶，實唐宋散行之祖。特纂《駢體文鈔》一書，以與姚鼐《古文辭類篹》作旗鼓之當。

其論古文之出於駢以砭其末流曰："天地之道，陰陽而已；奇偶也，方圓也，皆是也。陰陽相並俱生，故奇偶不能相離，方圓必相爲用。道奇而物偶，氣奇而形偶，神奇而識偶。孔子曰：'道有變動，故曰爻。爻有等，故曰物。物相雜，故曰文。'又曰：'分陰分陽，迭用柔剛，故易六位而成章。'相雜而迭用，文章之用，其盡於此乎！《六經》之文，班班具存。自秦迄隋，其體遞變，而文無異名。自唐以來，始有古文之目，而目六朝之文爲駢儷；而爲其學者，亦以是爲與古文殊路；既歧奇與偶爲二，而於偶之中，又歧六朝與唐與宋爲三。夫苟第較其字句，獵其影響而已；則豈徒二焉三焉而已；以爲萬有不同，可也。夫氣有厚薄，天爲之也。學有純駁，人爲之也。體格有變遷，人與天參焉者也。義理無殊塗，天與人合焉者也。得其厚薄純雜之故，則於其體格之變，可以知世焉；於其義理之無殊，可以知文焉。文之體，至六代而其變盡矣！沿其流極而泝之以至乎其源，則其所出者一也。吾甚惜夫歧奇偶而二之者之毗於陰陽也！毗陽則躁剽，毗陰則沈膇，理所必至也；於相雜迭用之旨，均無當也！古之言文者，吾聞之矣！曰：雲漢之倬也，虎豹之文也，郁郁也，彬彬也；非是謂之野！今之言文者，吾聞之矣！曰：孤行一意也，空所依傍也，不求工也，不使事也，不隸詞也；非是謂之駢！唐以前，爲文者必宗秦漢，唐以後，皆曰宗韓退之；退之亦宗秦漢者也；而裴晉公之譏韓退之也，曰：'恃其絶足，往往奔放，不以文立律制，而以文爲戲。'又曰：'文之異，在氣骨之高下，思致之深淺；不在磔裂章句，隳廢聲韻也！'昔之病退之者，病其才之强。今之宗退之者，則又病其才之弱矣！然則今之所謂文，毋乃開蔑古而便枵腹矣乎！業此者，既畏駢之名而避之；或又甘乎駢之名而遂以齊梁爲宗。夫文果有二宗乎！吾欲人知駢之本出於古也，爲選以式之，而名之曰《駢體文鈔》；亦欲使人知古者之未離乎駢也！今之古文家，但言宗唐宋，而不敢言宗兩漢。所謂宗唐宋者，又止宗其輕淺薄弱之作，一挑一剔，一含一詠，口牙小慧，譾陋庸詞，稍可上口，已足標異；於是家家有集，人人知書，其於古則未敢知，而於文則已難言之！竊以後人欲宗兩漢，非自駢體入不可。今日之所謂駢體，以爲不美之名也！而不知秦漢子書，無不駢體也；竊不欲人避駢體之名，故因流以溯其源，豈第屈司馬、諸葛以爲駢而已！將推而至《老子》、《管子》、《韓非子》等皆駢之也！今試指《老子》、《管子》爲駢，人必不能辭也；而乃欲爲司馬、諸葛避駢之名哉！《報任安書》，謝朓、江淹諸書之藍本也；《出師表》，晉宋諸奏疏之藍本也；皆從流溯源之所不能不及焉者也，其餘所收秦漢諸文，大率皆如此；可篇篇以此意求之者也！文章之道，君子之道也，貴近信，貴遠暴慢，貴遠鄙倍。矯飾造作，不信也。張脈僨興，暴也。任意指揮，慢也。詼謔雜至，鄙也。不應經法，倍也。蓋辭而曰氣，則容貌顏色皆舉之矣！古無古文之名，昌黎始發之，六代衰颯，昌黎振之也；其振之者，變其容貌顏色耳，辭氣未嘗有所易。後之爲昌黎者日益衰，并辭氣而易之；作意奮迅者，非暴則慢；率情抒寫者，非鄙則倍。其實古所謂文者，温潤縝密，有玉德焉；未有佻佼，鄙僿，躁剽而可以爲文者也！然昌黎惟序記之作，逞其筆勢，小乖體裁，而隄防一壞，狂瀾乘之，不可復挽，此亦風會使然！至於古文義法之説，自望溪張之。私謂義充則法自具，不當歧而二之。文之有法，始自昌黎，蓋以酬應投贈之義無可立；假於法以立之，便文自營而已。習之者遂藉法爲文，幾於以文爲戲矣！宋之諸儒，矯之以義，而講章語録之文出焉；則又非也！荀子曰：‘多言而類。’茲毋乃不類矣乎！八股義取語録；法即古文之流弊。今又徒存其法，則不類之尤者也！抱此鄙陋，故每有所述，稱心而言，意盡輒止，不足與於古文之數也；然猶牽率時俗，爲不由中之言，祇益赧然！”

其論駢體曰：“齊梁綺麗，都非正聲，末學競趨，由纖入俗。縱或類皃，終遠大雅。施之制作，益乖其方。文章之家，遂相詬病。竊謂導源《國語》及先秦諸子，而歸之張、蔡、二陸，輔之以子建、蔚宗，庶幾風骨高嚴，文質相附。要之此事雅有實詣，非可貌襲，學不博，則不足以綜蕃變之理。詞不備，則不足以達藴結之情。思不極，則不足以振風雲之氣。”

又論律賦曰：“文之製，大小惟其稱。大宜宏深，小宜清省。大宜密麗，小宜疏雋。律賦體裁，尤當辨此；一語失當，全篇減色。小試之式，同於館閣，而題益纖瑣，惟有濬發巧思，加意吐屬，所謂争價一字，得意數聯者也。”

兆洛與桐城方東樹、姚瑩，新城陳用光，宜興吴德旋，上下議論。四人者皆治桐城家言。而兆洛不囿於其説，其論文以不分駢散，導源漢魏，實開同光以來不立宗派古文家法脈；張之洞《書目答問》古文家有“不立宗派古文家”一目。著有《養一齋文集》二十卷，其中所録，駢散雜出；然議論非不俊偉，而誦所作，殊未成家！駢文氣敝色黯，絶無光響；散文體窳辭膚，不見精悍；

時欲爲魏晉之朗潤，而無其風華；亦有放歐蘇之機利，而遜其氣調；左支右詘，無適而可；視張惠言無其骨重，比之惲敬又嫌氣薄！其復陳用光書曰："兆洛質僅中人，學乖深造，雖不廢誦讀，而以粗致駁，以駁致陋，迄無所就。至所爲詩文，類多牽率酬應；閱時見之，未嘗不赧然汗下也。"則亦未嘗無自知之明焉！而遺集編録，出之及門，徒以多爲貴。兆洛嘗詔之曰："吾氣弱，故不争。文衹取達意，力不任鍊鍛，故無所成。"蓋其自處真實如此；非有所謙讓云爾也！

兆洛書以瘦硬出淳古，入能品；而論古有得，於古今書人血脈，真知灼見，不爲模糊影響之談。如《自題草書臨本後》曰："草書紹源於漢張芝。皇象始著精能。逮於二王，其體彌備，原其形用，厥有二端：或法天地之迴旋，或象龍蛇之夭矯。迴旋者其用圓，夭矯者其勢長。右軍之作，取圓者多；大令之章，於長爲近。其在唐人孫虔禮，得法於右軍者也。長史、藏真，得法於大令者也。自爾以外，合作蓋寡！晉唐名賢，墨迹既不復可得；摹刻則往往失真，甚或長短乖方，點畫倒置，以斯傳習，遂墮迷津。非悉意追求，冥心體會，略其皮毛，取其精神，固未易語於此道矣！至於用筆之法，則虔禮所云：'始求平正，繼追險絶，終歸平正'，斯言不可易也！"《鵝群帖跋》曰："世傳《黄庭内景》小楷，爲是右軍换鵝書。《外景》楷，則香光以爲楊羲和書。唐以前，别未聞有右軍草書《黄庭》。宋徽宗乃刻此自題之；而宋以後選刻家亦無及者，故前人品評，無得而詳。余偶得此，甚秘之，示涇包慎伯，絶歎賞；以流傳無緒，疑黄山谷贋爲之。予謂其瘦勁，則山谷能之；古奥則山谷不能。懷素《自叙》，似得此法而肆而不靖。道君《絳霄文》，亦有意而俗而不淳。戲鴻所刻《謝客詩》頓掣，不若此流行自在；且其筆中時挾篆籀遺法，當非右軍不能！吴江吴山子以予言爲然。江陰陳學博子珊驚異此帖，借以屬孔君省吾雙鈎重刻。省吾竭數月之力，始成之，極得真際。蓋唐人碑板，今人無從擬似；宋人之作，尚有牆壁可傍也。"《跋孫虔禮書景殿賦》曰："宋曾開之跋此帖云：'用筆淳古，有漢魏之風'；可謂妙會！又云：'見《書譜》真迹，與此賦極相類似'；未然也！《書譜》以雋拔取神韻，全法大王。此賦以堅勁出淳，專追章草。用筆結字，截然分途，各詣其極。學《書譜》者，或姿媚涉俗。學此賦，則雄渾静深，自然古異；而流傳不廣，亦自知之者稀！"《跋米襄陽書高渤海詩》真迹曰："米書出於褚。褚摧剛爲柔，宛轉蘊藉。米恐流爲軟媚，盡出其鋒稜，明其使轉盤旋之力，則風韻稍卑矣！然奪門而出，正是智過其師。真迹不可得；得之，能細審之，即可悟血脈所自，勝摹招[①]本萬倍也!”《跋張子琴藏文衡山札》曰：“衡山先生導源誠懸，氣體峭勁，而不免鼓努取勢。行書則肆力懷仁《聖教》，左宮右祉，動叶方圓。先生喜書，作之不倦，而年又特高；故吴中傳流極夥。此本子琴所藏，特有法度。臨池守此，可以起懦，可以立頑矣!”《跋祝京兆小草書杜詩卷》曰：“作書小楷難，小草尤難。楷以法勝，草以神勝。法可勉强合。神非絶迹無行。地不能超脱八法之外，遊行九宫之中。唐褚登善《陰符經》，參以《急就》，以楷法行之，遂爲千古絶作；其後無聞焉！京兆大草，深得右軍神理而時露傖氣。小草則未之見。此卷風骨開展，頓宕純和，行間茂密而風致蕭遠；所録《杜詩》至四十餘首，豈非希世之奇！瞿君子雍藏此，攜以見示，因識之。”《跋鄧完白真書》曰：“完白真書，深於六朝人，蓋以篆隸用筆之法行之，姿媚中別饒古澤，固非近今所有!”《完白翁籀篆陰符經書後》曰：“籀史之製遠矣，今存者惟獵碣。其文融會六書，而增損變通之。許氏僅存數字；而《汗簡》、《四聲韻》等，多鑿空虚造，不可依準也。完白翁此篇，乃僅見之作，意取參古文小篆而用之，行筆則一以獵碣爲法；可爲後來作籀書者軌範。”此其於書法源流正變，縷悉如指上螺紋，足備後來考論。嘗刻《所見帖》，皆宋、元、明忠義手札；其尤著者，宋岳忠武、文信國，元余忠宣，明趙南皋、高景逸、繆西溪數十人，積十年訪蒐而集是帖；又取明楊忠愍、唐荆川、盧忠烈、倪文正、黄陶庵、史忠正諸人書，刻爲屏幅；以爲：“古來工書，皆瑰瑋人，魏晉則鍾、王，唐宋則顔、柳、蘇、黄是也。自以書爲藝，而其途遂分。然端人傑士之書，要無不工；蓋志氣流露，自不可掩，此本末之辨。”而於古人之書，無不學，尤妙得顔魯公筆意。求無不應，率十日一揮灑，數十百紙，張滿一屋；而所書多先正格言，觸目而動於心者；蓋舉筆不忘正，其素性然云！

兆洛豐頤廣顙，聲中黄鐘，氣體不甚强健，第以慎自攝衛。小不適，則手自按摩，不欲使人知；非疾甚，未嘗終日睡；所知來卧所問狀，輒云無所苦。辨色而興，先大解，次盥沐，然後加表衣；雖嚴冬或丙夜寢，未嘗晏起。

① “招”疑爲“拓”之誤字。

弟子從容諫。則曰："晨氣清明，正好幹事。"嘗題所居之窗前曰："今日何成?"蓋用以自警勵也。一日之中，或校讐，或閱文卷，或繕札，或作字，或對客，無須臾休。朋舊多言其用心之非度。答曰："吾不解所謂用心，吾爲其所欲爲者而已!"乞文者自遠而至，詩文集，金石摹搨，書畫册卷，碑誌底本，堆几積案。從容酬應，無廢閣者，枕上成之。晨起疾書，或至夜不能寐。請藥之。則曰："不寐正可了日中未了事。"自奉至儉，帷帳至穿敝不易；身無兼裘；食與門人俱，不爲私膳；饌敗失味，亦强忍下之，不以責僕。性尤寬恭；名滿天下，惸惸如畏；論議不與人争；對幼賤必以敬；坐不交膝，不倚背，不欠伸。晝未嘗就枕；即疾革，不廢書；腕弱不任持，則令諸孫讀於床前，卧而聽；蓋與書俱化而不自覺矣！以道光二十一年卒，年七十五歲。

錢基博曰：余伯祖增貢君，余祖廩貢君諱維楨，皆受業兆洛爲弟子。集中《錢君鑒遠傳》，即余高祖諱士鏡，而卒之曰："子浩能守其業，而闊達如之，延名師課子，盡其敬。維樾、維楨皆補弟子員矣！亹然進取，所至未可量也!"又系贊曰："食其報者，其在維樾、維楨矣!"又《似山居圖記》爲余曾祖觀濤公作，諱即浩也；文中稱"使令子維楨索余記之"。又《跋恒星圖》云："命江陰六生承如、宋生景昌、六生嚴、徐生思鍇、無錫錢生維樾謹遵《欽定儀象考》，成《歲差加減表》。"又陸傳嚴鼎元《易參跋》云："無錫錢生蔭湘家藏是書，持以示余。"蔭湘者，增貢君字也。余大父蓋嘗以語余父，余父以語余兄弟：兆洛爲人强識而敦讓，慮以下人；於學無所不窺，而不以一藝自名，醰然粹然，莫測其際也！爲文章善規橅體勢；儕輩中能文者偶相過，輒仿其章句，雖其人亦不自辨；亦以此少所自得；惟官鳳臺時，撰《邑志》十卷，道雅有法度。而名日益重，求文者接踵。顧自知其文非行遠，遂亦不甚珍惜，點竄來狀，人人各如其意去，而稿亦不留。門弟子各私録副，或有檢得於故紙者，遂裒而刊焉；世所傳《養一齋文集》，是也；然匪所得意！及其卒也，其高第弟子同縣蔣彤録平生緒論，爲《暨陽答問》，又記其言動，爲《先師小德録》，可興可觀！邵陽魏源誦而嗟異，謂與陸桴亭《思辯録》可相表裏也！歎爲近代通儒一人而已！而目論者乃以文章稱之，傎矣！

（原刊於《江蘇教育》，1935 年第 4 卷第 10 期）

科學：

徐壽子建寅

徐壽，字雪村，無錫開原鄉錢橋社埄人，五歲喪父；事母宋，能盡子道，已而母喪十餘年，而壽髮且莖莖白矣！冠衣不純采；因欲爲母建旌節坊而未克逮志也。

幼應童子試，習舉業；既以爲無裨實用，棄去。治經務挈綱要。治《禹貢》，條其山川物産田土，列之爲表；治《毛詩》亦然；一展卷而釐然在目。又嘗用武進李兆洛所刊輿圖，以朱筆填寫《春秋》、《兩漢》、《水經注》等圖。居恒與人談議，所有五行生克之説，理氣膚淺之言，絶口不道；而蘄之於實事實證。年二十，銘於座右云："毋談無稽之言！毋談不經之語！毋談星命風水！毋談巫覡讖緯！"又銘云："勿二色！勿妄語！"其志意可知也。

性好攻金之事，手製儀器甚多，若指南針、象限儀等，皆自製之。又嘗仿製墨西哥銀幣，精鏤鋼板爲模，校準銖兩，鎔銀爲餅，納其中；自高樓懸石椎，一擊而成，顧面冪之紋成矣；而邊花作之甚難，屢更修改軋槽，而邊花亦成；以入市，雖老於賈者不能辨其非也！衹見花樣嶄新，咸以新板目之。其後英人偉廉臣歸國，從易數十枚以去，置倫敦之博物院焉。能以意製古樂器，皆協律。咸豐十一年，兩江總督曾國藩督師祁門，聞壽名，以"研精數理，博涉多通"，奏請徵赴軍營。奉旨著江蘇巡撫訪求徐壽，資遣赴國藩軍。壽至，遂專掌製造事。壽本以捐賑議叙從九品，至是得保主簿，隨國藩軍抵江寧，以同治五年三月造成小火輪船一艘。國藩亟賞之，命名"黃鵠"。中國之能造輪船，蓋自壽始也！

國藩北征捻以駐徐州，壽丁母憂回里。已而國藩回任兩江，壽則建議辦上海製造局。遂以委之。壽陳四事：一、翻譯西書；二、開煉煤鐵；三、自造火砲；四、操練輪船水師。而壽以翻譯自任；遂在局翻譯汽機化學等書，成數百卷。日本人聞之，派柳原前光等赴局考訪，購載壽譯本以歸，今日本所譯化學名詞，多有仍襲壽書者，人以此服其精審云！

晚年不復里居，曾一歸建母旌節坊，已而仍至上海，以同治十三年，與西士傅蘭雅創建格致書院，蒐藏各國儀器，資諸生考鏡。自是風氣漸開，國人皆知製器尚象之學，其端蓋自壽實啓之！次子建寅，獨能嬗其家學。

建寅，字仲虎，年十八，隨父壽赴曾國藩軍。時父壽方謀造黃鵠輪船，苦無師程。建寅佐之，廑乃集事；創從前之所未有，得建寅之助爲不少也！建寅在上海製造局，又助父壽成惠吉、操江、測海、澄慶、馭遠等船。時父壽方與西士傅蘭雅等譯西書，建寅亦昕夕從事，成《器象顯真附圖》三册，《輪船布陣》兩册，《汽機必以》一册。闡發器數之理，爲天下倡，闢西學門户，皆壽父子力也！已而建寅以同治十三年奉調天津製造局，創造强水，所費視外國購者值三分之一耳；厥爲中國製强水之權輿。是年，總理衙門下書徵人才。江蘇巡撫丁日昌命建寅籌論時局，建寅遂上萬言書，總署稱善。時建寅已官郎中，因奏保堪充使才，奉旨以出使大臣記名簡放。光緒元年，山東巡撫丁寶楨稔建寅才，調總辦山東機器局。建寅躬自營度，未嘗延用西人。三年，丁寶楨以“心思縝密，條理精詳”入告。奉總署傳諭速往西洋考求一切；旋授德國參贊。遂周游英法諸國，著所見聞，成《歐遊雜録》二册，《德國議院章程》一册，《德國合盟紀事本末》一册。十年，回國覲見。奉特旨以知府發往直隸。無何，丁父艱。十二年，服闋。以兩江總督曾國荃檄調，會辦金陵機器局。遂因局中機器煉成鑄鋼及西式後膛抬槍。擢道員，奉旨發往直隸。二十一年冬特旨召對，稱旨。尋派查驗天津、威海船械。返命，留充督辦軍務章京。明年，派充福建船政提調，成《兵法新書》八册，《議院章程》一册，《測地捷法》一册，進呈；奉旨留覽。尋派充農工商務大臣，專擢奏事，已而去職。湖廣總督張之洞奏調湖北，總辦全省營務，並課吏館武備學堂總教習，成《造輪全書》十册，《繪畫船綫》二册。旋復督辦保安火藥局。是時外洋火藥不入口，謀國者心憂而無所爲計，建寅則慨然引爲己任，指授衆工，自造機器仿西製，三月而藥成，其燃放比驗，與外洋舶來者等。而漢陽故有鋼藥廠，製棉花火藥；方以洋工程師罷職不能成；復奉檄兼辦。蓋建寅殫心製藥者久，期於取材自製，免仰給外人。至是日手杵臼，親自研煉，以二十七年春造成棉花無煙火藥，意甚自喜！方蒞廠視工人配藥，卒然炸發而建寅死！同死者凡十六人；而其製法秘無傳者。綜厥生平，心思閒悟，出人慮表；所學本之西人，而時能神明出新意。西人以製器稱，然法恒繁重；建寅每思以簡勝之。至其以身殉所學，舍命不渝，此尤可以厲世磨鈍，而立天下懦夫之志焉！事聞，奉旨贈内閣學士；國史館列傳；入祀京師昭忠祠，及立功地方，無錫原籍昭忠祠；蔭一子雲騎尉世職。

錢基博曰：方徐壽竱志機器以開一代之風氣；其時日本尚未維新也。然而日人製器尚象之學，因時因地，方駕英、德而上，罔不睹以爲後生之可畏焉！瞻顧吾國，徒傷老大，因循迄今，恬不以怪！於戲！國不競亦陵，削地千里，匪不幸也！獨念徐壽爲於舉世不爲之日，而後來者不能恢宏前緒以亟起直追；聞壽之風者，其亦有概于中而勃然不以自已者乎！然而壽倜乎遠矣！

（原刊於《江蘇教育》，1935 年第 4 卷第 5 期、第 6 期合刊）

華蘅芳弟世芳

華蘅芳，字若汀，金匱南延鄉蕩口人也。年十四，得程大位《算法統宗》殘帙，讀而好之，中列飛歸等題，皆世俗所謂難能者，不數日而通其術。因購求《數理精蘊》及《九章算術》等書肄習，由是所學益進。嗣從同縣鄒安鬯遊，得讀秦九韶、李治、朱世傑諸家之書，豁然通天元四元之術；校補數書九章凡數百字，皆宋景昌校勘記所未詳者。咸豐初，西人開墨海書館於上海。代數、幾何、微積、博物之書，漸有譯本。是時，西學初入中國，士大夫故見自封，率鄙不措意；獨蘅芳與徐壽能以是相砥礪；目驗手營，然無所得器械實試！偶有疑難，兩人齗齗日夜不休，必求渙然冰釋而後已。知三稜玻璃之分光七色也，求之不可得；乃用水晶印章磨成三角以驗之。知槍彈之行拋物綫；而徐壽疑仰攻與俯擊之有矛盾也，乃設立遠近多鵠射擊以測視之。蓋好學深思有如此者！

既徐壽以同治元年應兩江總督曾國藩辟召；蘅芳與俱。而壽之造黄鵠也，一切繪圖測算，推求動力，蓋蘅芳之力居多。曾國藩遂以奇才異能奏保焉！已而國藩奏設江南機器製造局於上海；遂委蘅芳佐徐壽經始其事。及國藩用徐壽議，於製造局附設繙譯館，繙譯西書；而蘅芳乃與徐壽分門認任。徐壽任化學、機器；而蘅芳則任算學、地質；其後遂各以專門名家，而蘅芳譯本尤文辭朗暢；論者謂足兼信、達、雅三者之長！居上海幾四十年，覃心譯述，成書十二種，百六十卷。

嘗以其兩至天津，一至湖北。其在天津東局也，駐德使署購歸新出試彈速率電機一具。見者莫審其用。蘅芳以微分之理解之，理明而用亦明。其在天津武備學堂也；德教習購得法越戰用行軍瞭望氣球一，主者欲新之以授學生演習；久之而功不就，以爲奇貨可居也。蘅芳乃督工別製徑五尺小球，用强水發輕氣實之飛升。觀者贊歎！德教習内慙，廑乃竣事。

其教授上海格致書院、湖北自强學堂、兩湖書院及里中竢實學堂也，一時承學之士，聞風興起。而蘅芳誘掖獎勸，口講指畫；務以淺顯易明之語，達精奥之思。教授幼生，有時演算黑板故錯舛，或笑曰："先生誤矣！"則從容詢誤在何處。或以對。笑謂曰："我老矣！算學竟不及汝曹！"聞者忻然，弥鼓舞嚮學矣！

惟蘅芳嘗謂講學之功，不如著書之功爲尤大。蓋講學之啓發者，僅在同堂一時；而著書則可以垂之後世，傳之海内而無窮。其著作之尤精者；如《開方別術》，併諸商爲一商；海寧李善蘭推爲空前絶後之作！《積較術》三卷，與後來日本推差新法軌轍相同；而積較之成書，遠在推差法十數年前；則其於算學爲先知先覺可知也！與世接務崇謙抑；每出一語，輒詼諧傾座人。同縣楊模稱其爲人謙退似老，詭奇似莊；而論物理、尚實驗似英之培根；講算術，發明新理新例似英之奈端①；至著書惟恐人不解，則又似宣城之梅文鼎；與世之作者好爲艱深以蕲名高者用心殊焉！

（選自油印本《江蘇省立第三師範學區紀念人物志》，作於1921年）

① 奈端，今譯牛頓。

吴南屏業師兩先生傳

讓清穆皇中興，天下言文章者，必曰曾吴；謂湘鄉曾文正公及巴陵吴南屏先生敏樹也。然曾公以達官起湘軍，再造清室，官大學士，累總制直隸、兩江，一時推聖相，氣力足以奔走天下士。而南屏先生自放塵埃之外，載其清静，以一校官窮老，而稱一代文宗，乃與曾公名相亞。曾公之文，渾灝流轉，極文章之變化；而南屏先生簡素雅淡，以從容蕭閒出之。曾公之文，神鋒四出，如千金駿足，飛騰瞥飄，驀澗注坡；而南屏先生雍容渾穆，如天閑良驥，魚魚雅雅，自中節度；雖皆極天下之選，而以力以德，則固有間矣！然則南屏先生之名，亞於曾公者，非盡文章之弗如，蓋名位之不逮也。然余觀自古文章丈人，方其聲名未播，必有老生宿學，爲之前茅而牖迪以有造；如韓文公之學獨孤及，歐陽文忠公之師尹洙，雖師不必賢於弟子，然作育之功，實不可没；乃若南屏先生之學問文章，蓋得諸同縣秦石愚先生之牖迪者爲多云！

先生，名維城，字西臣，别字石愚，邑諸生；於書靡所不嗜讀，通知古今文章各體，不專事《四子書》章句。而爲《四書》文，所語學，必前明震川、陶庵、正希、大士，及本朝熊、劉、韓、方、儲、張諸號稱家數者。南屏先生侍坐熟聞，因竊視其所鈔讀書甚喜，欲效爲之。先生怪其課文有異，召詰之曰："汝年少，文字當令生嫩秀發；奈何作如許老成狀！然字句間又若不可更易，是汝之能也。汝慎無遽然！"南屏先生從學六年，年十七，遂試爲巴陵縣學生。

然方南屏先生之未及師石愚先生也，蓋先受學於同縣孫翹楚先生萬偉。并石愚先生，南屏先生爲作《業師兩先生傳》者也。翹楚先生竟出爲童蒙師。自南屏先生諸父諸兄幼時皆從授讀；最後及南屏先生。雜有族人，鄰里十餘，後多爲田夫或賤藝役去者。南屏先生，方八歲從讀，穎敏異諸兒。翹楚先生喜，曰："此真讀書材矣！"稍與語自堯以來帝王相傳代次第。一日，南屏先生問："堯、舜、禹及周文王，其父善惡皆有著名。湯父爲何？"翹楚先生驚，膺曰："主癸也！"遂騾舉以語人曰："吾幸者不爲是兒所難！"又書兩語黏壁間，曰："莫欺此[①]地童蒙學！中有他年翰苑人。"然南屏先生資性非鈍，凡三年讀而五經未徧也。南屏先生之兄曰友樹者，慮群兒爭嬉壞學。乃攜弟入荷塘僧寺，親督課之；猶不語以文，曰："吾筆非穎利，毋誤汝。"既乃從石愚先生學。石愚先生善飲酒，飲即喜談詩。南屏先生尤願聞之，每夜飲，旁侍執壺，問以所語。酒至，語益多。然其課南屏先生，止用試帖體詩，不以其所語者。南屏先生獨時竊窺其案頭漢魏人詩及陶詩以爲奇，又欲效之。而先生又喜讀八家古文，時有論說。蓋南屏先生之知學爲詩古文辭，皆自於先生。顧先生喜誦古人詩文，取快意，亦不常自有所爲；與諸徒治帖少暇，雜取醫卜風水書，悉究其技；間亦窺場屋墨册以備應試。既久阨鄉舉，憤而語南屏先生曰："吾以不悦時人之文，故未能工爲媚狀以取投合！今欲以三年盡屏諸書，日夜手一册子，窮吾老力爲之則可乎？"南屏先生對曰："即爲江東羅秀才，奚不可者？乃爾耶！"先生爲啞然笑也！乃以諸生終！

翹[②]楚先生故嘗試童子高等；然未得爲諸生。年七十矣，猶徒步郡城赴童子試。罷歸，嘗詣南屏先生之嫂，坐茶苦語流涕，即向嫂誦其試文曰："是故不佳耶！"嫂故不識字人以爲笑！蓋尤迂窮可憐，有伯什於石愚先生者！

錢基博曰：翹楚先生信迂矣！然而未爲窮也。先生之學，孰與獨孤及、

---

① 此，原誤作"比"，今據《續古文辭類纂·業師兩先生傳》改。

② 翹，原誤作"翅"，今改正。

尹洙？然得賢弟子而名益彰，則與二人等。假使先生售其所學，推而致之，不過得上第而躋膴仕焉爾！當時則榮，歿則已焉。噫！諸生之第，孰與名師之稱？一日之名，孰興千秋之傳乎？是以君子不謂之窮也。僕二十年讀書，粗識古人塗徑；未知視獨孤及、尹洙二人何如？而於翹楚先生，要當過之！所望於諸生德業之輝光，異日出其所學以厚我於無窮者，寧啻南屏先生之於二業師哉！作《吴南屏業師兩先生傳》。

南屏論歸熙甫文，深致之不足之辭，而其爲文喜爲閒情眇①狀，搖曳其聲以取恣媚，則與熙甫無乎不合。余取南屏所作《業師兩先生傳》改竄成此，不②以示諸生，俾知同一事實、同一字句，機杼儘可另出，不期文之流轉渾③灝，無意中乃類曾公也。潛夫自記。

（原刊於《約翰聲》第36卷第2期，1925年1月）

① 眇，原誤作“少”，今據《續古文辭類纂·記鈔本震川文後》改。
② “不”字當衍。
③ 渾，原誤作“澤”，今改正。

聖約翰大學校校長卜先生傳

先生氏卜，舫濟其名。美國者，其父母之邦；紐約，其生地也。西曆一千八百六十四年二月二十二日，其生之日也，實與締造美國開基民主之華盛頓同日生，先生時引以自喜，亦以自勗者也。

年十幾，習文學於其國之三一學校，尋轉哥倫比亞大學，又習神學於紐約之神學院。以一千八百八十三年授哥倫比亞大學文學士；又三年，授紐約神學院神學士，遂以其年宣基督教於中國，而尤注意於中國之基督教會教育焉。一千九百年，授三一學校名譽神學博士；又十年，乃赴英之蘇格蘭，與於萬國宣教大會，而授英壹丁堡①大學之名譽神學博士焉。一千九百二十一年，我中華民國前大總統黎公以先生樂育多士，有勛勞於我國家，給予三等嘉禾章，從民望也，實爲中華人民建國之十年，其所得之榮典也。而其間授名譽神學博士者再，蓋生平殫鋭於宗教，知化窮神，彼都人士尤以是徵先生之德之盛也。

所著書之言宗教者，曰《基督本紀》，曰《天國振新記》，曰《預備天國

---

① 壹丁堡，今譯爱丁堡。

紀》；言科學者，曰《格致啓蒙》，曰《地理學》；言中國者，曰《中國歷史大綱》，曰《中國之革命》，曰《中國之危險》，其所著之書籍也。而《中國歷史大綱》壹書，彼都人士尤樂道焉，蓋先生居中國久，殫見洽聞，稱習中國之爲以有聞於世也。

先生所任之職，曰中華基督教教育會會長，曰上海工部局教育委員會委員長，曰皇家亞洲學會會員，而聖約翰大學校校長，特先生任職之一而已。其間嘗壹被推爲安徽省主教，胥不以稱，獨稱之曰聖約翰大學校校長卜先生者，蓋有先生之掌教，斯以有聖約翰大學之今日；有聖約翰大學之今日，斯以彰先生之隆譽。而邦之賢士大夫，有譽於聖約翰大學者，何嘗不連類以稱先生也。

先生之來長聖約翰大學也，實以一千八百八十九年，於時學校不修，邦士大夫、方督子弟呻佔畢，從事制舉文弋科第。其尤秀異者，俾之走通都大邑，挂籍書院，以求速化，通聲氣。而美國施主教乃於上海辦所謂聖約翰書院者，是乃今日聖約翰大學之權輿也。然伯度草創，初亦以制舉文教。繼聖雖更制，教程衹限中學，而校舍亦因陋簡而已。先生之來，乃度宏規而大起，成之以勇邁不回之氣，佐之以堅苦廉毅之操，三十年間，增殖校産二百萬元，拓校地二百二十八華畝。其教程自中學、大學以底有大學院，其大學分科自神學、醫學、文理三科以底增工科學院，其學舍自辦公室、禮堂、課堂、寢室以及圖書館、博物館、實驗室、體育室、交誼室之屬，罔不建。學籍自沿海廣東、福建以北漸浙江、江蘇、安徽、江西、湖南、湖北暨河南、山東、山西、直隸、陝西諸省，罔不有。始以一千八百九十二年，籌設大學院，分神學科、醫學科、文理科，自以習文學、神學，而理醫非所長，則請英國人顧斐德者主理科，美人林肯授醫科。其教學之法既漸備，行之十數年，東南之士莫不以聖約翰大學爲歸。而訓練管理之事，先生胥以一身任之，義所不可，壹不爲煦嫗，爲法嚴而信，爲道久而遵，四方之來學者，咸能率教以有成。高第弟子多折衝外交，知名當世者。其次一技一能，亦以有造于邦家，散而之海外者。東自美國，横斐律濱、南洋各島，以西漸歐羅巴大邦，莫不有聖約翰大學學生之踪迹焉。先生常以六年一之海外，作汗漫遊，而舟車所至，鞠𩎝道左，周旋晉接，執弟子禮惟謹者，皆聖約翰大學之學生也。嘗思教澤之汪洋，矢勿諼以永日，爰庀鉅金，恢張黌序。圖書館者，諸生所以紀念先生之任職二十五年而有建焉者也；交誼室者，諸生所以紀念先生之哲妃黄夫人者也。自先生以推愛於厥妃，斯可謂忠且敬矣。顧先生若有歉焉，輒語於人曰："茲校之來學者，方今之中國學生也。方今之中國學生，不可不使之知歐化之真善，尤不可不使明國學之粹美。不知歐化之真善者，將墟故篤舊，而鑿枘於方今，然不明國學之粹美，則見異騖外，而背棄其祖國，此又吾之所大懼也。然吾有事茲校教學三十年，嘗詔之歐美科學之真善矣，然未嘗使之知國學之不可放廢也。歐化則播矣，國性或損矣，斯則吾之過也。然吾老矣，吾猶將努力。"十餘年來，在校無時不討諸生而申儆之于"國性之宜自葆，國學之不可以惰"。其著論于《約翰聲》者，可覆按也。

錢基博曰：《詩·小宛》之三章曰："螟蛉有子，蜾蠃負之。教誨爾子，式穀似之。"釋之者曰："式，用；穀，善也。喻教誨之能遷善也。"雖然，穀則穀矣，螟蛉失其子矣，寧螟蛉之所以期其子者而若是乎？曩吾觀於國内僑客之建學，而憮然若有懼焉。奚懼？懼螟蛉我國人子弟也。我國人有子弟，而僑客不吝式穀之教焉，國人之所甚感也。雖然，儻自居爲負子之蜾蠃，而教以式穀之似焉，則國人之所不欲者也。先生則既大白其志於國人矣。雖然，國人子弟之負笈來此者，或不能體先生所以作育之意，而見異騖外，自蔑其國性焉，此又先生之所甚不欲，而無如何者也。聞先生之言者，當憬然知所以自處矣。先生今年六十，邦人君子之前承教者，將徵鴻文于碩德，頌君子以萬年，而言之不可以無徵也，遂臚次事實，而屬基博爲之傳。

（原刊於《南通報》，1925 年 4 月 22 日—26 日）

王長者家傳

長者諱大鏞，字亮夫，無錫王氏，世系具詳譜牒。父某，世賈，有丈夫子六人，而長者序居伯焉。

年十五，習業錢莊，以善書計，爲主者藉重。有所得，不以自私，歸而獻諸父，贍弟妹焉；宗鄰以爲難。嘗爲人開錢莊，曰匯源者，無錫綰轂江海之交，通絲米之貨，而主錢莊者之所，權子母，取奇羨也。會絲米價傾，不振，以蝕其母，有負，無所償。而主錢莊者，悉所於廢著鬻財，而困羈以底於敗者，往往有焉，獨長者消息其盈虛而克有以善其終也。生平縝密，善計慮，不好大以喜功，亦不蓄縮以沮事，里人高季蓮、顧述之暨宗人蓉齋輩，胥稱曰能也。而開錢莊曰達源慎記者，既以委成焉，將大其業，而長者以疾卒。

年五十一，配趙氏、秦氏，子三：曰學淇，趙出也；曰景濂，曰景洵，皆秦出；能世其家，而景濂尤秀特有聲，稱於市里。

錢基博曰：長者既卒之二十年，其次君景濂，撰次事狀而索余爲傳，且曰："吾父生平無大過人者，獨勤以制事，儉以約己，所以立身處世者在此，所以式我後人者亦在此。余夙夜匪懈，不克繼志述事是懼，然後知庸德之行，固難能而可貴也。”博聞之也，上元管異之述其母鄒孺人事，索梅伯言爲墓表，伯言曰：“異之所述，自世俗務虚美者觀之，無絶殊者，然吾友以誠敬其親而不自飾於所知者，於古道有合焉，此所以爲善述其親而余不能有加於是者也。”茲博聞景濂之言，而誦其撰狀，所以誠敬其親而不自飾於其友者，既如伯言之所稱矣，雖余文奚加焉？爰次其語，臣贊於傳後。

（原刊於《錫報》，1925年12月12日、13日）

王公雲美家傳附子焕

公名世昌，雲美其字，氏王，籍於上海。故無錫倪氏，父愛泉，母徐，生二子，長雲昇，公仲也。

愛泉羸疾，自度不得活，與上海王愛山交相歡也，曰："君壯亡子，我以二子子君。"則膺曰諾。自此遂更氏王也。而王後有子不子焉，公則不受寸縷斗粟之遺，毅而歸其宗以主倪公祀，若曰："吾有父，何謂他人父也？顧氏王而不復倪者，媘紛更，從衆稱也。"

既祛於王，藉田上海南郊之陸家浜，力耕自足，日以饒給，築室曰"職思堂"，用長子孫而庇其後。嗚呼！是可以勵世間男子之媮懦不自活，而貪爲人後以利其遺者。天性竺誠，豐約一節。其反於倪也，既掃地赤立，銖黍無所藉於王，顧無幾微不自得之色。比發業爲大農，連田阡陌，若固有之，而接物以和，未嘗矜見於面。庶幾哉！古之所稱"泰而不盈，困而不約"者乎？君子人也。自以少小孤露，隨伯兄爲人後，瘉敦同氣之愛。

其未祛王也，兄雲昇謀爲貲郎，爲人紿，盡喪其財，發恨以死。既以此失歡養父，則迫其婦大歸，并逐諸孫，而公服勞在官，未之知也。歸則兄室寂無孑丁焉，公大恨，則走四方，索藐諸孤，長者靡知何之矣。初歸其仲，而季則新安旅客攜歸而子焉。有能體乃父之志聞於官而嚴檄以歸者，是則公之子曰焕者也。仲曰賢才，季曰允禧，顧仲也駑，不如季之才也。惟焕能推親親之仁，爲娶於龐，生四男子。而龐年躋九十，繁子孫，有攜有嬰，以昌其祚，俾兄之胤，垂絶而大盛者，皆公之愛而焕有以成之也，可謂象賢而克肖爲公之子者矣！公年五十六卒，子三人，焕其長也，次之藎，□□。

錢基博曰：《禮經》載孔子射矍相之圃，斥爲人後者不入，與僨軍之將，亡國之大夫同其貶絶。蓋利人之遺而不恤斬父之祀，則尤與於不仁之甚者也。然世之貪爲人後以利厥遺者，卒不以孔子之嚴辭貶絶而少知自沮焉，則甚矣其不仁者之衆也。讀公之傳，儻知所媿厲耶！

（原刊於《上海倪王家乘》，1927年刊印）

王氏二孝子傳

王紀、王綸，上海王之藎子也。母姚之病，奉湯藥，侍溲便，兄弟未嘗不偕，夜則侍寢處。姚憐兒劬，不欲頻驚召，而二子謹聽無聲，微轉側，即寤起，問母何欲，終宵惕息。姚久不起，二子單憂極瘁，衣不解帶者四十餘日，凡可以自致者無不致也。紀婦許，能體夫子之志而相其不及；而綸則聘未昏。姚自知病不瘉，評綸曰："吾不早爲兒娶婦，吾病終不起，吾得見新婦，死不恨!"命就昏，父亦命之。綸意戀母不欲行，父怒，促曰："汝母渴欲覿新婦一面，汝不就昏，汝婦不得覿，汝母且抱恨死，汝不孝大矣!"綸泣，將行，則自劙股肉大如掌，和藥薦焉。世相傳親疾能劙股薦者，誠孝所格，無不起也。既，則攜新婦亟歸侍。又十餘日，母乃死。而紀前後侍母疾三月，白晝無一息離，侍寢靡一夕酣。比及喪母，瘠殆銷骨，宗鄰見而憐焉，評曰："孝子孝子!"

紀字漢南，綸字宸章，皆秉至性，母既歿，尤謹事父。婉容愉色，愛稱其敬，蓋二十年如一日，君子以爲難。而綸通曉書史，好山水，有所賞會，能操管纚纚書；紀致自歉勿逮云。紀婦許，婉順而柔，能相其夫者也。所居宅前橫大河曰陸家浜，舊有橋曰萬寧，久圮而涉，潮亟至，有滅没者，紀以爲病。而許輒造木爲梁，民迺無患於涉，而費所資，胥自縮衣嗇食也。礎有石，題字曰“乾隆八年王漢南室許氏重建”，迄今二百歲，而石未夷泐，隱約可橅焉。

錢基博曰：二子之盡誠事親，可謂孝矣！世或非孝而以爲病，然孝何病？病於父母之藉以私其子也。子得藉孝以私有，將國家不得民其子而軌以民直之宜焉。此其所爲病也！至子之致孝父母，斯則子道之所爲自盡焉爾。譽不加勸，非不見沮；求仁得仁，尤何病焉？然則孝者子之所必自盡，而爲父母之所不得藉以私其子者也。世固有藉言民直而悖於事親者，斯則二子之罪人也已。余故特發其指如右。

（原刊於《上海倪王家乘》，1927年刊印）

王公翼史家傳

中華人民建國之十四年八月，余舍館上海王君寶崘之室。寶崘則手一册相眎曰："此吾四世祖翼史公作譜也！吾王之有譜，自公始也。將以屬吾子潤色賡諸？"余受而讀之，中有《世繫表》，有《先德傳》，致樸無華，辭若勿雅馴，然委而盡，瑣而有致，乃至貞婦孝男，往復咏慕。至性所鼓，殆不自勝。洞乎屬乎！儻所謂孝者善繼人之志，善述人之事者耶？雖不文也，奚害？

按譜：公名經，字翼史；父焕，早喪；實撫於仲父之藎而卵翼以長焉。嘗教以立宗之誼，曰："小子識之，吾王自曾祖考倪愛泉公以上，罹世之亂，莫得而稽者焉。當斷自愛泉公爲始祖，而以雲昇公兄弟爲分支。"輒膺曰唯，勿敢忘也。遂譜愛泉公以下四世都乙卷，而所以見義於雲昇公傳者曰："宗譜之作，何敢不慎也，何敢不詳也。然不可漏也，亦不可飾也。飾者不足其親之美者也，漏者或遺其親之美者也。飾者誣親，漏者忘親，爲蔽不同而不孝維鈞。烏虖！當世士夫之好虚譽其親，曾不自知爲誣，而以爲孝在是者，惜其不聞此也。生平竺於倫紀，仲姊貞不字而事其母，余嘗碣其墓曰"王貞孝女"者也。公奉之終身，禮敬無間，而兄子允恭爲仇家害，兄綱既惘而絶，孤孫小弱不任大事，仇又將殄其胤，則訟諸官，滅所仇，而撫孤孫，葬六棺，曰："吾歿無慙於兄矣！"年至八十九歲卒。

錢基博曰：宗譜之作，名曰"家乘"，而與國史不同者。蓋國史美惡無所不書，而譜則稱美不稱惡，爲親者諱，親親之仁也。雖然，親親之仁而或媿於隆，則有不稱惡而虚美，或稱美而溢飾者焉。公之言，可以風矣！公渴於治學，澹於嗷名，讀書作文，耄老不倦，暇則扶杖行阡陌間，與老農問雨占晴，吟五七言小詩，不求工也，蘄於遣懷自適而已。吾聞王氏之宗老言。

（原刊於《上海倪王家乘》，1927年刊印）

王公澮園家傳附子越、趣

公，王氏，名振揚，字名世，別號澮園，翼史公之曾孫也。年十四而父履泰卒，既單貧孑立，靡以自存。習賈，爲人夥，三十年不易所主，能以勤信見任，擢長其肆曰："王名世不欺我，不惰廢事者也。"

事寡母，婉愉勿違。母張，曉明大體，臨歿，評公曰："兒必慎誌吾言。吾死，汝在，吾何慮不入土！然吾舅姑，吾叔及娣，吾猶子，三世八棺，皆厝而未藏也。吾不忍須臾無死，吾何顏見先逝矣！"已而泣，公亦泣。母歿之一年，而公悉力營葬祖父母以下三世如母志。自以門祚衰薄，而世譜不作，久且有墜典忘祖之懼，迺重譜翼史公以下者四世，賡翼史之書而有作。蓋上海倪王之有譜，翼史草創之，而公賡光之。比之作史，翼史者，《史記》之馬談，《漢書》之班彪也，而公則遷、固之繼志纘緒者歟？雖華國承家，事體攸殊，而紹明前修，善繼善述一也。

年五十一歲卒，子起、超、越、趣，而越後族兄振榮，趣後族兄振湖。越堅苦作業，好勤生以自樹立；而趣則蒔花養魚，蕭閒斁生而不攖其天者也。二子志行不同，而保世滋大無不同。越，字杏垞。趣，字杏江。同父兄弟四人，同曾祖兄弟二人，無傳世者，獨越、趣繁育子孫以有其後。而越饒樂自足，迺有事地方。所居前横大河曰陸家浜者，舊有木梁，族高大母許作也，久而圮已。越易以石，既安既固，曰萬寧之橋，而行者無病涉焉。王家池河者，比户之所泄穢也，既閼不通，民多疾者，輒爲深濬，而居者無病濕焉。勞費亡算，悉力自任，亟公好義，族之良也，故附傳焉。

錢基博曰：上海倪王傳十世，獨公有大名於邑。公殁餘百年，而過城南者，問王名世，則無不知。然稽公生平，廑爲人傭夥。聲勢氣力，無殊絶人人者。没世見稱，瘉久不替如此。意者誠信之感乎，有過於富貴之隆赫者耶！王寶崘云。

（原刊於《上海倪王家乘》，1927年刊印）

王聿亭王舒卿合傳

王修增、王杰增，世居上海城南之陸家浜，岸攲且傾而行小車。車，隻輪也，負重轉側，有墜河者。車覆貨壞，人折骨，號呼聲動地。修增每覯而心惻焉，曰：“吾家八世居此而不爲之所，俾行車者日尋覆轍焉，忍乎？我必任治之。”杰增曰：“子治之，我必任左之。”自是扶其傾，平其攲，而后無覆車陸家浜者。陸家浜有橋曰萬寧者，舊建自王也。然材以石而累之級，致犖确勿平也，可徒而不可車焉。有坦其級，易其石，而拄以鐵，架之木者，王杰增、王寶崘也。寶崘者，蓋杰增之兄子。而后車馳徒奔，罔有不宜者。

聿亭，修增字也。舒卿，杰增字也。二人，兄弟也。父趣，母鍾，生丈夫子者五人，修增第三，而杰增實第於季以後族父德裕也。德裕既前卒，而杰增迺依本生以居也。母既篤老癃廢，下氣和聲，問體怡苦，疾病疴癢而敬抑搔之。其間面垢，奉盤請盥；足穢，燂湯請洗；腹滿，執器請溲便。罔所不躬親，不以諉婦，曰：“惟我諳母性也。”如是者十餘年，久而彌敦，靡改於厥初。迨母之歿，迺起敬起孝以婷致愛於父。若曰：“吾母已而，獨有父也。”父母之疾，嘗再刲其臂，刲已而瘉，若無創痛焉。其知者以爲神之佑也。母病垂絶，而杰增惘不知所爲，大號，嚼臂肉，吐之内母口曰：“恨不以身殉母也！”事若不可訓，而見者惻惻感動，罔不譽杰增之孝也。修增、杰增，皆以能操奇計贏，時稱良賈云。

錢基博曰：士君子日以親親仁民騰口説，而媮不急公，悖不順親者何限！若而人者，殆士君子於口而不士君子於行者也。觀於修增閔覆轍之相尋而思以拯其厄，杰增恩生我之罔極而終身慕父母，兄弟濟美，雖賈也，有士君子之行焉。余故爲之傳。

（原刊於《上海倪王家乘》，1927 年刊印）

蔡觀静先生傳

蔡先生名養默，字持志，一字識之，觀静，晚所自署也。其先世在宋有官焕章閣秘書諱源者，高宗南渡，實扈蹕於杭。八傳至元汴梁總官諱烙，始來無錫北郭之芙蓉湖畔，定居焉。又十八傳而爲先生之考諱廷植，娶陳夫人，生三男子子①，先生仲也。

其父故劍客，而先生傳家學，亦習擊劍，卓犖負奇，未竟厥施。顧自少小爲制舉業，已端凝識大體，補邑諸生，不以色喜。嘗謂科舉俗學，無當世用；其課徒輒以論、記、疏、牘爲主，而不屑屑於舉場八比文。其初論者，或迂闊少之，會學校更制，士風迺變，先生益殫精於作新教學，率其徒從，創制城北學堂於北郭之江陰巷，是爲讓清光緒之某年。其明年，錫金學務處設四城小學，其在城北者仍先生之所創制而顯庸之以長校事，從民望也。於是里中學者恒以先生爲依歸，就而論學焉。時人號爲城北學府云。是年錫金商會始成立，而先生探原造論，獨謂吾國商業之不競於歐美者有二：一、歐商有群而我無群，人之力聚，我之力散，散不敵聚，此商之所以貴有會。又

---

① 後一“子”字當衍。

歐美有學而我無學，人之商智，我之商愚，智能制愚，此商之所以尤貴學會矣。而不智之以學，則所以善用其會者無術。爰與邑人黄龍驤、侯鴻鑑、顧倬等建議□商會，創辦商業半日學堂，並邀各校教員，分任義務教職，皆邑之彦也；而先生與龍驤實董厥成。龍驤感人以誠，而先生則相之於敏；龍驤慮事以周，而先生則治之克勤。朝集於辰，夜直以午，一室弦誦，和樂且親。先人至，後人退，迺集厥事，唯先生敏也。吾邑商人之知自力於學，而商業之日殷闐以有溢厥故實筦其樞焉。邑有大謀，先生罔不與於議，迺用觀厥成而教思播方來者，曰錫金教育會，曰錫金體育會，曰商餘體操會，皆肇開風氣，創制攸庸，其尤碌碌[1]大者。於戲！天不弔於中國，而吾邑地勢四戰，什年以來，尋干戈者蔑歲不有，而余曰：有禦侮，獲免吾邑於難者，翳誰之力歟？曰商團也。而原商團之所自，蓋以商餘體操會爲蓽路之前導云，然則邑之人，尸而祝之，其矢勿諼於先生之始謀者，誰曰不宜也。

先生以民國三年某月某日卒，實夏曆甲寅七月二十三日也。距生於讓清同治二年癸亥正月十七日，得年五十有二。其間有事於教學會蓋二十年。綜所歷之校，曰上海錫金旅學，曰邑中竢實學堂、東林學堂，曰私立競志女學、隮陽女學、女子職業學校，曰江蘇公立專門醫學校；所任之職，曰監起居，曰管理，曰校長，曰教務課員；所教之課，曰音樂，曰珠算，曰國文。每當登壇講説，未嘗爲放言高論，而能近取譬，出以恢詭，授業解惑，使誠明者達，昏愚者勵，而頑傲者革，胥歸於相説以解則無乎不同。及其課餘有暇，輒與群兒伍，蹴鞠捉迷，未嘗不身親同之。視無形，聽無聲，言動納諸軌物，誥訓寓於嬉戲，而無待於發聲徵色，故其爲容和而親，爲道久而尊，常語人曰："師道嚴，有父之尊，顧吾不事父之嚴，而體母之愛，寬柔以教，優遊以得，然後知聲色之於化民末也。"詩曰："予懷明德，不大聲以色。"先生其庶幾焉。

先生多能藝事，天稟過人，最精曉樂律，箏琶簫笛之屬，一聞輒能會其節奏，且能以意爲新聲。而精氣所萃，厥笛生芝，睹者歎爲神異。時亦栽竹飼蜂以寄閑適，寫聯於楹曰："曠地合栽千竿竹，小莊好飼百箱蜂。"蓋意趣所存也。書法尤有聞於世，楷橅顔歐，結體端嚴；而草則出入米董以胎右軍，

---

① 碌碌，當作"犖犖"。

得其逸致也。自題小影曰："喜書常作草，怕争不彈棋。"可以覘先生之爲樂易長者焉。

子五，曰容，曰定，曰常，曰兆均，曰威，皆能繼志述事以有光於前人者也。獨容賈而有儒行，最能服勞地方，爲不墜父風云。

錢基博曰：先生之主城北學府也，余年十九，蓋日夕瞻對先生，而與上下議論者也。方是時，先生已頎碩丈夫，面如削瓜，頷下髯鬑刺出，身長逾中人，而割髪窄袖，作短後裝，荷戈以隨錫金體育會諸君之後。余戲而指目之曰："何來此老少年也。"先生訓曰："以子之年少，而裒衣博帶，作如許老儒狀，豈自居於少年老成乎？"相與大噱不置。忽忽二十年，人往風微，而回首前塵，輒爲腹痛不已也。方今士大夫好爲虚夸，競進耀榮利，相於以功，而日墮弛於厥職，曾不以爲恥怪，安所得樂易長者，口不言勞而服勤所事如先生其人哉！

（原刊於《錫報》，1928年10月2日、3日、4日、5日）

黄霞峰先生傳

於戲！自霞峰之死也，而里之後生無可畏。逮薇生之死也，而里之同輩誰與摩。殄瘁之恫，寧爲一人，而霞峰之死也，則緟有可悼者。

前三年之春二月二十又一日，日下旰，余病偃在床，報客至，問誰何，婦則曰霞峰也。余熱甚，喑不能言，婦爲謝焉。既以告曰："霞峰黯黑多髭，鬑鬑怕人，形神非故，何也？"余聞言心動。五日，病已，欲相訪，出門，遇客造然至，曰："君錢某乎？"曰然，則失聲曰："霞峰死矣！余童芝挺也，霞峰暱余久，又最敬君，嘗爲余言之稔矣，敢以告也。"驟聞神木，不覺僵立，比涕零已歷炊許時矣。傷哉霞峰！我不能强出一見，遂以人天永隔而終不見耶？問何以死，則曰："沈河而死。自其造君以歸，家人聞喃喃言：'我造錢某不獲見，然余願畢矣。'遂不見也。索之閭巷不得，則偵人四出，大索之於南京、常州、蘇州、上海方外諸叢林，復不得。既則碩望橋之畔，見有雙足盤膝兩手合十西向趺坐而滅頂不起者，下視，蓋赫然霞峰云。"

霞峰，無錫黄氏，名鑑，霞峰其字也。世居邑之泰伯市。祖禹行，父履成，仍世蹈隱，潛德弗曜。母鄒，乳三子，其二，女也，男霞峰。六歲喪父，九歲母又歿，顧少小端重，不待父師之教，生有夙慧，讀書目數行下，未嘗停瞬，而下筆纚纚，自然成章。十五能爲詩，尤工五言。十九紬誦子家言，能說老莊玄冥之恉。與武進周澂師友，澂嘗以師事余者。余過澂，案頭得詩卷，詢之，知霞峰邑子也。問其年，二十矣。誦而驚絶曰：“神清格凝，陶面謝骨，吾邑之老於詩者未見有辦此。國有顔子而不知，慚對君矣！”而歸以語於邑士夫，莫之信也。自是霞峰遂暱就余。霞峰神情散朗，而外木訥，粥粥若無能，睹者以此少之，獨余心重其人，以爲文而安，深而不險，所見無與輩。霞峰每欲禮余爲師，余膺曰：“以吾一日之長，何不可爲君師？然君慧業文人，異日成就別有在。”遂謝不受也。霞峰初鞅鞅，意不適，久而知無以相益，書疏酬對，兄弟爾汝矣。而周澂師事余如故。

既而霞峰則學佛宜黃歐陽竟無之門，教以轉識成智，入所創支那内學院。每一提撥，未嘗不熱淚交襟，曰今而後沉迷頓豁，得皈依矣。遂更名通，而號曰通如也。且以書告曰：“聰明見知，盡是取相，世路上學問文章，盡是聰明見知，唯通斯不取相，不取於相斯如不動。陽明所謂掃盪心腹之寇，以收廓清平定之功，此誠大丈夫不世之偉績。比日真實見得陽明是禪，而孔門亦從禪入，唯與通常所謂參禪之禪乃大異。問禪禪是病，究理理非親，豪傑之士，先立乎其大，然後反觀儒門公案，程朱陸王之辨，與教下性相宗門，南北之争，有以異乎？無異也。不得其旨，横生門户之見，真擔板漢。若至證真，則縱横亦可由我耳。乃至談性者必破相到底，宗儒者必闢佛無忌，明者悉繫方便之談，昧者則轉生固執，諍論利比亞興矣。縱筆及此，自哂結習依然，與本分事可謂了不相涉，若本分事，總無開口處，將聰明見知，盡情剷絶，於此事庶幾少分相應。”意蓋以微辭相感動，愧我鈍根，無以酬也。昔嚴滄浪好以禪明詩，而霞峰以詩明禪，所見日邃，理障漸生。余讀之不喜，曰：“祛一障又生一障，我不欲墮君入文字障，而君自陷理障。”霞峰曰：“文字障、理障，果孰爲陷？”余膺曰：“行雲流水，天倪存焉。詩不礙理，理不礙詩，兩適非障，兩礙即障。何如詩自詩，理自理？理絶言説，詩詠情性，各適其適，斯不兩障。問禪禪是病，究理理非親，而君則既知之矣。”霞峰善吾言而不能用也。

霞峰於世落落寡所合，而因緣文字，論交四海，酬詩則陜西于右任、南昌聞野鶴、金山高天梅，談禪則四川蒙文通、丹陽吕澂，而所北面執弟子禮究切生死者，獨在歐陽竟無。之數人者，少長不同，顯晦亦異，而皆誦説霞峰以爲篤行有文，可與適道者也。至於余則所學不同，氣類靡間，霞峰以詩，余以文；霞峰以禪，余以儒。而霞峰自内院歸，必相過，袖佛典數册以詒，積五年累百册。常欲牖掖余以登彼岸，其意可感也。而法相之書特衆，蓋祈轉識以成智，固霞峰師法之所存云。

霞峰爲人，若不經意世事，而中懷惻怛，常有悲憫衆生之意。比國民軍再奠江南，而里巷小夫，輒藉端搏擊，殺人越貨，視爲尋常，自以爲弘贊革命，功無與二也。霞峰所居東北鄉，尤無狀，禁之不制，譬之不解，十三村鎮，一夕俱燼，聞驚大呼曰已矣，意抑抑不自得，遂走南京之内學院，参歐陽氏，叩所以安身立命者，而慰留焉。一日静坐，方入定，俄聞槍聲，心悸而墮，天不祐貞，遂以癲也。起舞傞傞，狂走滿院，曰："千災百劫，我願一身當之。"則合掌作祈拜狀。歐陽氏遣之歸，比及中道，墮車不死，跳澗不死，而霞峰必志於死，卒隕於河。其日爲三月某日，實爲舊曆之二月二十三日，其年則中華人民造國之十七年也。又二年而徐薇生死，歲未三熟，再哭故人，舊恨在心，新悲塞胸，夫而後出門惘惘，告語都乖，而歎臣之質亡矣。薇生余既狀其學行誼矣，獨霞峰未及以爲也。繄曰：霞峰之殁，童芝挺實經紀其喪，又屬余爲傳，且曰："霞峰不求人知，人亦無知者。余知之而不能文，子能文而不爲之傳，草亡木卒，姓氏滅没焉爾。所以不死霞峰者，唯子是賴。"遂次平日所知於霞峰者以爲之傳。

獨念芝挺樸僿無文章，而惓惓故人，不易死生，君子哉！可以愧士大夫挾策高談，握手出肺肝定交，而一日勢移事易，轉眼若不相識者。霞峰以前清光緒二十二年四月十四日生，得年三十有三歲。中華人民造國之十九年十月二十六日，同縣錢基博撰。

（原刊於《南通報·文藝附刊》，1931 年 7 月 6 日）

陶錫侯先生家傳

先生名鳳圻，錫侯其字，亦號雪漚。無錫陶氏系出吴越錢武肅王，至友湖公諱仁者始養於陶而以爲氏，邑人稱之曰錢陶云。友湖公爲先生十三世祖，父望卿公諱焜，蹈道踐誼，賈而有士行，余嘗誌其墓。母楊太夫人，生二子，先生其仲也。兄績夫公諱成奎，邑諸生，媚學能文，有斐於庠。

先生蚤隨賢兄，不離典訓，爲文章力矯諧媚，樸而不華，以此屢躓有司試，有司以先生家世賈也，微使人諷曰："盍輦金以求當乎？"先生哂曰："士君子道義自重，何可以賄取也？"自此遂謝科舉。兄既早世，無子，先生遂承父業，曰："吾受學於兄以逮長成，寧利兄之死以有其財也？兄之生也，輒欲悉其所有以公之一族，而給贍焉，曰此宋范希文故事也。古人所能，我何爲獨不然？吾父則既許之矣，敢不欽承以成厥志。"遂創設私立陶氏績成學校於江陰巷，而資兄之財以爲基金焉。將以明繼志，詔世世萬子孫無忘，蓋合其兄之名字而以名厥校云。

先世以賣酒漿起家，迨先生三世而業益大。顧不以私其所有，族鄰有事，未嘗不周急；又肇建陶中丞祠，其事壹以自任，庀祭器，立條教，春秋享祀，祇肅相誡，瞻矚稱盛，胥起敬慕焉。獨吾宗惠山武肅王支祠，遭世屯，虞强藩盜兵，宗人不戒，祠遂被焚，鐘鼓弗考，宔祏盡燼，時在中華人民造國之十三年二月。哀哉秏已！族之長幼男女，奔走故墟，齎咨涕洟，薦盥亡所，時節失序。爰聚謀於衆，習卜皆吉，勼工飭材，唯先生是賴。於十七年四月率作興事，閲六月告成，其用國幣壹萬伍千枚有奇，而出之先生之籌填者，蓋不啻四之一也。重門廣閣，堂廡奕然，其餘庖湢，悉仍舊制。凡我宗姓，罔不畢力，誰總厥成，咸曰先生之功。

先生生前清光緒九年正月十五日，以民國十八年九月十八日卒，得年四十有七。子鍾英、鍾璜、鍾彦、鍾秀、鍾瑞、鍾禄、鍾書。末命之日，唯相詔曰："學何論新舊，必以淑德爲基；事無分鉅細，必以盡誠爲務。"遺誥弗諼，足以延其世矣。歷任無錫商埠局顧問、北區市民公社副理事長、無錫縣商會執行委員、中國紅卍字會無錫分會副會長，憑籍未弘，端緒廑見，而服勞地方，未嘗詭隨。綜其生平，可書者多，余獨著其焯焯親睹記者，以詔宗姓，而傳家範焉。

論曰：余嬰末疾，比久弗瘉，遂以杜門，雖家人生事不誰何。所以不即焚棄筆硯者，徒以治文章三十年，著書未成，冀於垂絶未盡之年假餘息以卒事爾。距意世道衰，民樸散，不敦厥行，相夸於文。而如僕者，頻見驅役，告休弗休，有不饜則怫怒焉。其尤甚者，我倦欲眠，而强聒焉，我固固遜謝而不獲免於役也。於戲！吾生有涯，痼疾經年，而輒欲悉索吾未盡秏之精氣以饜一時，塗澤耳目之私焉。則何其與於不仁之甚也。吾嘗發恨語婦曰："若紛紛者，非丐余文，乃索余命也。"獨於先生之傳，一諾無辭者，特以先生能友於厥兄，有功在宗祊。吾宗所罕義，不可没耳。其它若著一字，則是余之自讎其生也，雖斷吾脰，有弗爲已。中華民國十八年十一月，宗人錢基博謹撰。

（原刊於《陶氏宗譜》，1931年出版）

尹文子傳

尹文子者，蓋出於周之尹氏。山陽仲長氏原序。與宋鈃俱。《漢書·藝文志》顔師古注引劉向云。不累於俗，不飾於物，不苟於人。苟當作苛。章炳麟説。不忮於衆，願天下之安寧以活民命。人我之養，畢足而止。以此白心，作爲華山之冠以自表，接萬物以宥别爲始。語心之容，命之曰心之行，以聏合歡以調海内請欲。請讀爲情。梁啓超説。置之以爲主，見侮不辱，救民之鬬，禁攻寢兵，救世之戰。以此周行天下，上説下教，雖天下不取，强聒而不舍者也。《莊子·天下篇》。齊宣王時居稷下。《漢書·藝文志》注、山陽仲長氏原序。

尹文子見齊宣王，宣王不言而歎。尹文子曰："何歎?"王曰："吾歎國中寡賢。"尹文子曰："使國悉賢，孰處王下，誰爲王使?"《意林》。王曰："國悉不肖，可乎?"尹文子曰："國悉不肖，孰理王朝?"王曰："賢與不肖皆無，可乎?"尹文子曰："不然。有賢有不肖，故王尊於上，臣卑於下，進賢退不肖，所以有上下也。"《藝文類聚》二十、《太平御覽》四百二。

齊宣王謂尹文曰："人君之事何如?"尹文對曰："人君之事，無爲而能容下。夫事寡易從，法省易因，故民不以政獲罪也。大道容衆，大德容下，聖人寡爲而天下理矣。《書》曰：'睿作聖。'詩人曰：'岐有夷之行，子孫其保之。’”宣王曰：“善！”《説苑·君道篇》。

宣王謂尹文曰：“寡人甚好士，以齊國無士，何也？”尹文曰：“願聞大王之所謂士者。”王無以應。尹文曰：“今有人於此，事君則忠，事親則孝，交友則信，處鄉則順，有此四行，可謂士乎？”王曰：“善！此真吾所謂士也。”尹文曰：“王得此人，肯以爲臣乎？”王曰：“所願而不可得也。”是時王好勇，於是尹文曰：“使此人廣庭大衆之中，見侵侮而終不敢鬭，王將以爲臣乎？”王曰：“鉅士也，見之而不鬭，辱也。辱，則寡人不以臣矣。”尹文曰：“唯見侮而不鬭，未失其四行也。是人未失其四行，其所以爲士也。然而王一以爲臣，一不以爲臣，則嚮之所謂士者乃非士乎？”王無以應。尹文曰：“今有人將理其國，人有非，則非之；無非，則亦非之。有功，則賞之；無功，則亦賞之。而怨人之不理也，可乎？”王曰：“不可。”尹文曰：“臣竊觀下吏之理齊，其方若此矣。”王曰：“寡人理國信若先生之言，人雖不理，寡人不敢怨也。意未至然歟？”尹文曰：“言之敢無説乎？王之令曰：‘殺人者死，傷人者刑。’人有畏王之令者，見侮而終不敢鬭，是全王之令也。而王曰‘見侮而不鬭者辱也’，謂之辱，非之也。無非而王辱之，故因除其籍，不以爲臣也。不以爲臣者，罰之也，此無罪而王罰之也。且王辱不敢鬭者，必榮敢鬭者也。榮敢鬭者是，而王是之，必以爲臣矣。必以爲臣者，賞之也，彼無功而王賞之。王之所賞，吏之所誅也。上之所是，而法之所非也。賞罰是非，相與四謬，雖十黄帝，不能理也。”王無以應焉。《公孫龍子·迹府篇》、《吕氏春秋·先識覽·正名篇》。

於是尹文迺著書上下篇，言刑名道德之意五千餘言。其書先自道以至名，自名以至法，以名爲根，以法爲柄。《文獻通考》二百十二引周氏《涉筆》。而其歸本於黄老，洪邁《容齋續筆》十四引劉歆説。所貴道虚無因應變化於無爲云。

論曰：余讀《漢書·藝文志》著録《尹文子》一篇，以爲説齊宣王，先公孫龍，而仲長氏所定序乃稱繆熙伯言，與宋鈃、田駢同學於公孫龍，龍稱之。然據《史記·平原君虞卿列傳》云：公孫龍客於平原君，君相趙惠文王。文王元年，齊宣殁已四十餘歲矣，若説齊宣王之事爲有徵，則知尹文非學於龍者也。而諸子書之涉尹文者夥矣！謹次所睹，以著於篇。

（原刊於《名家五種校讀記》，無錫國學專修學校，1931 年出版）

鄧析子别傳

鄧析者，鄭人也。劉歆原序。洧水甚大，鄭之富人有溺者。人得其死者，富人請贖之，其人求金甚多。以告鄧析，鄧析曰："安之，人必莫之賣矣。"得死者患之，以告鄧析。鄧析又答之曰："安之，此必無所更買矣。"《吕氏春秋·審應覽·離謂篇》。鄧析操兩可之説，設無窮之辭，《列子·力命篇》。然而有窮焉。

鄭之圃澤多賢，東里多才。圃澤之役有伯豐子者，行過東里，遇鄧析，鄧析顧其徒而笑曰："爲若舞彼來者奚若?"其徒曰："所願知也。"鄧析謂伯豐子曰："汝知養養之義乎？受人養而不能自養者，犬豕之類也。養物而物爲我用者，人之力也。使汝之徒食而飽，衣而息，執政之功也。長幼群聚而爲牢藉庖廚之物，奚異犬豕之類乎?"伯豐子不應。伯豐子之從者越次而進曰："大夫不聞齊魯之多機乎？有善治土木者，有善治金革者，有善治聲樂者，有善治書數者，有善治軍旅者，有善治宗廟者，群才備也。而無相位者，無能相使者，而位之者無知，使之者無能。而知之與能，爲之使焉。執政者迺吾之所使，子奚矜焉?"鄧析無以應，目其徒而退。《列子·仲尼》。

衛有五丈夫俱負缶而入井，灌韭，終日一區。鄧析過，下車爲教之曰：

“爲機，重其後，輕其前，命曰橋，終日溉韭，百區不倦。”五丈夫曰：“吾師言曰：‘有機智之巧，必有機智之敗。’我非不知也，不欲爲也。子其往矣！我一心溉之，不知改已。”鄧析去行數十里，顔色不悦懌，自病。弟子曰：“是何人也？而恨我君，請爲君殺之。”鄧析曰：“釋之，是我謂真人者也，可令守國。”《説苑·反質篇》。

子産相鄭，專國之政。三年，善者服其化，惡者畏其禁，鄭國以治。諸侯憚之。而有兄曰公孫朝，有弟曰公孫穆；朝好酒，穆好色。朝之室也，聚酒千鍾，積麴成封，望門百步，糟漿之氣逆於人鼻。方其荒於酒也，不知世道之安危，人理之悔吝，室内之有亡，九族之親疏，存亡之哀樂也，雖水火兵刃交於前，弗知也。穆之後庭，比房數千，皆擇稚齒婑媠者以盈之。方其耽於色，屏親昵，絶交游，逃於後庭，以晝足夜，三月一出，意猶未愜。鄉有處子之娥姣者，必賄而招之，媒而挑之，弗獲而後已。子産日夜以爲戚，密造鄧析而謀之曰：“僑聞治身以及家，治家以及國，此言自於近至於遠也。僑爲國則治矣，而家則亂矣。其道逆耶！將奚方以救二子？子其詔之。”鄧析曰：“吾怪之久矣，未敢先言。子奚不時其治也，喻以性命之重，誘以禮義之尊乎？”子産用鄧析之言，因閒以謁其兄弟而告之曰：“人之所以貴於禽獸者智慮，智慮之所將者禮義，禮義成，則名位至矣！若觸情而動，耽於嗜欲，則性命危矣！子納僑之言，則朝自悔而夕食禄矣。”朝、穆曰：“吾知之久矣，擇之亦久矣，豈待若言而後識之哉！凡生之難遇，而死之易及。以難遇之生，俟易及之死，可孰念哉？而欲尊禮義以夸人，矯情性以招名，吾以此爲弗若死矣。爲欲盡一生之觀，窮當年之樂，唯患腹溢而不得恣口之飲，力憊而不得肆情於色，不遑憂名聲之醜，性命之危也。且若以治國之能夸物，欲以説辭亂我之心，榮禄喜我之意，不亦鄙而可憐哉！我又欲與若别之。夫善治外者，物未必治而身交苦；善治内者，物未必亂而性交逸。以若之治外，其法可暫行於一國，未合於人心。以我之治内，可推之於天下，君臣之道息矣。吾嘗欲以此術而喻之若，若反以彼術而教我哉！”子産茫然無以應之，他日以告鄧析。鄧析曰：“子與真人居而不知也，孰謂子智者乎？鄭國之治偶耳，非子之功也。”《列子·楊朱篇》。

當子産執政，鄧析作竹刑，鄭國用之，數難子産之治。《列子·力命篇》。鄭國多相縣以書。子産令無縣書，鄧析致之；子産令無致書，鄧析倚之。令無窮，則鄧析應之，亦無窮矣！與民之有獄者約，大獄一衣，小獄襦袴，民之獻衣襦袴而學訟者不可勝數。以非爲是，以是爲非，是非無度，而可與不可日變。所欲勝因勝，所欲罪因罪，鄭國大亂，民口讙譁。子產患之，於是殺鄧析而戮之，民心乃服，是非乃定，法律乃行。《吕氏春秋・審應覽・離謂篇》。傳鄧析書五篇，至漢哀帝時，侍中奉車都尉劉歆以相校除復重爲二篇。劉歆原序。其大旨主於勢，統於尊，事覈於實。《四庫全書提要》。其究極於察法立威，而推本不爲，皆原於道德之意焉。

論曰：余讀《左氏春秋傳》，昭公二十年而子產卒，子太叔嗣爲政。定公八年，太叔卒，駟歂嗣爲政。明年，乃殺鄧析而用其竹刑。君子謂子然於是不忠。用其道，不棄其人。《詩》云："蔽芾甘棠，勿剪勿伐，召伯所茇。"思其人，猶愛其樹，況用其道而不恤其人乎？子然無以勸能矣。則是殺鄧析者子然也，非子產也。且子產之死，餘二十年矣。而諸子書之言鄧析者不一，皆以與子產連稱。何哉？信以傳信，疑以傳疑，《春秋》之慎也。謹次其事爲别傳，而正之於《春秋左氏》，庶幾多聞闕疑之指云爾。

（原刊於《名家五種校讀記》，無錫國學專修學校，1931 年出版）

慎子傳

慎到，趙人。田駢、接子，齊人。環淵，楚人。皆學黄老道德之術。《史記·孟子荀卿列傳》。公而不當，易而無私，決然無主，趣物而不兩。不顧於慮，不謀於知，齊萬物以爲首，曰："天能覆之而不能載之，地能載之而不能覆之，大道能包之而不能辯之。"知萬物皆有所可，有所不可，故曰："選則不遍，教則不至，道則無遺者矣!"是故慎到棄知去己而緣不得已，泠汰於物以爲道理。郭象注："泠汰"猶"聽放"也。曰："知不知，將薄知而後鄰傷之者也。"謑髁無任，而笑天下之尚賢也。陸德明《音義》：謑髁，訛倪不正貌，王云謂謹刻也。無任，無所施任也。縱脱無行，而非天下之大聖；椎拍輐斷，與物宛轉；"椎"或"錐"之假，錐器之鋭者，《老子》曰："揣而鋭之，不可長保。"故"椎"則"拍之"。《廣雅·釋詁》云："拍，擊也。""輐斷"即下文"魭斷"。輐，疑車具之有稜者。魭，疑魚體之有刺者。郭象注：魭斷，無圭角也。拍錐鋭無圭角，而與物爲宛轉，老子所謂"挫其鋭，解其紛，和其光，同其塵"者也。舍是與非，苟可以免；不師知慮，不知前後，魏然而已矣。郭象注：任性獨立。推而後行，曳而後往，若飄風之還，若羽之旋，若磨石之隧，全而無非，動静無過，未嘗有罪，是何故？夫無知之物，無建己之患，無用知之累，動静不離於理，是以終身無譽。故曰："至於若無知之物而已，無用賢聖，夫塊不失道。"豪傑相與笑之，曰："慎到之道，非生人之行，而至死人之理，適得怪焉。”田駢亦然，學於彭蒙，得不教焉。彭蒙之師曰：“古之道人，至於莫之是，莫之非而已矣。其風窢然，惡可而言？”常反人不見觀，而不免於魭斷。其所謂“道非道”，而所言之韙，不免於非。彭蒙、田駢、慎到不知道，雖然，概乎皆嘗有聞者也。《莊子·天下篇》。因發明序其指意，故慎到著十二論，環淵著上下篇，而田駢、接子皆有所論，各著書言治亂之事。以干齊王，集稷門之下，爲稷下先生。於是齊王嘉之，自如慎到以下，皆命曰列大夫，爲開第康莊之衢，高門大屋尊寵之。覽天下諸侯賓客，言齊能致天下賢士也。《史記·孟子荀卿列傳》。

環淵問曰：“天有四殃，水旱飢荒，其至無時，何以備之？”慎子曰：“土多民少，非其土也；土少人多，非其人也。是故土多，發政以漕四方，四方流之。土少，安帑而外務輸。山林非時不升斤斧以成草木之長，川澤非時不入網罟以成魚鼈之長，不麛不卵以成鳥獸之長。凡土地之間，皆可裁之以爲民利，是魚鼈歸其泉，鳥歸其林，孤寡辛苦咸賴其生。山以遂其林，工匠以爲其器，百物以平其利，商賈以通其貨。工不失其務，農不失其時，是謂和德。《夏箴》曰：‘小人無兼年之食，遇天饑，妻子非其有也。大夫無兼年之食，遇天饑，臣妾輿馬非其有也。戒之哉！’”慎懋賞本《慎子·内篇》，不知何本。

環淵問養性，子慎子曰：“天有盈虚，人有屯危，不自慎，不能濟也。故養心必先知自慎也。慎以畏爲本，士無畏，則簡仁義；農無畏，則惰稼穡；工無畏，則慢規矩；商無畏，則貨不殖；子無畏，則忘孝；父無畏，則廢慈；臣無畏，則勳不立；君無畏，則亂不治。是以太上畏道，其次畏天，其次畏物，其次畏人，其次畏身。憂於身者不拘於人，慎於小者不懼於大，戒於近者不悔於遠。”慎懋賞本《慎子·外篇》，不知何本。

環淵問曰：“士之或窮或達，何歟？”子慎子曰：“士窮於窮，亦通於窮；達於達，亦病於達。故窮之者所以達之也，而達之者所以窮之也。”慎懋賞本《慎子·外篇》，不知所本。

許犯問於子慎子曰：“法安所生？”子慎子曰：“法非從天下，非從地出，發於人間，合乎人心而已。治水者茨防決塞，雖在夷狄，相似如一，學之於水，不學之於禹也。”慎懋賞本《慎子·外篇》，“治水者”以下，亦見《列子》張湛注引。

慎子仕楚爲太子傅。楚襄王爲太子時，質於齊，懷王薨，太子辭於齊王而歸。齊王隘之：“予我東地五百里，乃歸子。子不予我，不得歸！”太子曰：“臣有傅，請追而問傅。”傅慎子曰：“獻之地，所以爲身也。愛地不送死父，不義！臣故曰獻之便。”太子入致命齊王曰：“敬獻地五百里。”齊王歸楚太子。太子歸，即位爲王。齊使車五十乘來取東地於楚。楚王告慎子曰：“齊使來求東地，爲之奈何?”慎子曰：“王明日朝群臣，皆令獻其計。”上柱國子良入見，王曰：“寡人之得反主墳墓，復群臣，歸社稷也，以東地五百里許齊。齊令使來求地，爲之奈何?”子良曰：“王不可不與也！王身出玉聲，許强萬乘之齊。而不與，則不信，後不可以約結諸侯。請與而復攻之。予之信，攻之武，臣故曰與之。”子良出，昭常入見，王曰：“齊使來求東地五百里，爲之奈何?”昭常曰：“不可與也！萬乘者，以地大爲萬乘，今去東地五百里，是去戰國之半也。有萬乘之號而無千乘之用也，不可。臣故曰勿與，常請守之。”昭常出，景鯉入見，王曰：“齊使來求東地五百里，爲之奈何?”景鯉曰：“不可與也！雖然，楚不能獨守。王身出玉聲，許萬乘之强齊也，而不與，負不義於天下，楚亦不能獨守，臣請西索救於秦。”景鯉出，慎子入，王以三大夫計告慎子，且曰：“寡人誰用於三子之計?”慎子對曰：“王皆用之。”王怫然作色曰：“何謂也?”慎子曰：“臣請效其説，而王且見其誠然也。王發上柱國子良車五十乘而北獻地五百里於齊。發子良之明日，遣昭常爲大司馬，令往守東地。遣昭常之明日，遣景鯉車五十乘，西索救於秦。”王曰：“善。”乃遣子良北獻地於齊。遣子良之明日，立昭常爲大司馬，使守東地，又遣景鯉西索救於秦。子良至齊，齊使人以甲受東地。昭常應齊使曰：“我典主東地，且與死生，悉五尺至六十三十餘萬。弊甲鈍兵，願承下塵。”齊王謂子良曰：“大夫來獻地，今常守之。何如?”子良曰：“臣身受命弊邑之王，是常矯也。王攻之！”齊王大興兵攻東地，伐昭常。未出疆，秦以五十萬臨齊右壤曰：“夫隘楚太子弗出，不仁。又欲奪之東地五百里，不義。其縮甲則可，不然，則願待戰。”齊王恐焉，乃請子良南道楚，西使秦，解齊患。士卒不用，東地復全。《戰國策·楚策》。

慎子既老而歸於趙。藺相如用事，再困秦王而有矜色，謂慎子曰：“人謂秦王如虎，不可觸也。僕已摩其頂，拍其肩矣。”慎子曰：“善哉！先生！天下之獨步也。然到聞之，赤城之山，有石梁五仞焉，徑尺而龜背，下臨不測之谷，縣泉沃之，苔蘚被焉，無藤蘿以爲援也。野人負薪而越之，不留趾而達，觀者啃啃。或謂之曰：‘是梁也，人不能越。而若能也，盍還而復之。’野人立而睨焉，足摇摇而不舉，目周旋而莫之能矚。先生之説秦王也，是未睹夫石梁之險者也。故過巴峽而不慄，未嘗驚於水也；視狴犴而不惴，未嘗中於法也。使先生還而復之，則無餘以教到矣。”慎懋賞本《慎子·外篇》，不知何本。

慎子之學，本於黄老而主刑名，蔽於法而不知賢，《荀子·解蔽篇》。有見後而無見先。《荀子·天論篇》。上則取聽於上，下則取從於俗，終日言成文典。及紃察之，則倜然無所歸宿。不可以經國定分，然而其持之有故，其言之成理。《荀子·非十二子篇》。著書四十二篇，號曰《慎子》，《漢書·藝文志·諸子略》。傳者八篇，曰《威德》、《因循》、《民雜》、《知忠》、見《群書治要》。《德立》、《君人》、《君法》、《鄧析子·轉辭篇》亦載其辭，而《藝文類聚》五十四，《太平御覽》六百三十八引作《慎子》。君臣。見《群書治要》。其大指欲因物理之當然，各定一法而守之，不求於法之外，亦不寬於法之中。則上下相安，可以清静而治。然法所不行，勢必刑以齊之。道德之爲刑名，此其樞矣！《四庫全書提要》。

論曰：以吾觀於戰國，而慎氏之有聞者二人焉，曰到，曰滑釐。到之論，尊主以齊民，斷法以衡事。先申韓，申韓稱之，語見《漢書·藝文志·諸子略》。爲法家宗。而滑釐則善用兵者，趙岐《孟子注》語。魯欲使慎子爲將軍，孟子曰：“一戰勝齊，遂有南陽，然且不可。”慎子勃然不悦，曰：“此則滑釐所不識。”著見七篇書者是也。或且爲之説曰：“滑釐，即到也。”按釐與來通，《詩·周頌·思文》：“貽我來牟。”《漢書·劉向傳》作“飴我釐麰”是也。《爾雅·釋詁》云：“到，至也。”《禮記·樂記》云：“物至知知。”注：“至，來也。”到與來爲義同，然則慎子名滑釐，其字爲到歟？焦循《孟子正義》。斯則經生肊測之論，無徵不信，未足爲允也。

（原刊於《名家五種校讀記》，無錫國學專修學校，1931年出版）

惠子傳

惠子，名施，宋人；《吕氏春秋・淫辭篇》注。與莊子並時。《漢書・藝文志・諸子略》。莊子謂惠子曰："孔子行年六十而六十化，始時所是，卒而非之，未知今之所謂是之非五十九非也。"惠子曰："孔子勤志服知也。"莊子曰："孔子謝之矣，而其未之嘗言。孔子云：'夫受才乎大本，復靈以生。鳴而當律；言而當法。'禮義陳乎前，而好惡是非，直服人之口而已矣。使人乃以心服而不敢蘁立，定天下之定，已乎已乎，吾且不得及彼乎！"《莊子・寓言篇》。

惠子蔽於辭而不知實；莊子蔽於天而不知人。《荀子・解蔽篇》。惠子謂莊子曰："子言無用。"莊子曰："知無用而始可與言用矣。夫地非不廣且大也，人之所用容足耳。然則厕足而墊之致黄泉，人尚有用乎？"惠子曰："無用。"莊子曰："然則無用之爲用也亦明矣。"《莊子・外物篇》。

惠子謂莊子曰："吾有大樹，人謂之樗。其大本擁腫而不中繩墨；其小枝卷曲而不中規矩。立之塗，匠者不顧。今子之言，大而無用，衆所同去也。"莊子曰："子獨不見狸狌乎！卑身而伏，以候敖者。東西跳梁，不辟高下。中於機辟，死於罔罟。今夫斄牛，其大若垂天之雲，此能爲大矣，而不能執鼠。今子有大樹，患其無用，何不樹之於無何有之鄉，廣莫之野，彷徨乎無爲其側，逍遥乎寢卧其下。不夭斤斧，物無害者，無所可用，安所困苦哉！”《莊子·逍遥遊》。

莊子與惠子遊於豪梁之上，莊子曰：“鯈魚出游從容，是魚樂也。”惠子曰：“子非魚，安知魚之樂？”莊子曰：“子非我，安知我不知魚之樂？”惠子曰：“我非子，固不知子矣。子固非魚也，子之不知魚之樂全矣。”莊子曰：“請循其本。子曰女安知魚樂云者，既已知吾知之而問我，我知之濠上也。”《莊子·秋水篇》。

惠施之口談，自以爲最賢。曰：“天地其壯乎！施存雄而無術。”南方有畸人焉，曰黄繚，問天地所以不墜不陷，風雨雷霆之故。惠施不辭而應，不慮而對，遍爲萬物説。説而無休，多而無已，猶以爲寡，益之以怪。《莊子·天下篇》。莊子曰：“射者非前期而中，謂之善射，天下皆羿也。可乎？”惠子曰：“可！”莊子曰：“然則儒墨楊秉四，與夫子爲五，果孰是邪？或者若魯遽者邪？其弟子曰：‘我得夫子之道矣，吾能冬爨鼎而夏造冰矣。’魯遽曰：‘是直以陽召陽，以陰召陰，非吾所謂道也，吾示子乎吾道。’於是爲之調瑟，廢一於堂，廢一於室。鼓宫宫動，鼓角角動，音律同矣。夫或改調一弦，於五音無當也。鼓之，二十五弦皆動，未始異於聲而音之君已，且若是者邪。”惠子曰：“令夫儒墨楊秉，且方與我以辯。相拂以辭，相鎮以聲，而未始吾非也，則奚若矣？”莊子曰：“齊人蹢子於宋者，其命閽也不以完，其求鈃鍾也以束縛，其求唐子也而未始出域有遺類矣。夫楚人寄而蹢閽者，夜半於無人之時而與舟人鬭，未始離於岑，而足以造於怨也。”《莊子·徐無鬼》。

梁相死，惠子欲之梁。渡河而遽墮水中，船人救之。船人曰：“子欲何之而遽也？”曰：“梁無相，吾欲往相之。”船人曰：“子居船楫之間而困，無我則子死矣。子何能相梁乎？”惠子曰：“子居船楫之間，則吾不如子。至於安國家，全社稷，子之比我，蒙蒙如未視之狗耳。”《説苑·雜言篇》。

惠子爲魏惠王爲法，爲法已成，以示諸民人。民人皆善之，獻之惠王。惠王善之，以示翟翦。翟翦曰：“善也。”惠王曰：“可行邪？”翟翦曰：“不可。”惠王曰：“善而不可行，何故？”翟翦對曰：“今舉大木者，前呼輿謣，後亦應之。此其於舉大木者善矣，豈無鄭衛之音哉！然不若此其宜也，夫國亦木之大者也。”《吕氏春秋·淫辭篇》、《淮南子·道應訓》。

客謂梁王曰：“惠子之言事也善譬，王使無譬，則不能言矣。”王曰：“諾。”明日，見謂惠子曰：“願先生言事，則直言耳，無譬也。”惠子曰：“今有人於此，而不知彈者。曰：‘彈之狀何若？’應曰：‘彈之狀如彈。’則諭乎？”王曰：“未諭也。”於是更應曰：“彈之狀如弓，而以竹爲弦，則知乎？”王曰：“可知矣。”惠子曰：“夫説者，固以其所知，諭其所不知而使人知之。今王曰無譬，則不可矣。”王曰：“善！”《説苑·善説篇》。

白圭新與惠子相見也，惠子説之以彊，白圭無以應。惠子出，白圭告人曰：“人有新取婦者，婦至宜安矜，煙視媚行，豎子操蕉火而鉅，新婦曰：‘蕉火大鉅’，入於門，門中有斂陷。新婦曰：‘塞之，將傷人之足。’此非不便之家氏也，然而有大甚者。今惠子之遇我尚新，其説我有大甚者。”惠子聞之曰：“不然。《詩》曰：‘愷悌君子，民之父母。’愷者大也；悌者長也。君子之德長且大者，則爲民父母。父母之教子也，豈待久哉！何事比我於新婦乎！《詩》豈曰愷悌新婦哉！”《吕氏春秋·不屈篇》。

白圭謂魏王曰：“市丘之鼎以烹雞，多洎之則淡而不可食，少洎之則焦而不熟，然而視之蝺焉美，無所可用。惠子之言，有似於此。”惠子聞之，曰：“不然。使三軍飢而居鼎旁，適爲之甑，則莫宜之此鼎矣。”白圭聞之，曰：“無所可用者，意者徒加其甑邪。”《吕氏春秋·應言篇》。

匡章謂惠子於魏王之前曰：“蝗螟，農夫得而殺之，奚故？爲其害稼也。今公行，多者數百乘，步者數百人；少者數十乘，步者數十人。此無耕而食者，其害稼亦甚矣。”惠王曰：“惠子施也，難以辭與公相應。雖然，請言其志。”惠子曰：“今之城者，或者操大築乎城上；或負畚而赴乎城下；或操表掇以善睎望。若施者，其操表掇者也。使工女化而爲絲，不能治絲；使大匠化而爲木，不能治木；使聖人化而爲農夫，不能治農。夫施而治農夫者也，公何事比施於螣螟乎？”《吕氏春秋·不屈篇》。

魏惠王謂惠子曰：“上世之有國，必賢者也。今寡人實不若先生，願得傳國。”惠子辭。王又固請曰：“寡人莫有之國於此者也，而傳之賢者，民之貪争之心止矣，欲先生之以此聽寡人也。”惠子曰：“若王之言，則施不可而聽矣。王固萬乘之主也，以國與人猶尚可。今施，布衣也。可以有萬乘之國而辭之，此其止貪争之心愈甚也。”同上。

魏王令惠施之楚，令犀首之齊。鈞二子者乘數，鈞將測交也。楚王聞之，施因令人先之楚言曰：“魏王令犀首之齊，惠施之楚，鈞二子者，將測交也。”楚王聞之，因郊迎惠施。《戰國策·魏策》。

惠子相梁，莊子往見之。或謂惠子曰："莊子來，欲代子相。"於是惠子恐，搜於國中。三日三夜，莊子往見之，曰："南方有鳥，其名鵷鶵，子知之乎？夫鵷鶵，發於南海，而飛於北海。非梧桐不止，非練實不食，非醴泉不飲。於是鴟得腐鼠，鵷鶵過之，仰而視之曰：'嚇。'今子欲以子之梁國而嚇我邪？"《莊子・秋水篇》。

惠子謂莊子曰："魏王貽我大瓠之種，我樹之成，而實五石。以盛水漿，其堅不能自舉也。剖之以爲瓢，則瓠落無所用，非不呺然大也，吾爲其無用而掊之。"莊子曰："夫子固拙於用大矣。宋人有善爲不龜手之藥者，世世以洴澼絖爲事。客聞之，請買其方百金。聚族而謀曰：'我世爲洴澼絖，不過數金。今一朝而鬻技百金，請與之。'客得之以説吴王。越有難，吴王使之將。冬與越人水戰，大敗越人，裂地而封之，能不龜手一也。或以封，或不免於洴澼絖，則所用之異也。今子有五石之瓠，何不慮以爲大樽而浮於江湖，而憂其瓠落無所用，則夫子猶有蓬之心也夫。"《莊子・逍遥遊》。

魏惠王與齊威王約，齊王背之，惠王怒，將使人刺之。犀首聞而恥之曰："君爲萬乘之君也，而以匹夫從讎。衍請受甲二十萬，爲君攻之。虜其人民，係其牛馬。使其君内熱發於背，然後拔其國。忌也出走，然後抶其背，折其脊。"季子聞而恥之曰："築十仞之城，城者既十仞矣，則又壞之，此胥靡之所苦也。今兵不起七年矣，此王之基也。衍亂人，不可聽也。"華子聞而醜之曰："善言伐齊者，亂人也。善言勿伐者，亦亂人也。謂伐之與不伐，亂人也者，又亂人也。"王曰："然則若何？"曰："君求其道而已矣。"惠子聞之而見戴晉人，戴晉人曰："有所謂蝸者，君知之乎？"曰："然。""有國於蝸之左角者曰觸氏，有國於蝸之右角者曰蠻氏。時相與争地而戰，伏屍數萬，逐北旬有五日而後反。"君曰："噫，其虚言歟。"曰："臣請爲君實之，君以意在四方上下有窮乎？"君曰："無窮。"曰："知遊心於無窮而反在通達之國，若存若亡乎？"君曰："然。"曰："通達之中有魏，於魏中有梁，於梁中有王，王與蠻氏有辯乎？"君曰："無辯。"客出而君惝然若有亡也。惠子見。君曰："客，大人也。聖人不足以當之。"惠子曰："夫吹筦也，猶有嗃也。吹劍首者，吷而已矣。堯舜，人之所譽也，道堯舜於戴晉人之前，譬猶一吷也。"《莊子・則陽篇》。

齊魏戰於馬陵，齊大勝魏，殺太子申，覆十萬之軍。魏王召惠施而告之曰：“夫齊，寡人之仇也，怨之至死不忘。國雖小，吾常欲悉起兵而攻之，何如?”對曰：“不可。臣聞之，王者得度而霸者知計。今王所以告臣者，疏於度而遠於計。王固先屬怨於趙而後與齊戰，今戰不勝，國無守戰之備，王又欲悉起而攻齊，此非臣之所謂也。王若欲報齊乎？則不如因變服折節而朝齊，楚王必怒矣。王游人而合其鬭，則楚必伐齊。以休楚而伐罷齊，則必爲楚禽矣，是王以楚毁齊也。”魏王曰：“善。”乃使人報於齊，願臣畜而朝。田嬰許諾。張丑曰：“不可。戰不勝魏而得朝禮，與魏和而下楚，此可以大勝也。今戰勝魏，覆十萬之軍，而禽太子申。臣萬乘之魏，而卑秦楚，此其暴戾定矣。且楚王之爲人也，好用兵而甚務名，終爲齊患者必楚也。”田嬰不聽，遂内魏王而與之並朝齊侯。趙氏醜之，楚王怒，自將而伐齊。趙應之，大敗齊於徐州。《戰國策·魏策》。

惠施爲韓、魏交，令太子鳴爲質於齊。王欲見之，朱倉謂王曰：“何不稱病？臣請説嬰子曰：‘魏王之年長矣，今有疾，公不如歸太子以德之。不然，公子高在楚，楚將内而立之，是齊抱空質而行不義也。’”同上。

魏惠王死，葬有日矣。天大雨雪，至於牛目，壞城郭，且爲棧道而葬，群臣多諫太子者，曰：“雪甚如此而喪行，民必甚病之。官費又恐不給，請弛期更日。”太子曰：“爲人子，而以民勞與官費用之故，而不行先王之喪，不義也，子勿復言。”群臣皆不敢言而以告犀首，犀首曰：“吾未有以言之也，是其唯惠公乎，請告惠公。”惠公曰：“諾。”駕而見太子曰：“葬有日矣。”太子曰：“然。”惠公曰：“昔王季歷葬於楚山之尾，欒水齧其墓。見棺之前和，文王曰：‘嘻。先君必欲一見群臣百姓也，夫故使欒水見之。’於是出而爲之張朝，百姓皆見之，三日而後更葬，此文王之義也。今葬有日矣，而雪甚及牛目，難以行，太子爲及日之故，得毋嫌於欲亟葬乎？願太子更日。先王必欲少留而扶社稷，安黔首也，故使雪甚。因弛期而更爲日，此文王之義也。若此而弗爲，意者羞法文王乎?”太子曰：“甚善，敬弛期，更擇日。”《吕氏春秋·開春論》、《戰國策·魏策》。

張儀欲以秦、韓與魏之勢伐齊、楚，而惠施欲以齊楚偃兵。二人争之，群臣左右皆爲張子言，而以攻齊、荆爲利，而莫爲惠子言。惠子入見，襄王言曰：“先生毋言矣，攻齊荆之事果利矣，一國盡以爲然。”惠子因説不可不察也，夫齊、荆之事也誠利，一國盡以爲利，是何智者之衆也。攻齊、荆之事誠不利，一國盡以爲利，何愚者之衆也。凡謀者疑也，疑也者誠疑，以爲可者半，以爲不可者半。今一國盡以爲可，是王亡半也。劫主者，固亡其半者也。《韓非・内儲説上七術》，亦見《戰國策・魏策》，辭小異。

哀王元年，五國共伐秦。《史記・魏世家》。魏欲和，使惠施之楚，楚將入之秦而使行和。杜赫謂昭陽曰："凡爲伐秦者楚也，今施以魏來，而公入之秦，是明楚之伐，而信魏之和也。公不如無聽惠施，而隱使人以請聽秦。"昭子曰："善。"因謂惠施曰："凡爲攻秦者魏也，今子從楚爲和，楚得其利，魏受其怨。子歸，吾將使人因魏而和。"惠子反，魏王不説。杜赫謂昭陽曰："魏爲子先戰折兵之半，謁病不聽，見和不得。魏折而入齊秦，子何以救之？東有越纍，北無晉而交未定於齊秦，是楚孤也，不如速和。"昭子曰："善。"因令人謁和於魏。《戰國策・楚策》。

田需貴於魏王。惠子曰："子必善左右。今夫楊，横樹之則生，倒樹之則生，折而樹之又生。然使十人樹楊一人拔之，則無生楊矣。故以十人之衆，樹易生之物，然而不勝一人者，何也？樹之難而去之易也，今子雖自樹於王，而欲去子者衆，則子必危矣。"《戰國策・魏策》。

張儀逐惠施於魏。鮑彪注：張儀時隙秦相魏，此楚懷王十九年，實魏哀王之九年。《史記・魏世家》："哀王九年，張儀歸魏，魏相田需死。"惠子之楚，楚王受之。馮郝謂楚王曰："逐惠子者，張儀也。而王親與約，是欺儀也，臣爲王弗取也。惠子爲儀者來，而惡王之交於張儀，惠子必弗行也。且宋王之賢惠子也，天下莫不聞也。今之不善張儀也，天下莫不知也。今爲事之故，棄所貴於讎，人臣以爲大王輕矣。且爲事邪，王不如舉惠子而納之於宋，而謂張儀曰：'請爲子勿納也。'今必德王，而惠子窮人；而王奉之，又必德王，此不失爲儀之實，而可以德惠子。"王曰："善！"乃奉惠子而納之宋。《戰國策・秦策》。

匡章謂惠子曰："公之學去尊，今又王齊王，何其到也？"惠子曰："今有人於此，欲必擊其愛子之頭，石可以代之。"匡章曰："公取之代乎，其不與。"施曰："取代之。子頭，所重也；石，所輕也。擊其所輕以免其所重，豈不可哉！"匡章曰："齊王之所以用兵而不休，攻擊人而不止者，其故何也？"惠子曰："大者可以王，其次可以霸也。今可以王，而壽黔首之命，免民之死，是以石代愛子頭也，何爲不爲，利民豈一道哉！"《吕氏春秋・愛類篇》。

田駟欺鄒君，鄒君將使人殺之。田駟恐，告惠子。惠子見鄒君曰："今有人見君，則睞其一目，奚如?”君曰：“我必殺之。”惠子曰：“瞽兩目睞，君奚爲不殺?”君曰：“不能勿睞。”惠子曰：“田駟東慢齊侯，南欺荆王，駟之於欺人，瞽也，君奚怨焉?”鄒君乃不殺。《韓非子·説林上》。

惠施不法先王，不是禮義，而好治怪説，玩琦辭。《荀子·非十二子篇》。以反人爲實，而欲以勝人爲名。莊子著論詆之曰：“弱於德，强於物，其塗隩矣。由天地之道，觀惠施之能，其猶一蚉一寅之勞者也。其於物也何庸！夫充一尚可，曰愈貴道幾矣，惠施不能以此自寧，散於萬物而不厭。卒以善辯爲名，惜乎，惠施之才！駘蕩而不得，逐萬物而不反，是窮響以聲，形與影競走也。”《莊子·天下篇》。比其歿也，莊子送葬，過惠子之墓，顧謂從者曰：“郢人堊漫其鼻端若蠅翼，使匠石斲之。匠石運斤成風，聽而斲之，盡堊而鼻不傷。郢人立不失容，宋元君聞之，召匠石，曰：‘嘗試爲寡人爲之。’匠石曰：‘臣則嘗能斲之，雖然，臣之質死久矣。’自夫子之死也，吾無以爲質矣，吾無與言之矣。”《莊子·徐無鬼》。傳《惠子》一篇，佚於後世。

論曰：余讀荀子書，言不恤是非然不然之情，以相薦撙，以相恥怍，君子不若惠施、鄧析。《儒效篇》。又時時以惠施與鄧析連稱，然惠施名而入於辯；鄧析名而麗於法。然不然，可不可。惠施、鄧析，同於亂名也。然惠施反人以爲怪，鄧析舞文以弄法，而一爲辯者，一爲法家。惠施同於公孫龍、桓團，鄧析毗於申不害、韓非，故不同也。惠施之學，獨傳厤物，具詳《莊子·天下篇》，荀子書亦時稱引其佚説。飾辭以相惇，巧譬以相移，飾人之心，易人之意，其大指在玄名相，泯異同而歸之於天地一體。天地既一體矣，尚何衆生之相未泯，畛或之見未祛，而氾愛萬物焉，此其柢也。

（原刊於《名家五種校讀記》，無錫國學專修學校，1931 年出版）

公孫龍傳

公孫龍者，趙人，《列子・仲尼篇》。字子秉，《列子・仲尼篇》釋文。平原君之客也。《孔叢子・公孫龍篇》。空雄之遇，秦趙相與約，約曰："自今以來，秦之所欲爲，趙助之；趙之所欲爲，秦助之。"居無幾何，秦興兵攻魏，趙欲救之，秦王不説，使人讓趙王曰："約曰：秦之所欲爲，趙助之；趙之所欲爲，秦助之。今秦欲攻魏，而趙因欲救之。此非約也。"趙王以告平原君，平原君以告公孫龍。公孫龍曰："亦可以發使而讓秦王曰：'趙欲救之，今秦獨不助趙，此非約也。'"《吕氏春秋・淫辭篇》。

趙惠王謂公孫龍曰："寡人事偃兵十餘年矣，而不成。兵不可偃乎?"公孫龍對曰："偃兵之意，兼愛天下之心也。兼愛天下不可以虚名爲也，必有其實。今藺離石入秦而王縞素出總，東攻齊得城而王加膳，置酒。秦得地而王出總，齊亡地而王加膳，所非兼愛之心也，此偃兵之所以不成也。今有人於此，無禮慢易而求敬，阿黨不公而求令，煩號數變而求静，暴戾貪得而求定，雖黄帝猶若困。"《吕氏春秋・審應篇》。

秦攻趙，平原君使人請救於魏。信陵君發兵至邯鄲城下，秦兵罷。虞卿爲平原君請益地，謂趙孝成王曰："夫不鬪一卒，不頓一戟，而解二國患者，平原君之力。用人之力，而忘人之功，不可。”趙王曰：“善。”將益之地，公孫龍聞之，見平原君曰：“君無覆軍殺將之功，而封以東武城，趙國豪傑之士多在君之右。而君爲相國者，以親也，君受相印不辭無能，割地不言無功者，亦自以爲親也。今信陵君存邯鄲而請封，是親戚受城，而國人計功也。此甚不可！且虞卿操其兩權，事成，操右券以責；事不成，以虚名德君。君必勿聽！”平原君遂不聽虞卿。《戰國策・趙策》、《史記・平原君虞卿列傳》。

平原君厚待公孫龍。《史記・平原君虞卿列傳》。公孫龍自以六國時辯士，疾名實之散亂，因資材之所長，爲守白之論。假物取譬，以守白辯，謂白馬爲非馬也，白馬爲非馬者。言白所以名色，言馬所以名形也。色非形，形非色也。夫言色，則形不當與；言形，則色不宜從。今合以爲物非也。如求白馬於厩中無有，而有驪色之馬，然不可以應有白馬也。不可以應有白馬，則所求之馬亡矣。亡則白馬竟非馬，欲推是辯以正名實，而化天下焉。《公孫龍子・迹府篇》。或謂魯國孔穿子高曰：“此人小辯而毀大道。子盍往正諸？”穿曰：“大道之悖，天下之校枉也。吾何病焉？”或曰：“雖然，子爲天下故，往也。”穿適趙，與龍會平原君家，謂之曰《孔叢子・公孫龍篇》：“素聞先生高誼，願爲弟子久，但不取先生以白馬爲非馬耳。請去此術，則穿請爲弟子。”龍曰：“先生之言悖。龍之所以爲名者，乃以白馬之論爾。今使龍去之，則無以教焉。且欲師之者，以智與學不如也。今使龍去之，此先教而後師之也。先教而後師之者悖，且白馬非馬，乃仲尼之所取。龍聞楚王張繁弱之弓，載忘歸之矢，以射蛟兕於雲夢之圃，而喪其弓。左右請求之，王曰：‘止。楚人遺弓，楚人得之，又何求乎？’仲尼聞之曰：‘楚王仁義而未遂也。亦曰人亡弓，人得之而已。何必楚？若此仲尼異楚人於所謂人。夫是仲尼異楚人於所謂人，而非龍異白馬於所謂馬悖。先生修儒術而非仲尼之所取，欲學而使龍去所教，則雖百龍，固不能當前矣！”《公孫龍子・迹府篇》。穿莫之應，退而告人曰：“言非而博，巧而不理。”此固無所不答也。異日，平原君會衆賓而延穿，平原君曰：“先生，聖人之後也。不遠千里，來顧臨之，欲去夫公孫子白馬之學。今是非未分，而先生翻然欲高逝，可乎？”穿曰：“理之至精者，則自明之。豈任穿之退哉？”平原君曰：“至精之説，可得聞乎？”答曰：“其説皆取之經傳，不敢以意。《春秋》記六鷁退飛，睹之則六，察之則鷁，鷁猶馬也。六猶白也，睹之得見其白，察之則知其馬，色以名别，内由外顯，謂之白馬。名實當矣！若以絲麻加之女工，爲緇素青黄，色名雖殊，其質則一。是以《詩》有素絲，不曰絲素。《禮》有緇布，不曰布緇。犪牛玄武，此類甚衆。先舉其色，後名其質，萬物之所同，聖賢之所常也。君子之謂，貴當物理，不貴繁辭，而穿之所説於公孫子，高其智，悦其行也。去白馬之説，智行固存，是則穿未失其所師者也。稱此云云，没其理矣。是楚王之言楚人忘弓，楚人得之。先君夫子探其本意，欲以示廣，其實狹之，故曰不如亦曰人得之而已也。是則異楚王之所謂楚，非異楚王之所謂人也。以此爲喻，乃相擊切矣。凡言人者，總謂人也。亦猶言馬者，總謂馬也。楚自國也，白自色也。欲廣其人，宜在去楚；欲正名色，不宜去白。忱察此理，則公孫之辯破矣。”平原君曰：“先生言於理善矣!”因顧謂衆賓曰：“公孫子能答此乎?”燕客史由對曰：“辭則有焉，理則否矣。”《孔叢子·公孫龍篇》。

公孫龍又與孔穿記論於平原君所，辯理至於臧三耳。公孫龍言臧之三耳甚辯析。孔穿弗應，俄而辭出。明日，復見平原君曰：“疇昔公孫之言信辯也。先生實以爲何如?”答曰：“然幾能令臧三耳矣。雖然，實難，僕願得又問於君。今謂臧三耳，甚難而實非也。謂臧兩耳，甚易而實是也，不知君將從易而是者乎？亦從難而非者乎?”平原君弗能應。明日，謂公孫龍曰：“公無復與孔子高辯事也。其人理勝於辭，公辭勝於理，辭勝於理，終必受詘。”《孔叢子·公孫龍篇》。《吕氏春秋·淫辭篇》亦載其事，而“臧三耳”作“藏三牙”。

齊使騶衍過趙，平原君見公孫龍及其徒綦母子之屬，論白馬非馬之辯，以問鄒子。鄒子曰：“不可。彼天下之辯，有五勝三至，而辭正爲下。辯者，别殊類使不相害，序異端使不相亂，抒意通指，明其所謂，使人與知焉，不務相迷也。故勝者不失其所守，不勝者得其所求，若是故辯可爲也。及至煩文以相假，飾辭以相惇，巧譬以相移，引人聲使不得及其意，如此害大道。夫繳紛争言而競後息，不能無害君子。”坐皆稱善。《史記·平原君虞卿列傳》集解引劉向《别録》。乃絀公孫龍。《史記·平原君虞卿列傳》。

公孫龍在趙之時，謂弟子曰：“人而無能者，龍不與遊。”有客衣褐帶索而見曰：“臣能呼。”公孫龍顧謂弟子曰：“門下故有能呼者乎?”對曰：“無有。”公孫龍曰：“與之弟子之籍。”後數日，往説燕王，至於河上，而航在一汜。使善呼者呼之，一呼而航來。《淮南子》。公孫龍説燕昭王以偃兵，昭王曰：“甚善！寡人願與客計之。”公孫龍曰：“竊意大王之弗爲也。”王曰：“何故?”公孫龍曰：“日者大王欲破齊，諸天下之士，其欲破齊者，大王盡養之；知齊之險阻要塞、君臣之際者，大王盡養之。雖知而弗欲破者，大王猶若弗養。其卒果破齊以爲功。今大王曰我其取偃兵，諸侯之士在大王之本朝者，盡善用兵者也。臣是以知大王之弗爲也。”王無以應。《吕氏春秋·應言篇》。

中山公子牟者，魏國之賢公子也。好與賢人遊，不恤國事，而悦趙人公孫龍。樂正子輿之徒笑之，公子牟曰：“子何笑牟之悦公孫龍也?”子輿曰：“公孫龍之爲人也，行無師，學無友，佞給而不中，漫衍而無家，好怪而忘言，欲惑人之心，屈人之口，與韓檀等肄之。”公子牟變容曰：“何子狀公孫龍之過，請聞其實。”子輿曰：“吾笑龍之詒孔穿，言善射者能令後鏃中前括，發發相及，矢矢相屬，前矢造準而無絶落，後矢之括猶銜弦，視之若一焉。孔穿駭之。龍曰：‘此未其妙者。逢蒙之弟子曰鴻超，怒其妻而怖之。引烏號之弓，綦衛之箭，射其目。矢來注眸子而眶不睫，矢隧地而塵不揚。’是豈智者之言歟?”公子牟曰：“智者之言，固非愚者之所曉。後鏃中前括，鈞後於前，矢注眸子而眶不睫，盡矢之勢也。子何疑焉?”樂正子輿曰：“子，龍之徒，焉得不飾其闕? 吾又言其尤者，龍誑魏王曰：‘有意不心，有指不至，有物不盡，有影不移，髮引千鈞，白馬非馬，孤犢未嘗有母。’其負類反倫不可勝言也。”公子牟曰：“子不諭至言而以爲尤也，尤其在子矣。夫無意則心同，無指則皆至；盡物者常有；影不移者，説在改也；髮引千鈞，勢至等也；白馬非馬，形名離也；孤犢未嘗有母，非孤犢也。”樂正子輿曰：“子以公孫龍之鳴皆條也。設令發於餘竅，子亦將承之。”公子牟默然良久，告退曰：“請待餘日，更謁子論。”《列子·仲尼篇》。

公孫龍問於魏牟曰：“龍少學先生之道，長而明仁義之行，合同異，離堅白，然不然，可不可，困百家之知，窮衆口之辯。吾自以爲至達已，今吾聞莊子之言，汒焉異之，不知論之不及歟? 知之弗若歟? 今吾無所開吾喙，敢問其方。”公子牟隱機太息，仰天而笑曰：“子獨不聞夫埳井之鼃乎? 謂東海之鱉曰：‘吾樂歟? 出跳梁乎井幹之上，入休乎缺甃之崖，赴水則接腋持頤，蹶泥則没足滅跗，還虷蟹與科斗，莫吾能若也。且夫擅一壑之水，而跨跱埳井之樂，此亦至矣！夫子奚不時來入觀乎?’東海之鱉，左足未入，而右膝已縶矣。於是逡巡而却，告之海曰：‘夫千里之遠，不足以舉其大。千仞之高，不足以極其深。禹之時，十年九潦，而水弗爲加益；湯之時，八年七旱，而崖不爲加損。夫不爲頃久推移，不以多少進退者，此亦東海之大樂也。’於是埳井之鼃聞之，適適然驚，規規然自失也。且夫知，不知是非之境，而猶欲觀於莊子之言，是猶使蚊負山，商蚷馳河也，必不勝任矣！且夫知，不知論極妙之言，而自適一時之利者，是非埳井之鼃歟？且彼方跐黃泉而登大皇，無南無北，奭然四解，淪於不測。無東無西，始於玄冥，反於大通。子乃規規然而求之以察，索之以辯，是直用管窺天，用錐指地也。不亦小乎？子往矣。且子獨不聞壽陵餘子之學行於邯鄲歟？未得國能，又失其故行矣。直匍匐而歸耳。今子不去，將忘子之故，失子之業。”公孫龍口呿而不合，舌舉而不下，乃逸而走。《莊子・秋水篇》。

公孫龍著書十四篇，《漢書・藝文志・諸子略》。傳者六篇。其大指在嫉儒墨正名，拘文牽義而不通方，乃假指物以混是非，借白馬而齊物我，飾人之心，易人之意，合同異，雜堅白，而壹出道者齊物之論。《莊子・齊物論》。取辯於一物，而原極天下之污隆，名之至也。晉魯勝《墨辯序》。

論曰：余讀《莊子・德充符》，載莊子應惠子曰：“今子外乎子之神，勞乎子之精，倚樹而吟，據槁梧而瞑。天選子之形，子以堅白鳴。”則是以堅白鳴者，惠子也。《駢拇篇》曰：“駢於辯者，纍瓦結繩，竄句遊心於堅白同異之間，而敝跬譽無用之言，非乎？而楊墨是已。”則是竄句遊心於堅白同異之間者，楊墨也。《荀子・儒效篇》稱堅白同異之分隔，亦指惠施、鄧析，而不及公孫龍。則是合同異，雜堅白者，非獨公孫龍也。而公孫龍獨以爲堅白同異之辯著。《史記・孟子荀卿列傳》曰：“趙亦有公孫龍，公孫龍爲堅白同異之辯。”何哉？今采諸子書之著公孫龍者具於篇，以爲知人論世之資云。《淮南子・詮言訓》曰：“公孫龍[①]粲於辭而貿名，鄧析巧辯而亂法。”其爲堅白同異之辯同，而龍貿於名，析隸於法。吾於鄧析歟，見同門而異户也。

（原刊於《名家五種校讀記》，無錫國學專修學校，1931年出版）

① “龍”字原無，今據《淮南子》補。

唐室陳夫人家傳

夫人無錫陳氏，父志初公，以朴學敦行有聞鄉邑。夫人生長典訓，年二十嬪於唐，以有保謙先生之室。逮事君舅子良公、姑余太夫人，爲順婦，質明贊見，喜謂宜家，凡闔以内事，無洪瑣，一挈以付。保謙先生兄弟次季，而夫人稚婦得愛，承以婉謹，雍睦諸姒，無遽言矜色，劬以身任，食則相讓。視其狀若無能，然事事精辦，仰給俯取，晨作而宵不輟，亦既勞止。而姒娣婉娩，安其劬苦；舅姑老病，安其侍養。扶持敬事踰廿六年，孝事有終，葬祭以禮。保謙先生靡愆厥衷，而釐我女士，胥夫人之歸美焉！

保謙先生恢張前緒，既豐且碩，通商惠工，不以自利。其創制顯庸，以底於成者，曰益源、福源兩堆棧，曰錦豐絲廠，曰九豐麪粉廠，曰慶豐紡織一、二兩廠，曰利農磚瓦廠，皆燭炤幾先，柱以一力。富者委財，貧者受役，勸業樂事，人各任其能，竭其力以得所欲。指揮若定，自上下下，待以舉火，何止數千！而曰："吾不以家爲恤，五十年於此者，夫人之相我也。吾家人内外且數十，夫人躬躬其間，無所觸迕，即亦無所表襮。自其嬪余，凡經紀四喪、五娶、二嫁，以至賓祭，患難流離，疾病醫藥，無歲蔑有，若不躬與其事，然事亦無不舉者。"

夫人不矜於盈，保謙先生既大其室，子婦順承，以供指使。夫人又劬勤積疢。噫！甚矣憊，以老自佚，誰其非之？而夫人習於作苦，勉没如故，窗欞卓倚，躬親拂拭，刮垢磨光，蘄無染塵，曰：“家之盛衰，覘於室之整潔。”不肯以自暇逸，勤生節用，子獻新衣，貯笥勿禦，而章身儉陋，補綻重複，食且蔬筍，不喜肉食，節嗇有餘，用施戚故，猶曰未已。歲之告灾，夫人痌瘝如疾被體，謂：“吾飽煖豈解飢寒，無衣無食，彼則何辜？庶減吾膳以食飢者，均甘共苦，毋自饒樂。”躬紉絮襖，以播灾地，寒者衣之。鞠躬傴僂，容瘁而色和，氣專而善下。語人煦嫗若恐傷之，詔所生曰：“奉己周旋，貴於和爾。”其御下不必有大施，厚恩意隆於物，情溢於詞。而教督子女，有慈有威，誨誡諄諄，自一步一趨，至植身接物，無不委曲詳盡，師道母道，殆以身兼。又憙道往時貧苦事，使知衣食之不易。自其諸子以逮孫曾，所遇即益華腆，終不敢弛於慆淫非辟，賴夫人之身教夙焉！

夫人以今歲甲戌十月二十五日卒，爲中華人民造國之二十三年十二月一日，距生於前清同治六年丁卯十月初九日，享年六十八歲。子四，曰穀源，先卒，婦浦；廷源，卒，未有室；炳源，出繼其叔若川先生後，婦王，繼温；煜源，婦葛。女四，曰婉容，適蔡；始雲，適王；璽寶、潤珠殤；孫瑞千，婦張；次祥千、驥千、驊千、駿千；孫女振華、新桂、莜霞、莜美；曾孫大年，曾孫女麗娟、麗芬。二子翼翼詵詵，孫曾將承徽音，以畣母劬，而天不佑仁，殞其復我！以此思哀哀可知已，遂以屬基博爲之傳。

論曰：昔曾子固校劉向《列女傳》而序之曰：“後世自問學之士，多徇於外物而不安其守，其室家既不見可法，故競於邪侈，豈獨無相成之道哉？士之苟於自恕，顧利冒恥而不知反己者，往往以家自累故也。”於戲！世變亦已亟矣。今之高門名媛，日競亡等之欲，酣嬉佚樂，以挾其夫子。雖欲不爲貪夫敗類而不得者，吾見亦衆矣。其始袛以媚内而徇燕婉之私，其禍極於敗國以長貪墨之風，故曰：“國家之敗由官邪也。”官之失德，閨行侈也。女德無極，婦怨無終，自古難之，而今殆甚。觀於夫人之約己以厚施，勤生以安劬，勞心苦思以刑於家，可以厲世之淫樂以詡嬌貴，盛飾以爲容説，揄長袂，躡利屣，惰不事事而自命貴婦人者。中華民國二十有四年一月二十八日。

（據拓片整理，拓片今藏無錫市圖書館）

錢基博自傳①

錢基博，字子泉，又字啞泉，别號潛廬，江蘇無錫縣人，生於民國紀元前二十五年。以廢曆二月二日生，與孟子同生日。兄弟五人，而次居四，與弟基厚孿生。五歲從長兄子蘭先生受書；九歲②畢《四書》、《易經》、《尚書》、《毛詩》、《周禮》、《禮記》、《春秋左氏傳》、《古文翼》，皆能背誦；十歲伯父仲眉公教爲策論③，課以熟讀《史記》、儲氏《唐宋八家文選》。而性喜讀史，自十三歲讀司馬光《資治通鑑》④、畢沅《續通

① 此篇自傳，又曾發表於《江蘇研究》1935年第1卷第8期，前有“編者注”，文曰：“無錫錢子泉先生爲當世碩學，論文浩博無涯涘，集部之學，海内無對。比年以還，執教滬上各大學，門士濟濟，負學術重望；暇復肆意著述，於國故頗多匡發。今春先生嘗撰《自傳》一篇，於平生學業，叙述綦詳，大可爲後人楷模。爰即刊發，以供關心蘇省文獻者之快睹。”

② 《孫庵年譜》附録《潛廬自傳》改爲“十一歲”。

③ “十歲伯父仲眉公教爲策論”，《潛廬自傳》改爲“至十三歲而問業伯父仲眉公，教爲策論”。

④ “自十三歲讀司馬光《資治通鑑》”，《潛廬自傳》改爲“自十五六歲時，讀司馬光《資治通鑑》”。

鑑》，圈點七過①；而於歷代地名，必按圖以索，積久生悟，因以精貫顧祖禹《讀史方輿紀要》一書，下筆纚纚，議論證據今古。十六歲，草《中國輿地大勢論》，得四萬言，刊布梁啓超主編之《新民叢報》。又以己意闡發文章利鈍，倣陸士衡《文賦》，撰《説文》一篇，刊布劉光漢主編之《國粹學報》；意氣甚盛。而父祖耆公以家世儒者，約敕子弟，衹以樸學敦行爲家範，不許接賓客，通聲氣。又以科舉廢而學校興，百度草創，未有綱紀，徒長囂薄，無裨學問。而誠基博杜門讀書，毋許入學校，毋得以文字標高揭己，沽聲名也。顧江西提法使陶大均睹其文章，駭爲龔定庵復生！招之入幕，從容諷議，而不責以治事。大均早年受業遵義黎庶昌，於湘鄉曾文正公爲再傳弟子，好詩古文詞，獨許基博文，以爲得曾文正所謂陽剛之美；月薪白銀百兩，尤爲優贍。而基博悉以奉父，衣冠敝舊，不改於初。或問何自苦乃爾？或亦譽爲少年老成。而基博則膺之曰："余年少，又自知嗜欲過人；稍一縱恣，懼回頭不得；今手中不留一文錢，欲束身自敕以不入於慆淫耳！"同幕作客，咸有所歡。或逢宴會，挾以娛嬉，合尊促坐，男女同席，而基博捧杯微飲，神志湛然。一日夜半，睡酣，大均使召入見，以爲有所諮也；亟披衣起。至則幕僚紛侍，大均指一粲者，語曰："此花榜狀頭，馳譽舊矣！晝招則人言可畏；故不卜晝而卜夜，君不可不一盼睞！"基博默然，徐曰："公以風憲官而長夜召妓，豈所以儀刑百僚？"遂趨以出。同座譁笑，以爲迂儒！大均止曰："毋然！此君子！"明日詣謁，長揖謝曰："君少年如此，乃令我輩愧死！然微君不能諍我！亦微我不能容君！"自是不復召妓。休休有容，於大均見之焉！時爲民國紀元之前三年也。

迨辛亥革命軍興，同縣顧忠琛方以蘇浙聯軍總參謀攻克南京，延治軍書。歷任援淮軍司令部，陸軍第十六師副官參謀，授職陸軍中校，調江蘇都督府。戎馬倉皇，未嘗廢文史。《吴禄貞傳》，席地爲草，文出，一時傳誦，咸以爲傳神阿堵，如見生平也。時革命新成功，同事者罔不恣意聲伎以謳舞昇平；迨日之夕，軍部寂無人焉！基博獨留守，挾册吟諷，中宵琅琅；衛兵值守門外，未嘗不窺而怪焉，或指語以爲笑樂。既而民國二年，第二次革命敗，直隸都督趙秉鈞、江蘇都督馮國璋，知其素長者無與，又有諍議，皆以秘書爲

① 《潛廬自傳》無"圈點七過"。

招。基博自以奉職南方軍府，丈夫立身，豈容反覆；議論異同，祇以救世難而非以圖身利。又目睹世亂方興，飛書走檄，不過以文字爲藩府作口舌；文章不以經國，而莠言亂政，匪所思存；謝不往也。會無錫縣立第一小學國文教員缺，校長顧祖瑛欲以延之，而月薪二十元，每週任課二十四小時①。祖瑛以基博文章有高名，而自二十歲奔走江南北，月薪常在二百金以外；又知其有趙氏、馮氏之招；若以爲不足辱也，辭頗囁嚅。基博笑曰："君何淺之乎測我也！吾家三世傳經爲童子師；何所不足於我乎！"既蒞事，祖瑛又慮其才高意廣，或不屑意於此也。而基博熟講勤改，諸生翕服；在職二年，未嘗一日曠課。祖瑛則大喜過望；而基博亦怡然有以自得也。每語人曰："吾從前月薪二百，往往蕭然塊處，時有遐思；而今則嘵口瘏音，自朝至於日中昃不遑，乃益以此收放心焉。於戲！吾知免矣！"自此委身教學，二十二年以來，歷任無錫縣立第一小學國文史地教員，吴江麗則女子中學國文教員，江蘇省立第三師範學校國文、經學教員及教務長，聖約翰大學國文教授，國立清華大學國文教授，第四中山大學中國語文學系主任，私立無錫國學專門學校校務主任，光華大學中國文學系主任及文學院院長。其爲教也，必誠必信；以爲卷懷不可以宏道，乃開誠以示物；顯言不可以避患，故託古以明義；務正學以言，無曲學以阿世。徒以二十年來，學潮激蕩，長傲縱欲；大師或相詭隨以與爲亡町畦。而基博所至，則常思樹立師範以矯一世之枉；每太息曰："昔人媚道以干時君，人知其佞矣；而今之大人先生，乃不屑枉己以容悦不學之後生，我其謂之何哉！"獨嚴氣正性，不與諸生爲翕翕熱。每蒞講室，危言激論，大聲發於座上，時亦雜以詼嘲，呻其佔畢，多其訊，從學者初憚其嚴，久則相説以解；雖持論侃侃，而歷小學以至大學，未嘗有扞格之學生焉。

基博論學，務爲浩博無涯涘，詁經譚史，旁涉百家，抉摘利病，發其闔奥。自謂集部之學，海内罕對；子部鉤稽，亦多匡發。而爲文初年學《戰國策》，喜縱横不拘繩墨。既而讀曾文正書，乃澤之以揚馬，字矜句鍊；又久而以爲典重少姿致，叙事學陳壽，議論學蘇軾，務爲抑揚爽朗。所作論説、序跋、碑傳、書牘，頗爲世所誦稱。碑傳雜記，於三十年來民情國故，頗多徵

① "欲以延之，而月薪二十元，每週任課二十四小時"，由《潛廬自傳》補入。

見，足備異日監戒。論説書牘，明融事理，而益以典雅古遒之辭出之，跌宕昭彰。序跋則以生平讀書無一字滑過，故於學術文章得失利病，多抉心發奥之論。

湘鄉曾廣鈞讀其文而詑歎焉！既則貽以書曰："吾子上説下教，雖强聒而不舍，然而僕睹子之學必不大。何者？鎔史鑄子，裁以昌黎，從前惟孫淵如有此萌芽，錢竹汀略創輪椎。吾子益運以豪氣，扛以健筆；四十歲後，篇題日富，必能開一文派；特惜言皆有物，較空言格律及虚神摇曳者有難易之分；造詣雖宏，徒侣必不能廣耳！"南通張謇以文章經濟，爲江南北士流所歸重；及讀基博文而歎曰："大江以北，未見其倫！"吴江費樹蔚曰："豈惟江北，即江南寧復有第二手！"而謇尤廣爲延譽。聞者或疑阿私所好，而不知基博未瞻一面，未通一書。興化李詳論文不囿風氣，好稱子部雜家之學；顧於並世文人，少所許可；尤力詆林紓，以謂："觀其所譯小説，重在言情，纖穠巧麗，淫思古意。三十年來，胥天下後生，盡驅入猥薄無行，終以亡國。昔人言王、何之罪，浮於桀、紂。畏廬之罪，應科何律！畏廬既以此得名，可以已矣！而又高論文章，因擇舉世所宗，又爲時貴意旨傾嚮，復起桐城之燄，鼓以爐鞲，勢令海内學子從風而靡，一與其小説等，而其富厚之願始畢。此僕所爲不平！"而獨甚推基博，貽書謂："所重足下者，能多讀書而下筆輒古。畏廬僨於豚上，可畏耳！若足下之虎，且相率而辟易。弟自此不敢輕量足下矣！"基博則復之曰："博生平論文，不立宗派。在曩時桐城之學滿天下，博固不欲附桐城以自張；而在今日，又雅弗願捶桐城已死之虎，取悦時賢；拙著《古文辭類纂解題》，固嘗微申厥指。桐城之文，尚澹雅而薄彫鏤。而畏廬則刻削傷氣，纖穠匪澹，於桐城豈爲當行！而氣局褊淺。十五六年前，徒以博偶有掎摭，見之不勝憤憤，無端大施傾軋，文章化爲戈矛，儒林淪於市道。屬商務不印拙稿，而不知博本勿賴市文爲生。有友人介紹博任北師大國文講座；其時畏廬在北京文壇，氣燄炙手可熱，亦作臧倉，致成罷論；知者多爲不平。然博以爲真讀書人，正當化矜釋躁，徵其學養。何意畏廬六十老翁，不能宏奬後進，而黨同妒道若是！勝我不武，不勝見笑！博苟卓然有以自立；畏廬尸居餘氣，文章真賞，來者難誣，身後千秋，尚賴博爲論定。而畏廬乃必欲窮之於所往，博豈遂爲所窮，徒見其不自量耳！當日固已如是，豈在今日？博轉欲拾其唾餘，藉以自重。及畏廬身價既倒，博撰次《現代中國文學史》，平情而論，胸中既未嘗有不平之氣，更何必加以尋斧，效惡聲之必反！故博前日於畏廬不肯降心以相從；而在時移勢異之今日，亦不敢助長者張目，作尋聲之駡，呵禁不祥。”而於是詳服其有度也。侯官陳衍以文章娱其老壽，年八十歲，稱一代宿學；而謂基博曰：“四部之學，以能文爲要歸；而文章獨以昌明博大爲上。題事繁多，而措之裕如者，畫家之層巒疊嶂也。後賢可畏，獨吾子爾！其徒以簡潔幽峭稱者，皆力之有未逮，抑或其題之祇以止此也。”基博謝曰：“雖不能至，不敢不勉！”

基博既以文章教學後生，而著述之刊布人間世者：曰《周易解題及其讀法》，曰《四書解題及其讀法》，曰《讀莊子天下篇疏記》，曰《韓愈志》，曰《韓愈文讀》，曰《明代文學》，曰《國學文選類纂》，曰《模範文選》，曰《版本通義》，以上九種商務印書館出版。曰《國學必讀》，曰《經學通志》，以上兩種中華書局出版。曰《後東塾讀書記》，曰《現代中國文學史長編》，以上兩種世界書局出版。曰《文史通義解題及其讀法》，曰《古文辭類篹解題及其讀法》，以上兩種中山書局出版。曰《老子解題及其讀法》，曰《騈文通義》。以上兩種大華書局出版。其它散篇，雜見《新民叢報》、《國粹學報》、《小説月報》、《東方雜誌》、《教育雜誌》、《新教育》、《清華學報》、《甲寅週刊》、《青鶴雜誌》。自署其著書之室曰後東塾，蓋讀陳澧《東塾讀書記》之作，而以明竊比之意。題楹聯云：“書非三代兩漢不讀，未爲大雅！文在桐城陽湖之外，别闢一塗。”則固有以自信矣！蓋商務印書館出版義興張振鏞所著《中國文學史分論》論次之如此。顧基博獨自謂所著文章，取詁於《許書》，緝采斆《蕭選》，植骨以揚、馬，駛篇似遷、愈，雄厚有餘，寧静不足，密於綜覈，短於疏證。文之佳惡，吾自得之；後世誰相知定吾文者耶！

生平無營求，淡嗜欲，而勤於所職；暇則讀書，雖寢食不輟，怠以枕，餐以飴，講評孜孜，以摩諸生，窮年累月，不肯自暇逸。而性畏與人接，寡交游，不赴集會，不與宴飲；有知名造訪者，亦不答謝；曰：“我無暇也。”文章祇以自娱，而匪以徇聲氣。學道蘄於自得，而不欲騰口説。不爲名士，不趕熱客，剛中狹腸，孤行己意，而不喜與人爲争議；人亦以此容之。飽更世患，又欲以寧静泯聖知之禍。

長沙章士釗善持政論，有天下大名。而基博則規以書曰：“昔人連稱名德。名者，公所自有，德則願以交勉！獨念民國肇造，談士蠭起。尚集權，則兆洪憲之帝政；言聯邦，又啓彊藩之割據。民亦勞止，汔欲小休；而文士之筆桿，乃與武人之槍枝，同惡相濟，禍國殃民。然後知諸葛公澹泊明志，寧静致遠之爲高識。老子曰：‘天下神器，不可爲也。’往者已矣，來者可追。倘少主張，即少紛紜。公熱心人，願獻此一服清涼散。”蓋素所蓄積者然也。與物無競，而律己則嚴。年二十六歲，入進德會。會之成立，其大旨以革命必先革心；人有不爲而後可以有爲，相約以“不爲”自律；最高者八不；降殺以次至三不者爲末級。而基博則卑之，不敢高論，祇以“不吸烟”、“不賭博”、“不狎妓”、“不納妾”四事自約敕。其署名之發起人，曰吴敬恒、蔡元培。其徽章爲白銀心，懸當胸；銀以徵其純潔，心以警其良知，蘄於精白乃心而已。當日以大力者登高之呼，而紛紛藉藉者，胥以入會爲榮；迄今廿四年，而澹與相忘於無何有之鄉。諸公衮衮，納妾者不可以僕數；其它細德出入，更無論矣！獨基博齷齪小儒，乃不敢犯戒耳。每謂：“君子之道，闇然而日章。小人之道，汩然而日亡。”而今之所謂名流者，亦既流宕忘返，鶩名而不課實；言滿天下，而有遺行；適見其爲小人之的然而已！吾畏之遠之而不欲接之！瞻顧朋儕，獨多君子。自以爲節性之和，不如太倉唐文治。制行之謹，不如同縣顧倬、高文海。治事之勤，不如上海王寶崙，嘉定廖世承。識度之淵，不如同縣徐彦寬。學問之密，不如慈谿裘毓麐。而文事則差有一得之長。人固不易知，自知亦未易也。弟基厚，少相狎，長相愛；同居數十年，砥行論學，往往面争至發赤，而未嘗言財産。顧基博性急不耐事，基厚常以知計寬之。基厚治事精整，服勞地方，内苦其心，而不求諒於人。而基博則肆志爲文章以有聞四方。行事不同，而兄弟相戒，勿取非分之財，勿好不虞之譽。世極其變，我踐吾常；世肆其亂，我養吾和；抱樸守醇，毋汩其性；不忮不求，何用不臧云！

《江蘇教育》疊函來以索基博自傳。自念行年四十九歲，庸言之信，庸行之謹，無所補於世；慚不敢應也！顧周佛海廳長則以屬稿於武進劉耿儕先生。先生以告，伏念聲聞過情，君子所恥。良友厚我，譽我匪實。遂撰次生平如右，不敢以飾也。時在中華人民造國二十四年四月十日，錢基博自述。

（原刊於《光華大學半月刊》第3卷第8期，1935年4月25日）

光華大學創辦人王省山先生傳

先生初名企曾，號省三，蓋取曾子“吾日三省吾身”之義以明志；又號木堂；後改今名曰豐鎬，則取文王遷豐，武王遷鎬之義，故又取《毛詩》“帝省其山”語，别號省山；世居上海縣之西鄉法華鎮。大父桂林公，大母唐太夫人；父景道公，母張太夫人，咸以先生貴，贈如其官。

先生生而穎異，不可以繩墨拘。五六歲時，爲兒嬉戲，馳竹馬以騁，一蹶幾殆，創其左目，血如注；覘者以爲盲矣！而得不廢，跳踉如故。又患急痧，昏不知人；醫者駭無救也，一見即謝去；而卒無恙。一日，戲於河濱墜水無人知，飄流十餘丈，又卒遇救；乃危而獲全者數矣！里党長老聞之者異焉；相謂：“王氏兒大厄不死，殆有後福乎?”

先生八歲始出就外傅；歷事同縣潘恂如先生、丹陽酈玉成先生、宋茂先先生，皆稱其慧。十三歲而肄業積善寺崇正北官塾；塾師，趙二川、張静甫、秦眉生、劉眉孫諸先生也。官塾者，上海道應寶時之所創設，分東西南北四所，日省月試，必委員以昭慎重；而先生每有試，無不冠其曹偶；遂受特奬，按月得津貼白米六斗，菜資三千文。既發筆爲文，題爲《〈論語〉疑思問》；先生振筆作起講曰：“嘗問之，蓄疑敗謀；夫蓄之云者，即不問之謂也。”塾師劉眉孫先生其仁誦之，批“清光大來”四字；且勗之曰：“好爲之！出筆即能辦此，異日必以發聞名世！”先生終身誦之，以爲生平受知師之第一人也！既而父景道公以爲：“儒者不辦家人生産，不如學醫可以方技自活。”遂以請於醫者方某而詔先生受業焉。劉眉孫先生持不可，曰：“儒者學醫，猶之茹菜作虀，終於酸腐已耳！賢子學成有日，不如開門授徒，教學相長；館穀所入，亦資事蓄。”父景道公乃易心改慮，廑得不廢學。而戚友亦有勸先生習賈以爲奉親之計者。先生壹不省，獨居深念：“丈夫昂藏七尺身當以匡濟天下，奚沾沾入口爲！而值環海大通之日，世變方亟，習一經，祇以安常處順；苟非習知四國之爲，不足以通經致之用！”乃發憤治歐羅巴文字，又苦無錢買書，則借人西書，以油印紙模寫；而無師傳授，則就鄰人子之誦習者請業焉；宏規遠謨，於是乎基之矣！

二十三歲，先生以院試第九名補上海縣學生員。給獎之日，督學使者夏子松先生同善詔之曰：“吾子文章警敏，書法秀麗，而骨相厚重，吾望子之爲國士也，勉之矣！”自是再應江南鄉試不第；益以其間肆力治歐羅巴文。既再不得志於省試，以光緒十三年走京師，考入同文館肄業。同文館者，總理各國事務衙門所管，妙選英秀，習歐羅巴文字，以蘄通曉政藝，而爲國家儲使才者也。方投考時，總理衙門大臣徐筱雲尚書用儀訖而不許曰：“同文館肄業，例必特保，若可投考以入，則紛紛藉藉而來；同文館員爲不足貴矣！”時曾襲侯惠敏公紀澤亦在總理衙門，獨抗言曰：“同文館之設，爲國家作育人才，而非爲仕宦開倖門。今王豐鎬以生員而通歐羅巴文，是豈蹈常習故者之所爲！語云：‘識時務者爲俊傑’，意其人也！此而不録取，尚何人才之可言乎！”尚書語塞，先生乃得與考。初入館，派第三班英文肄業，每月津貼銀六兩；三個月後，即升入第一班，每月津貼十二兩；而年終甄别，名列第一。嘉定廖仲山宫保壽恒方以鄉前輩管同文館事，大重之；論江左人才，必屈指首先生曰：“此江南後起之秀也！”時先生年三十矣！又以其間再應南北闈試，皆報罷。無錫薛庸庵太常福成方以熟悉洋務，奏充使臣，爲中外所倚重；而亦以是識拔先生，則以廖宫保之故也。

光緒十五年，薛太常以出使英、法、義、比四國大臣，奏調同文館學生；先生與焉，將行。戴青來太史兆春沮毋行，曰：“君翰苑中人，何乃出此左計!”先生麐曰:“行也!疆[1]鄰逼處,即翰苑中人何爲!”既而回國,世難方殷,太史閑住京師,不知所爲計,乃諭先生曰:“今而後知君之有遠見也!”先生既隨太常以行,歷法之英,奏升繙譯;尋入倫敦格懷大學肄業。而太常倚畀綦隆;隨節四年,周旋必偕;以先生兼通中西文字,傳譯奏記,無不如指。太常歡好異甚,奏准繙譯,兼隨員。使館隨員,參贊居首,次隨員,次繙譯,又次學生殿焉;而先生疊蒙晉擢,亦推誠相佐,密謀秘計,時有贊畫;昕夕在公,遂不得專志於學;格懷大學之不得畢業以此也。太常歸;龔仰蘧星使照瑗實以朝命來繼任,奏留先生。時日本將逞志於我以窺朝鮮,所有英法郵船之在東方者,一律雇賃以備運兵之用,而猶以媾和餌合肥李相國鴻章,朝夕委蛇以弛我備。樞府諸公莫之省也!事爲先生所聞,亟告龔星使以聞於朝;而我師不戒,遂爲日本所乘,蕩摇我邊疆,而有遼東之敗,臺灣之割,世所稱甲午之戰是也。既而先生乞假遊歷美洲,考察商務,遂以二十一年秋七月回國。

武進盛杏蓀宫保宣懷方以天津關道回上海,遂聘先生爲洋務委員,派委收回湖北之漢陽鐵廠、大冶鐵路鐵鑛、道士袱及馬鞍山煤鑛。既報命,又隨入京,與美國工程師傑弗子及比國公使商訂京漢鐵路合同,有成議,而漢陽鐵廠、大冶鐵鑛收回以後,盛宫保以無煤之可煉焦碳也;遂奉派赴長江一帶,探勘鑛區。先生乃率同英、美、德、日四國鑛師,歷勘安徽之繁昌、太平、南陵,安慶之集賢關,及江西之馬當、彭澤、湖口等處鑛苗,無佳者;久之,勘得宣城南鄉之犬形山、牛形山、簸箕山及涇縣之古樓坡等處烟煤鑛;遂設法開采,而以先生總其成焉。其中宣城之南山,出煤數百噸,頗合鐵廠煉焦之用;而萍鄉文藝閣學士廷式請開萍鄉煤鑛,欲以饒樂其邑里,即今安源煤鑛是也;於是宣城之鑛遂停辦;功廢垂成,雖宫保亦知其瘁矣!遂委先生率同日本鑛師大日方辦理湖北江夏之馬鞍山鐵鑛,則先生之所收回於英商者焉。

二十七年,蔡和甫學士鈞奉詔出使日本,奏調先生爲參贊,隨同呈遞國書;嗣改派横濱總領事官。而盛宫保再三電調,不得不應,遂回國,以二十八年秋八月應江南鄉試,榜發,中式第十八名舉人;座師則戴少懷尚書鴻慈及黄少卿先生均隆。先生於是鄉試六次矣,廑乃得捷!吕幼齡先生景端賀以聯

① “疆”當作“彊”。

曰："學士入登瀛洲之選，雄文從環地球而來。"傳誦者謂非先生不能當之也！方是時，端王挾義和團橫挑强鄰以要君發大難；八國聯軍，責言於我，遂佔我京畿，要盟是利；天子走野，蒙塵西安。而禮部試借河南省闈，公車雲集。先生覆試列二等。禮部試報罷，詔開經濟特科；戴尚書遂以先生名應。既而兩宫返鑾，力懲前敗，欲以更新百度；詔戴尚書與端午橋制軍方出使歐美，考察政治。先生實以參贊從，時光緒三十年也，一時偕行者，皆知名之士，分門考察，各有專司；而董其成於兩公，則以鐵路委先生。厥後端制軍刊有《九國考察誌》一書，誦者稱其翔實；其中鐵路一誌，則先生筆也。隨行之日，疊蒙德、法、俄、義、比、奥六國政府頒給寶星。舟車所至，歷歐陸而抵於美，遂以三十二年秋七月回國；奉詔以懋著勞績，賞二品頂戴，以道員用。而端制軍拜總督兩江之命，遂委先生辦理由南京城至下關電車，即今下關小鐵路，是也；終以民難慮始，群疑滿腹，遂謝不爲。

三十三年，詔先生入京師陛見，以道員分發浙江，張曾敭實爲巡撫，遂委總辦浙江全省警察總局。先生履事之日，勞怨不避，彊禦不回，其焯焯尤著者，禁烟館，闢街道以肅市政；設菜場，時出糞以重清潔；一年之後，輿誦翕然！而巡撫亦知先生之才可大用也，遂以宣統元年委攝總理省洋務局兼農工商鑛局總辦，電話局總辦，全省禁烟公所總辦，而總辦全省警察總局如故。所有浙江全省内政外交，交通實業，新猷百端，驟不可爬梳；先生則以一身筦其樞，任其劇；撫軍端拱，百寮仰成，可可否否，未嘗唯諾；然而上官不嫌其逼，同官無惡於專。凡嚴辦教民干預地方詞訟，不屈外力；創辦錢塘江行駛小輪，不撓衆議；皆大吏之所睹以爲盤根錯節，同官之相詫以爲形格勢禁，當爲而不敢爲，或欲爲而不卒爲者；而先生當官而行，發之以勇，持之以毅，因事設張，咸有成功。於是巡撫增固以歷年卓著勞績，明保密保，前後三次均交軍機處存記，遇有道員缺出，請旨簡放。宣統二年春三月，奉旨試署浙江交涉使司交涉使。凡日商之違約在杭州城内開設店鋪者，先生則檄領事飭一律遷出。日商之在江山縣城開設樟腦公司者，先生則檄領事飭一律撤閉。所有西湖之寶石山，拱宸橋之燕磯山，湖州之海島，台州之印山，皆外人利誘勢奪之自以爲賃購有據者。先生曰："土地購賃，祇國人；私契有據，公約無效。"論議侃侃，未嘗有所遜讓退却委避。各國領事則以先生之言直也，降心相從，如先生指。群論歸高！遂以三年秋八月，奉旨補浙江交涉使司交涉使。

國體更新；先生高尚其志，棲神家衖，弄孫教子，意不欲出矣！浙江屈文六巡撫映光、楊樹棠督軍善德、齊照巖省長耀珊咸以先生，久官浙省，熟諳外交，先後呈奉大總統批交政事堂國務院存記；遂以民國七年七月，奉大總統令簡任外交部特派浙江交涉員。在任五年，以十一年，奉大總統令給予二等大綬嘉禾章。於是先生亦垂垂老矣！然而薑桂之性，老而愈辣。辦惓菸特税時，飭令餘姚縣封閉英美烟公司，與英領事韓壘德抗議不已。英公使遂照會督軍孫傳芳，謂"浙江交涉員王某態度强硬，未能敦崇睦誼"，遂罷官歸。於是先生年六十八矣！時民國十四年也。

滬西之梵皇渡有聖約翰大學者，美國聖公會之所辦也。會聖約翰大學學生五百五十又三人，以不忍於父母之邦；不爲校長卜舫濟所容，望門投止以棲遲徐家匯之復旦中學，瞻顧四方，蹙蹙靡所騁。先生有子曰恩照、華照，亦隸籍於聖約翰大學者也，疾痛慘怛，則以歸命父母。於是先生奮而起曰："我隨節歐洲，横大西洋以抵美，足迹無不之，幾見有國人不能自教其子弟，而拱手受成於外國人如我國者！兒曹幸少安毋躁！我有先人之墓田，經之營之，足以闢黌舍；爲我留一穴歸骨以從先大夫於九京也！"於是勞之來之，匡之翼之，以締造光華大學。義問昭宣，多士景從，嚮風而慕義者以千計；亦先生敬教勸學有以倡之也！

既而國民軍以十六年再奠江南。先生則以宿望出而代行淞滬商埠督辦職權，接收閘北工巡捐局，整理上海全市財政。而民志攸定，即請撤銷淞滬督辦公署，遂初志也。十七年二月，又奉財政部令簡任湖北全省郵包税局局長。創制伊始，先生釐定規章，閎綱纖條，所蘄有利於國，不病於民。然先生之心力亦瘁矣！遂以十八年八月避暑廬山，驟病中風，偏身不遂，亟以告病。回里之後，扶持須人，乃蟄居一室，而清明在躬，志氣如神，猶時時温理故書，作琅琅誦，和順積中，怡然自得，如是者四年乃卒；實爲民國二十二年十一月二十二日，享年七十六歲。

綜計先生一生，約以持躬，厚以積物，與人肫肫，辭不足而意常有餘；駸歷中外，服勞在公者餘三十年，未嘗一息攸懈，雖無赫赫之功，而因時翕張，自上至下，皆倚爲重。子七人，曰臨照、明照、德照、榮照、光照、恩照、華照，咸繼有譽，用光遺緒，而恩照、華照，實左右先生以有造於光華大學者焉！

校史氏曰：方先生之肇造光華大學也，止或尼之者有人焉！問所以？則應曰："治校之負責任，凡國之人，不如卜舫濟也！教學之易程效，凡國之學，不如聖約翰也！新校即底於成，亦奚以爲！"嗚呼！姑不論所言信否？而誰則使國人之爲父兄者，信其國之校長，不如外國人之負責任；信其國之學校，不如外國辦之易程效；此則吾黨三十年尸教育者之罪也！先生則既逝矣！使今而後，吾輩校員之在光華任教職者，不肯負責治校如卜舫濟。吾儕同學之在光華爲學生者，不肯自力於學如在聖約翰。十目視，十手指，民具爾瞻，指摘隨之！寧啻無以謝先生於九京，抑亦羞顏以對卜舫濟矣！嗚呼！尚念之哉！

（原刊於《光華大學十周紀念册》，1935 年 6 月出版）

高眠宀先生傳

先生諱汝琳，字映川，眠宀其別號也。無錫高氏先世，自忠憲公以大儒直節講學東林，結有明一代儒林之局；而明陽公孝乎惟孝，友于兄弟，翔譽族黨，以濟厥美。是則忠憲公之伯兄也，實爲先生十一世祖考月洲公，諱光照，附貢生，樸學弗耀。妣顧太夫人，繼張太夫人，生二子。長藴甫公，諱汝璞，顧太夫人出，躬行君子，余所撰《高老愚先生傳》者也。先生生負異稟，爲張太夫人出。外祖端甫公，諱嶽駿，廩貢生，受詩古文義法於上元梅郎中之門，詩嗜山谷，文學震川，高潔深邈。梅郎中矜許諾，獨奇賞之。至性篤行，殄瘁於厥衷，不欲以文章自見，客死京師。梅郎中爲點定遺稿，得詩四十二首，文三首，叙而刊焉，曰《張端甫遺稿》者也。

張太夫人胚胎前光，而先生生長食息，不離於典訓，四歲教之以方名，十三歲卒業五經，二十二歲而以府試案首補諸生，才名藉甚，二十七歲中式光緒甲午鄉試副舉人。

所與礲切皆一時方聞之士，而終身誦説無間於死生者曰顧眉良先生棟臣、秦晉華先生瑞玠。以爲晉華溢才，意繁體疏，文多兼善，辭少瑕累；眉良慮詳而力緩，故不競於先鳴，而才欲窺深，辭務索廣，迭用短長，亦無懵焉。

至如餘者，則思鋭於爲文，而筆滯於發奥，縹緲浮音，奚當作者？蓋所爲博常常稱道云爾。

既而秦、顧發聞顯仕於京國，而先生則服勞鄉邦，幹局隱然，尤以兼綜諸務爲一邑依賴，前後三十年，創建學校，籌辦自治，暨於贊襄革命。凡所以開一邑之風氣而度閎規於久大者，先生皆與有力，而所嘗共事則有若楊范夫先生模、裘葆良先生廷梁、薛南溟先生翼運，皆邑之所謂鉅人長德也。楊先生閎雅以果，裘先生厚重而文，而薛先生則睥睨一邑，予智自雄，張弛競絿，異施温肅，緩急異齊，先生以一身委蛇其間，拾遺補闕，維匡劑和，無所不得於理。毗邑政久，亦時以召鬧取怒，怨詬用集，然而索瘢摘尤，久而莫跡，人諒無它事，亦以解，如是者數。

年六十五，實爲中華人民造國之二十二年一月十七日，時加午以疾卒於里第，方其寢疾，强學勿怠，日誦鄉老秦澹如《都轉虹橋老屋遺稿》。蓋生平宗敬所在，琅琅上口，必欲背誦無躓字，以勗於諸子，精敝氣嘶，而疾以革，生有涯而意無窮。嗚呼！可哀也。已娶吴夫人，有女曰珍，余娣也，實歸余季孫卿。繼丁夫人，生二子，曰昌煒、昌運，女曰琬，同縣秦瑞延其壻也。又繼周夫人，生四子，曰昌瑞、昌路、昌宇、昌夏，昌宇早慧而殤，先生蓋慟之甚，而昌運則畢業國立北京大學西洋文學系。先生嘗使受業於博，執弟子禮，博愧無以益之，而末命之日，猶諄諰曰："吾以汝委子泉先生。"昌運爲博言之如此，博感其意，勿固却也。

錢基博曰：余早歲以與先生論事有違言，而先生大度容之，稱其文章而不怪其悻直，及晉接之日久，乃愧向者測先生之淺。先生剛中俠腸，疏於世故，而故與人爲翕翕熱。在先生以爲無沾直，無斂怨，而人則疑其孰軟不能自樹立。先生介取予，未嘗以財自污，而書生短會，計往往無以自明，在先生以爲毫釐不侵欺，而人則疑其脂膏以自潤。先生强勉爲善，好行其德，而疏直罔避忌，在先生以爲不市德，而人則歸之以怨，疑之以欺，此亦先生之三反也。嗚呼！忠無不報，信不見疑。昔嘗以爲然，徒虚語耳！此鄒陽之所不能以自明，而先生之以吞聲於積毁者也。先生每爲余言立身處世之難，未嘗不聲情激越，感慨言之。余故發其意而爲之傳云。

（原刊於《錫山高氏宗譜》，高文海纂修，誦芬堂鉛印本，1935 年出版）

孫子别傳

孫子武者，字長卿。齊敬仲五世孫書，爲齊大夫，伐莒有功，景公賜姓孫氏，食采於樂安；生馮，爲齊卿。馮生武，以田鮑四族之亂，遂奔吴也。《姓氏辨證書》。善爲兵法，辟隱深居，世人莫知其能。

伍子胥、白喜以楚殺其父，亡命，事吴王闔閭，鋭欲報楚。吴王内計二子皆怨楚深，恐以兵往，破滅而已；登臺向南風而嘯，有頃而嘆；群臣莫有曉王意者！子胥深知王之不定，乃一旦與吴王論兵，七薦孫子。吴王曰："子胥託言進士，欲以自納。"而召孫子，問以兵法。每陳一篇，王不知口之稱善，大悦！《吴越春秋·闔閭内傳》。問曰："散地，士卒顧家，不可與戰，則必固守不出。若敵攻我小城，掠吾田野，禁吾樵采，塞吾要道，待吾空虚而急來攻，則如之何?"孫子曰："敵人深入吾都，多背城邑；士卒以軍爲家，專志輕鬭。吾兵在國，安土懷生，以陳則不堅，以鬭則不勝；當集人合衆，聚穀蓄帛，保城備險；遣輕兵絶其糧道；彼挑戰不得，轉輸不至，野無所掠，三軍困餒；因而誘之，可以有功。若與野戰，則必因勢，依險設伏；無險，則隱於天氣隱晦昏霧，出其不意，襲其懈怠，可以有功。"

王曰："吾至輕地，始入敵境，士卒思還，難進易退，未背險阻，三軍恐懼；大將欲進，士卒欲退，上下異心；敵守其城壘，整其車騎，或當吾前，或擊吾後，則如之何?”孫子曰：“軍至輕地，士卒未專，以入爲務，無以戰爲，故無近其名城，無由其通路；設疑佯惑，示若將去；乃選騎銜枚先入，入掠其牛馬六畜；三軍見得，進乃不懼；分吾良卒，密有所伏；敵人若來，擊之勿疑；若其不至，捨之而去。”

王曰：“争地，敵先至，據要保利，簡兵練卒，或出或守以備我奇，則如之何?”孫子曰：“争地之法，讓之者得，争之者失。敵得其處，慎勿攻之，引而佯走，建旗鳴鼓，趣其所愛；曳柴揚塵，惑其耳目；分吾良卒，密有所伏，敵必出救。人欲我與，人棄吾取，此争先之道。若我先至而敵用此術，則選吾鋭卒，固收其所；輕兵追之，分伏險阻；敵人還鬬，伏兵旁起；此全勝之道也。”

王曰：“交地，吾將絶敵令不得來，必全吾邊城，修其所備；深絶通道，固其阨塞。若不先圖，敵人已備，彼可得來而吾不可往，衆寡又均，則如之何?”孫子曰：“既我不可以往，彼可以來；吾分卒匿之，守而易怠；示其不能，敵人且至；設伏隱廬，出其不意，可以有功也。”

王曰：“衢地必先，吾道遠發後，雖馳車驟馬，至不能先，則如之何?”孫子曰：“諸侯參屬，其道四通；我與敵相當，而傍有國；所謂先者，必重幣輕使，約和傍國，交親結恩；兵雖後至，衆以屬矣；簡兵練卒，阻利而處，親吾軍事，實吾資糧，令吾車騎，出入瞻候，我有衆助，彼失其黨；諸國犄角，震鼓齊攻；敵人驚恐，莫知所當。”

王曰：“吾引兵深入重地，多所逾越，糧道絶塞，設欲歸還，勢不可過；欲食於敵，持兵不失，則如之何?”孫子曰：“凡居重地，士卒輕勇，轉輪不通，則掠以繼食，下得粟帛，皆貢於上，多者有賞；士無歸意；若欲還出，切爲戒備，深溝高壘，示敵且久；敵疑通途，私除要害之道，乃令輕車銜枚而行，塵埃風揚，以牛馬爲餌；敵人若出，鳴鼓隨之，陰伏吾士，與之中期，内外相應，其敗可知。”

王曰：“吾入圮地，山川險阻，難從之道，行久卒勞；敵在吾前而伏吾後，營居吾左而守吾右；良車驍騎，要吾隘道，則如之何?”孫子曰：“先進輕車，去軍十里，與敵相候，接期險阻，或分而左，或分而右；大將四觀，擇空而取，皆會中道，倦而乃止。”

王曰："吾入圍地，前有强敵，後有險難；敵絶糧道，利我走勢；敵鼓譟不進以觀我態，則如之何？"孫子曰："圍地之宜，必塞其闕，示無可往，則以軍爲家，萬人同心，三軍齊力；并炊數日，無見火烟，故爲毀亂寡弱之形；敵人見我，備之必輕；告勵士卒，令其奮怒；陳伏良卒，左右險阻，擊鼓而出；敵人若當疾擊，務突前鬪後，拓左右犄角。"《通典·兵刑典》。

王曰："若我圍敵，則如之何？"孫子曰："山峻谷險，難以踰越，謂之窮寇。擊之之法，伏卒隱廬，開其去道，示其生路，求生逃出，必無鬪心；因而擊之，雖衆必破。"

王曰："吾師出境，軍於敵人之地，敵人大至，圍我數重；欲突以出，四塞不通；欲勵士激衆，使之投命潰圍，則如之何？"武曰："深溝高壘，示爲守備，安静勿動，以隱吾能；告令三軍，示不得已；殺牛燔車，以饗吾士；燒盡糧食，填夷井竈；割髮捐冠，絶去生慮；將無餘謀，士有死志；於是砥甲礪刃，並氣一力，或攻兩旁，震鼓疾譟；敵人亦懼，莫知所當；鋭卒分行，疾攻其後；此是失道而求生。若敵人在死地，士卒氣勇，欲擊之法，順而勿抗；陰守其利，絶其糧道；恐有奇兵，隱而不睹，使吾弓弩，俱守其所。"本書《九地篇》何氏注。

王曰："敵勇不懼，驕而無慮，兵衆而强，圖之奈何？"孫子曰："詘而待之，以順其意；無令省覺，以益其懈怠；因敵遷移，潛伏候伺，前行不瞻，後往不顧，中而擊之，雖衆可取。攻驕之道，不可争鋒！"

王曰："敵人保據山險，擅利而處之，糧食又足；挑之則不出，乘間則侵掠，爲之奈何？"孫子曰："分兵守要，謹備勿懈，潛探其情，密候其怠，以利誘之，禁其樵牧，久無所得，自然變改，待離其固，奪其所愛，敵據險隘，我能破之也。"《通典·兵刑典》。

王乃曰："子之十三篇，吾盡觀之矣；可以小試勒兵乎？"對曰："可。"曰："可試以婦人乎？"曰："可。"於是許之，出宫中美人，得百八十人。《吴越春秋·闔閭内傳》作三百人。孫子分爲二隊，以王之寵姬二人各爲隊長，皆令持戟；令之曰："汝知而心與左右手背乎？"婦人曰："知之。"孫子曰："前則視心，左視左手，右視右手，後即視背。"婦人曰："諾。"約束既布，《史記·孫子列傳》。乃令曰："一鼓皆振，二鼓操進，三鼓爲戰形。"於是宫女皆掩口而笑，孫子乃親自操枹擊鼓，三令五申，其笑如故。孫子顧視諸女，連笑不止；

孫子大怒，兩目忽張，聲如駭虎，髮上衝冠，項旁絶纓，顧謂執法曰：“取鈇鑕!”孫子曰：“約束不明，申令不信，將之罪也。既以約束，三令五申，卒不却行，士之過也。軍法如何?”執法曰：“斬!”武乃令斬隊長二人，即吴王之寵姬也。吴王登臺觀望，正見斬二愛姬，馳使下令之曰：“寡人已知將軍用兵矣；寡人非此二姬，食不甘味，宜勿斬之!”孫子曰：“既已受命爲將，將法在軍，君雖有令，臣不受之。”孫子復撝鼓之，當左右進退，迴旋規矩，不敢瞬目；二隊寂然，無敢顧者。於是乃報吴王曰：“兵已整齊，願王觀之！惟所欲用，使赴水火，猶無難矣；而可以定天下。”吴王忽然不悦曰：“寡人知子善用兵，雖可以霸，然而無所施也。將軍罷兵就舍，寡人不願!”孫子曰：“王徒好其言而不用其實!”

子胥諫曰：“臣聞兵者凶事，不可空試；故爲兵者誅伐不行，兵道不明。今大王虔心思士，欲興干戈以誅暴楚，以霸諸侯而威天下，非孫武之將，而誰能涉淮踰泗，越千里而戰者乎?”於是吴王大悦，因鳴鼓會軍，集而攻楚；孫子爲將，拔舒，殺王①亡將二公子蓋餘、燭傭。吴王謀欲入郢。孫子曰：“民勞未可恃也!”

吴王有女滕玉，因謀伐楚，與夫人及女食蒸魚。王前嘗半而與女，女怒曰：“王食魚辱我，不忘久生!”乃自殺。吴王痛之，葬於國西閶門外，鑿池積土，文石爲槨，題湊爲中，金鼎、玉杯、銀樽、珠襦之寶，皆以送女；乃舞白鶴於吴市中，令萬民隨而觀之；還使男女與鶴俱入羨門，因發機以掩之。殺生以送死，國人非之!

湛盧之劍，惡吴王之無道也，乃去而出，水行如楚。楚昭王卧而寤，得吴王湛盧之劍。昭王不知其故，乃召風湖子而問曰：“寡人卧覺而得寶劍，不知其名。”風湖子曰：“此謂湛盧之劍。”昭王曰：“何以言之?”風湖子曰：“臣聞吴王得越所獻寶劍三枚：一曰魚腸，二曰磐郢，三曰湛盧。魚腸之劍，已用殺吴王僚也；磐郢以送其女死；今湛盧入楚也。”昭王曰：“湛盧所以去者何也?”風湖子曰：“臣聞越王元常，使歐冶子造劍五枚以示薛燭。燭對曰：‘魚腸劍逆理不順，不可服也；臣以殺君，子以殺父。’故闔閭以殺王僚。一名磐郢，亦曰豪曹，不法之物，無益於人，故以送死。一名湛盧，五金之英，太陽之精，寄氣託靈，出之有神，服之有威，可以折衝禦敵；然人君有逆理之謀，其劍即

① 王，《吴越春秋》(明古今逸史本)作“吴”。

出，故去無道。今吴王無道，殺君謀楚，故湛盧入楚。”昭王曰：“其值幾何？”風湖子曰：“臣聞此劍在越之時，客有酬其值者，有市之鄉三十，駿馬千匹，萬户之都二，是其一也。薛燭對曰：‘赤堇之山，已今無雲；若耶之溪，深而莫測；群臣上天，歐冶死矣；雖傾城量金，珠玉盈河，猶不能得此寶；而況有市之鄉，駿馬千匹，萬户之都，何足言也。’”昭王大悦，遂以爲寶。

吴王聞楚得湛盧之劍，因斯發怒，遂使孫武、伍胥、白喜伐楚。子胥陰令宣言於楚曰：“楚用子期爲將，吾即得而殺之。子常用兵，吾即去之。”楚聞之，因用子常，退子期。吴拔六與潛二邑。楚使子常、囊瓦伐吴；吴使伍胥、孫武擊之；圍於豫章，大破之。吴王謂子胥、孫武曰：“吾欲復擊楚，奈何而有功？”伍胥、孫武曰：“囊瓦者，貪而多過於諸侯，而唐蔡怨之；王必先得唐蔡。”吴王從之，悉興師，唐蔡爲承。《吴越春秋·闔閭内傳》。西破强楚，入郢，北威齊、晉，顯名諸侯；孫子與有力焉！《史記·孫子列傳》。吴王謂子胥、孫武曰：“始子言郢不可入，今果如何？”二將曰：“夫戰，借勝以成其威，非常勝之道也。”吴王曰：“何謂也？”二將曰：“楚之爲兵，天下强敵也；今臣與之争鋒，十亡一存；而王入郢者，天也！臣不敢必。”《吴越春秋·闔閭内傳》。然而孫武以三萬破楚二十萬者，楚無法故也。《新序》。

孫子八陣，有苹車之乘；《周禮·夏官》鄭玄注。爲吴王客，歿葬巫門外大冢。《越絶書外傳》記吴地傳。有三子，馳、明、敵；而明食采於富春，生臏。《姓氏辨證書》。嘗爲齊軍師，破魏惠王軍，擒太子申以傳武兵法。《史記·孫子列傳》。

武著兵法八十二篇，圖九卷；獨十三篇以進吴王而盛傳於世。其大指在以正治國，以奇用兵；遂爲千古談兵之祖焉！

外史氏曰：《左氏春秋傳》叙吴王闔閭伐楚事，無孫武；而太史公爲之列傳，亦著其事於《吴世家》；與《吴越春秋·闔閭内傳》所載多同；而《吴越春秋》辭特豐蔚，尤詼詭有奇趣，乃爲史公好奇者之所不取，何也？杜佑《通典》又載武與吴王問答語，不知何出，而何氏采以入注。《通志·兵略》作何延錫。亦有《通典》所未詳者，或以八十二篇之佚文也。並裁爲篇，以補十三篇之缺，而題之曰“别傳”者，所以别出於《太史公書》也。庶幾讀武之書者，有所考覽云！

（原刊於《孫子十三篇章句訓義》，精忠柏石室叢書，1939 年 5 月出版）

富陽章定瑜別傳

公諱定瑜，字肖樓，號梯山，章氏世居浙江之富陽大源長春鄉。大父泰虛，父焯，皆諸生，績學敦行，奕世著名，而太平軍之徇富陽也，焯不屈死焉。得旨恩恤雲騎尉世職，入祀兩浙忠義祠，而娶孟夫人，以節孝旌於朝。有三丈夫子，公其伯也。世系仕歷，以及行己之介，字民之惠，具見其宗人一山先生裿所爲墓誌，余特詳其立身垂教之爲志所不具者，著之於篇，而以應公子乃羹之請，式穀孫子，垂詔無極云。

公爲人，忍耆欲，耐艱苦，趨義若奔，見利則却，尤不喜爲容説，事必蹈道而後動。

年二十四歲，補諸生。既累不得志於鄉舉，北走京畿，將成行，從父某飭紀綱，具肩輿送焉。則辭曰："兒此去，幸自立，則輿而歸；不然者，不徒返也。"步行五十里，抵蕭山永興橋，乃附舟。既之保定，治刑法家言，幸得執贄從師，稱曰"進班"。班中室隘人稠，一榻而二人更疊卧，每午夜，則先卧者疊被讓人，公獨早卧，故常自夜分，起而讀律至平旦。如是者二年，始副人治文書，謂之"幫友"。又三年，而平山縣知縣雷鶴鳴，聘主刑幕，自是佐治有聲。

四十歲，乃舉光緒癸巳順天鄉試，式第五十九名舉人。朋從以治刑名者，往往不利制舉，而公領鄉薦，詫稱罕事，議所以爲賀者，公力辭不受。且遺書告妻子曰："毋報喜，毋受賀，有以賀錢入者，慎毋納，吾大懼蔑以報也。"

久之，用會典館謄録，議叙以知縣分發江西，并加同知升銜，歷攝瀘溪、新淦兩縣事。而攝瀘溪，政績尤焯焯在人口。顧人道公頌公，不若公自道親切有味之爲得其實。瀘溪者，巖邑也，屬建昌府，而與福建光澤接壤，有瘴癘，前後知縣事者，死三人矣！閩官引爲畏途，最後檄公，弔者在門，公太息曰："此日之磨折，生知非玉我於成，缺雖瘠，是亦爲政也。"時爲光緒二十九年癸卯正月。既之官，刮磨仕習與民爲亡町畦，自以起家刑幕，官文書一切自治。與外舅劉太公書曰：

瑜由陸路起程，二月朔接印，眷屬行李，先從水道，中途登陸，二十餘日始抵瀘溪。大雨連天，無尺寸之膚不污也。行途所經，崇山峻嶺，暗無天日，羊腸鳥道，跬步崎嶇，上接霄漢，下不見底，鳥叫猿啼，無大村落，倚山傍崖，零星茅屋，土産甚少，自種自吃，其田由山腰開墾，一畝十餘邱，或二三十邱，或如碗，而與閩接壤。瘴氣極重，起早無不中毒，水性尤寒而毒，飲之非頭大即脚腫。總之，非人所居，宜其仕宦裹足也。

城内不足三百家，亦無店，日用遇外來肩挑，買之儲用，否則須至百里外乃可得。買米赴四鄉預定，不然斷炊。朔望宰猪，遇暑停宰，不速之客外，亦袛得青菜便飯，惟吃長素人最宜。雖欲爲食肉之鄙，而不可得也。

大轎夫絶無僅有，官出，則僱二土人，用竹轎肩抬，與吾處兜子轎相近。瑜亦借此省錢，索性屏却，不設仗，不鳴鑼，緩步當車，東跑西走，以疏血脈，以通輿情。或二三里，或三四里，興到就走，足倦即回，再遠則不能矣，過此則大嶺矣。雖曰年方强壯，筋力自覺不如從前，多走未免太累。口角細故，隨路便問，免得來縣呈控。偶與野老席地而坐，話桑麻，課晴雨，勸樹藝農田水利。俗近福建，音亦如之，口講指畫，如瘋若癲，道旁觀者，不知是官是民，瑜亦彷彿有如木石居，與鹿豕游氣象。惟民貧而懶，愚而逞，今日有錢今日用，不顧其後。推心置腹，漸漸開導，尚不甚刁狡。讀書人少，瑜以現今改章，科舉不久即停，宜遵功令，留心經史時務，非置若罔聞，則曰無錢買書籍。歷任遇此瘠缺，存五日京兆之見，不肯盡心勸諭，委而棄之，以致習慣自然，行同化外，非民之果不可教也。

人户不滿萬，地丁祇七千，收數七成，而二千金産止一家，爲闔邑弁冕，餘可類推。此等地方官，不用衙門排場，如住家然，署内祇請錢穀吏①一人，餘俱自辦。長隨五人，以供奔走，門簽錢二稿不用，訟事隨到隨辦隨結。不拘時候，一到便問，每月三六九告期，當堂收呈，不准遣抱代遞，第二日即懸批，免得告狀人久候。嚴束家人胥差訛索，問出當堂受懲，官民尚能相安，以公事勤快，無留難也。不時訪拿賭博，此等人，打亦不中用，即罰錢充學堂經費，籌款爲難，借此作公益，一舉兩得，其錢當交紳士，不經胥吏之手。拏著何人，即問何人，案外不予株連，近來賭風亦少息矣。

不管缺分肥瘠，但求問心無愧，得失莫非前定，富亦未可强求。瑜本寒士，自甘淡泊，吾行吾素，自問尚不失本來面目。所恨者無德無才，民心難得，少不讀書，愚蒙等誚。始悟以人民社稷爲學者，宜爲尼山所深斥，胸無卷軸，觀理不得洞達，作事亦多粗率，漢重經術，良有以也。無源之水，立見其涸，徒自愧耳，能無懼乎？

昔余讀澤州陳文貞公午亭之編，中有兵部尚書，總督江南江西，清端于公傳。特載其與友人荆雪濤書。書言令羅城事，以著于公澹泊堅剛之操，蓄之有素，謂一生得力在令羅城。蓋與王文成之龍場，同一動心忍性也。誦公此書，動心忍性，清白自勵，何減于公之於羅城耶？顧于公三年政成，臺使者敕粤中令以羅城爲法，名滿天下，卒受仁皇特達之知，清操偉烈，澤被於民久。而公沈理下僚，又生叔季，直道不行，懷抱鬱鬱，展布何從，雖其爲清白吏同，而所遭遇固有幸不幸哉！再攝，弗改其故，嘗語人曰：“寒之一字，雖非有生俱來，實亦自小習成，無士不寒，亦不寒非士。人喜膏粱，我羡寒薪淦素，人求城市，我愛山林，差幸作宦四年，尚不失我本來面目，以渾樸未昧天真也。”生平服膺河間獻王“實事求是”一語，凡事皆從根本着想，抱道自得，遺外榮利，求田問舍，固非屑爲，而書籍亦不多置，曰：“子

① 吏，原作“友”，今據文意改。

孫有志讀書，彼能自置，否則，徒飽蠹魚耳!”將爲公子擇婦，詔媒氏曰:“但求清白，不求門第，儒家可，農家亦可。當今之時，最好是農家，最不好是宦家。敗落人家不如新發人家，宦途中人，樂與宦途聯姻，而余獨不以爲然。宦場人情最薄，其姑娘亦往往徒顧外面，自養身分，裝飾身段，講究穿吃，不過紈袴子弟，取來做樣子，擺體面，問他作家道理，何曾知曉。非特不知稼穡之艱難，且有薄爾家爲田舍翁者，外觀榮耀，於我何益。”凡公話言文字，單辭斷紙，皆可以感人心，敦薄俗。

及公之歿也，公子乃羹，輯爲遺稿三卷，而觀公筆札所宣，稱心以出，切實用，戒浮談，驟視若平易，按之則猶布帛菽粟之不可廢。每曰:“世人好名，往往臨文雕琢，性情轉隱;而達官貴人，且傭門客作好文字，以覬倖身後寂寞之名。國計民生，漫不措意，欺人自欺，果何爲哉?”余故讀公之書，次第其語，輒亦不敢以飾，用公之志也。綜公一生，律己以廉，接物也誠;其爲政也，綜核名實，而濟之以恕。晚歲連蹇，匪人能堪，常默默閉户讀書寫楷以自解。其言曰:“讀書可以明理，習字可以静心，理明而心静，縱遇繁劇，事至亦可迎刃而解。”斯可藉見公任重致遠，一息靡懈之志事矣!以宣統三年辛亥三月二十一日卒，年五十八歲，配劉恭人，實爲諸暨劉太公女，有淑行，足以輔公之德。而生丈夫子一人，即乃羹也，工古文，足以宏公之緒焉。

錢基博曰:余讀《太史公書·循吏列傳》，謂奉職循理，可以爲治。及班孟堅著《漢書》，依仿爲之，所傳循吏，如河南守吴公、蜀守文翁之屬，皆謹身率先，居以廉平，不尚赫赫之名。然而與民休息，政緩禁止，嘗慨慕其爲人。世俗吏意察以用能，而公獨用廉静稱治，無智名勇功，斯所以爲循吏也。寧海章一山先生授，於公爲宗盟，亦既詳次行事，撰墓誌，辭筆和静，有廉隅，稱公生平。而公子乃羹，又索余爲之傳。余思歐陽公作《尹師魯誌》，以師魯之文章蓋代也;而不言近日古文自師魯始，以爲范公祭文已言之，不必重出。蓋歐陽公自信已與范公之文可並傳於後世也。獨念一山先生以宿學高望，治古文辭有聲，其爲公誌之必傳於後無疑也。余文章未能傳世，而粗睹古人義法，用特詳誌所略，匪曰庶幾歐公，蕲於不複而已，幸毋哂其不遜焉。

（原刊於《浙江省通志館館刊》第2卷第1期，1946年3月）

楊親彦先生傳

編者按：錢子泉先生，以當代國學大師，講學四方。凡有所言，靡不以廉頑立①懦爲志，利國救民爲心。仁者之言，其利甚溥。是則先生之片紙隻字，得者恒視爲拱璧，有由來矣！兹得先生近著《楊親彦先生傳》，其人儉以約己，滂以彍仁，亦足風世。其哲嗣執端，主持《力行日報》，凛於大義，劬苦立業，亦有足多者。故特爲刊載如次。

君諱道德，字親彦，其先君新化縣之上横溪者，已閲十代，及君始徙家於縣城之南隅。楊氏世食舊德，累葉貧約，至於君而益困，末由就傅，遂曠學文，而昭質美懿，淵厚塞實，孝友恭儉，出乎天性。其宅諸心而見諸行事者，雖士君子靡有尚焉。子夏云："雖曰未學，吾必謂之學矣！"觀於君而殆信。初習殖貨，遂遠服賈，孚信不貳，箸於逖邇，利以義集，家道漸豐。而君菲衣啬食，無改於舊，有以華衣盛饌進者，每垂涕曰："吾先人所未嘗享用也，吾安忍御之。"即屏去。蓋不僅守儉之恒，尤以見孝思之彌篤矣。至於鄰

① 立，原作"之"，今改正。

里有急，賙贍惟恐不及，哀彼惸獨，惠鮮鰥寡，鄉黨蒙其休，親戚頌其仁，德澤流貤，於今不沫。夫守儉約者或流于貪吝，刻薄而寡恩，能施與者，或習於豪奢，浪費而無節。君則儉以約己，滂以彍仁，權衡豐約，裁適其當矣。平居訓誨諸子，悉有義方，追創業之維艱，懍守成之不易，言之諄諄，至於歔咽。自恥失學，簡質無文，遣諸子皆入學校肄業。諸子亦能遵其誡命，敦行勵學，咸用有成。長子執中，勇於任事，曾任錫礦山商團長，蚤卒。次子執端，質有其文，被推爲《力行日報》社長。而次子執信，季子執義，從事新聞與行政，悉能恪終厥職，騰譽邑里。州部之秀，固不僅家寶而已。

君以民國三十三年甲申閏月二十五日壽終，享年七十九。而啓足手之時，猶命諸子弟克勤克儉，淑慎厥身，靖獻邦國，無墜家聲。即以其年五月初一日卜葬於上横溪新山之陽，高朗令終，得所歸矣。德配傅氏，亦善相夫子，輔翼成德。

錢基博曰：余撰君傳而追憶執端之交，實自民國三十三年五月，日本之勢方熾。自湘北進犯長沙，蹂躪湘鄉，寇鈔永豐，前鋒去藍田不足百里，而邵陽既陷，藍田已在敵後。一隅懸寄，人無固志，各機關學校紛紛播徙避寇。蜂駭獸竄，謠諑繁興，敗兵如潮，人情惴慄。亦有荐紳碩彦，國人之望，平日侈言抗戰必勝者，至是亦沮志奪魄，結舌噤口。博方旅居藍田，任國立師範學院教授，而考於兵法，揆諸地理，推乎人事，知藍田之必無慮，鎮擾之必以定。顧人心失依，士氣餒索，徒以隳軍實而張寇仇，乃剖事折理，爲人解諭，嘵口瘏音，欲以撫定一方，而口衆我寡，終鮮聽信。

時執端方主《力行日報》於藍田，而在危不撓，披露戰訊以闢謠惑，且著論力陳寇勢之已竭，以振垂喪之軍聲，固已潰之民志。獨不以博爲迂固，而啓蒙振聵，必資同氣，時相過從，索博論兵之文揭於報端，日刊三千紙，展轉流傳，方廣垂千里，百餘萬人賴《力行日報》爲耳目喉舌。湘鄉、寧鄉以延長沙一帶，其已淪陷或逼處火綫者，爲我政府政令之所不及，而四方風動，一紙傳誦，無不資《力行日報》以激我敵愾。七十三軍遂延博赴前綫演講，我武維揚，而寇乃不得逞其志，則執端之息也。喪亂方殷，物力殫絀，《力行日報》社無當道鉅人爲之地，困於資用，瀕於停頓瓦解者數矣。執端謂長沙一日未復，我報不可以一日綴刊，爰竭力維持，外則奔走呼號，内則拮据經度，心神罷憊，猶復編排新聞，撰次論文，晷刻不足，至廢寢饋，劬苦兼人，曾無怨懟。博衰朽疲癃，對之增愧，徒以激于大義而上説下教，效其筆舌。

今年博歸故里，執端寓書來，示以君之行述，乞爲撰傳以入家乘，因知執端之剛健貞亮，靖獻邦國者，無不本於庭訓。而明恥教戰，以挫方張之寇，豈徒一方之休，國家與有利賴焉。然則君之流澤遠矣，謹次爲傳，而並著執端之志行，匪徒以章潛德，抑亦以立志士儒云。中華民國三十五年仲夏，無錫錢基博謹撰。

（原刊於《江蘇民報》，1946 年 6 月 25 日）

安陸程逸濱先生家傳

安陸程君逸濱，既卒之三歲，粤維民國三十七年之春，其子侃聲、女敬聲，謹將遺命，以君藏書部凡三千餘册，悉贈武昌華中大學。蓋君出仕十餘載，禄俸所入，糊口之餘，悉以購書。積時既久，卷帙浩繁。遭時艱虞，暴客亂兵與敵國悍卒一再抄掠，衣物資用多爲捆載負荷以去，未嘗吝惜，獨牢持其書，如護頭目，惟恐放棄。既以清白吏子孫，貽穀厥後，而不欲私其書於子孫，天下爲公，遺命舉以貤贈大學圖書館。子孫有能讀其書者，何難肄業上庠，因請華中大學歲設助學金額一名，以資助程氏子姓之在學者。若程氏無人，則推之安陸籍學生。噫！可謂達人超然遠覽矣。

夫多聚貨賄遺兒孫，以資之費從欲敗度，世譏之爲兒孫作馬牛者；豈直作馬牛而已哉！彼且流毒兒孫，謂之爲兒孫作蛇蠍亦無不可。至於積書卷以遺兒孫，世人許善爲兒孫計者，亦非也。藏書之家，子孫不必皆能讀書。君子之澤，亦罕五世。而子孫永保守以不轉鬻者，亦有幾哉！是與積貨賄者何殊？故書與其私之子孫而不能讀，以終保其有。曷若寄於圖書館，加惠天下之欲讀吾書者，而吾子孫，推而及予吾邑子弟，亦能與讀焉。博自弱冠至於衰老，舌耕筆耨四十餘年矣，購書已逾七萬册，他日亦欲贈予一圖書館，不使爲子孫累。而程君先得我心，吾道不孤矣。博時方列華中大學之講筵，君長息侃聲蹬門而告曰："先君樂行憂違，遯世無悶，而在險彌亮，確不可拔，蓋其碩學閎通，貞風亮節，匪僅一姓一鄉所矜式而已。願先生爲之傳，以章潛德。"博既披其行狀，讀所爲詩文與論子女之書，肅然曰："嗚呼！此所謂盛德君子矣。博生與同時，而不獲從與交遊，博所憾也。"遂次學行以爲之傳，而冠於所著書曰：

君諱家穎，字逸濱。程氏世箸清德，居湖北省安陸縣之西鄉。考健齋先生，積學砥修，化行鄉里。取於張，生女子子四人；繼取於李，始生君焉。君聰明徇齊，箸於童蒙；四歲問字，即辨四聲。健齋先生課讀彌嚴，李夫人亦能不以姑息，偶不中程，即施撲責，箠楚之厲，乳媪亦爲流涕。君之大成蓋造端乎是。方在弱冠，遊學日本，習政治經濟之學，畢業早稻田大學。以清光緒三十四年歸國，應學部試，中選，授法政科舉人。翌年，廷試，列一等，以主事簽分農工商部，不就，回鄂任法政學堂教席。

及民國肇建，百度維新，邦之典憲，尤待裁制。君應妻兄劉蕃之約，入京就司法部主事，旋升編纂，奉派赴日本考察司法制度。歸國，成《日本登記制度調查報告書》，宏通之識，大爲部長許世英所賞。會世英去職，編纂裁缺，君亦不復樂仕進，因遽引歸。次長江朝宗慰留，不得。及民國三年，許世英巡按福建，召君尸土地清丈事。君應命，甫抵福州，即奉派赴臺灣調查土地制度。而行旅辛勞，感染瀉痢，憊不能興。世英存視，詔以緩行，曰："俟病之癒。"君奮然曰："奉命而行，何可告病？"即下榻沐浴，比夜登舟。舟到基隆，痢亦竟已。君恒舉此事以誡子女曰："人固不可鹵莽以敗事，亦不可退縮以沮志，行乎不得不行，事到其間，仍當挺身赴之，志以帥氣，病魔退舍，有味哉言乎！鹵莽之敗事，人知之矣，而不知沮怯之，尤爲害也。夫病之不能興，半由於疑懼之生於心，心有疑懼雖無疾亦病，不見夫以弓影爲蛇而病者乎；心無疑懼雖有疾，瘵過半矣！"

二十年來，博無一日無一時不疾痛，無一夜安寢，無一食甘味。憂博者皆謂博宜靜臥以自護，博亦自知甚矣吾憊，然而無一日不强起。教書之餘，無一日廢書籍楮墨。蓋與其臥以待死，孰若起而用我未衰之神明乎！博恒舉此言以告人，不期君先我言之也。

君自臺灣考察蕆事，歸閩，成《臺灣土地制度考察報告書》，又擬《條陳閩省土地清丈辦法》，並前成《日本登記制度調查報告書》，合刊成書，爲我國論地籍整理最先文典之一。有録其書以《實經界局國際調查報告書》者，或勸君以盜所著爲訟，君一笑置之："夫古之立言者而豈徒哉！蓋有所懷抱，不得見諸行事，然後述作，冀有人讀吾書而能行吾言者，則吾言非徒設也已，豈謂以辭説華吾身哉？後世以著述之多寡定品位之崇卑，固爲淺丈夫之見。至於剿襲陳言以爲己出，斯求名之心過於急切，不惜爲穿窬之行矣。苟齗齗[①]然與之争，即亦非古人著作之意。"人以爲君不訟爲能容人，蓋未爲知君者也。旋奉命創閩省土地調查籌備處，又調充巡按使署總務科長，以地氣卑濕，不習水土引歸，自知吾道不行，乃改治聲韻訓故之學。

民國五年，許世英長交通部，强君一出，授僉事，長航業科。在部五年，襄贊謨猷，時有建樹，當局嘉其丕績，凡三錫獎章。而案牘之晦，不廢問學，益肆力於清初諸大家之書。復應許世英之召赴皖，任省署秘書。仕優則學，精進尤勤。翌年夏入交通部航政司。

民國十四年春，考健齋先生寢疾，君歸存問。健齋先生旋告病已，而妣李夫人忽患氣痛不起，交通部方草創航律，促君返部，不令終喪，即就道入京，任航律編纂處副主任。民國十六年，張作霖入京，内閣改組，君復引退歸里，以健齋先生老病，遂不欲復出。健齋先生豁達好客，賓朋恒盈座，一日無客，即落寞寡歡。君曲意承迎，田多藝大麥以爲釀，旨酒嘉餚，罔有匱缺，過飲者莫不盡興。所居有泉，色紺而澄，先生遂以自號焉。翌年八月，健齋先生辭世。君宦遊十餘年，衣食之外，堆購書千百册，餘悉供健齋先生款客飲饌，至是無以舉殯。歲暮，迫於飢寒，又出就武漢市土地清丈委員會委員。明年病風濕謁歸，乃絶意從政，將託著述以終老矣。

民國十八、十九年，歲比不登，盜賊蠭起。一日有衆數十人，挾君家傭人去，索三千元責贖，不則火屋。君力不能任，乃使人攜四十元畀賊，並投書告以："頻年遭大故，方在困乏，無以應責，今具四十元，非云贖人，亦不敢求全居室，但願縱火止於我家，毋殃鄰里。"徐慕初其魁也，亦豪士，得書大笑曰："君長者乃爾，我何心相苦？"釋家人，並却所饋四十元，復竟無他。中孚之吉，格於豚魚，精誠所至，能開金石，非此之謂乎？然而非積善行德，

---

① 齗齗，原作"斷斷"，形近而誤，今改。

仁深澤厚者不及此也。而君善則歸親，以爲先世寬仁好施，故子孫食報，益用樂善不倦。

民國二十六年，中日戰起，我師不利。翌年，寇犯武漢，君知安陸必且不保，悉遣弟及子女外出，無俾入賊手，獨與妻及女弟家居，以守先人冢兆。俄而安陸淪陷，寇屯雷公店，去君家裁五里。時，寇每得地，必先成立僞政府，撫定一方，而非得一方之望亦鮮有濟。餌之以利禄，劫之以兵刃，往往爲所挾持，以認賊作父，降志辱身，而以嘗留學日本者較多，寇亦樂得其人以爲指使。聞君方里居，百計蒐訪。君義深祖國，自戰之起，即屏去日本器物不用，以糖多出自臺灣，臺灣猶屬日本，即戒食糖。至是，誓不與寇相見，韜閟甚密，朝夕奔走，自藏其迹。寇禮羅不得，而來逮捕，賴鄉人事前走告，逃匿得免。寇不得君而燬其室。三十年以後，爭戰益劇，鄉里惡少年揭竿而起，假抗日之名，自稱遊擊軍，部署守長，朘削良民，我中央政府所命之官，或爲劫持，以號令吾民，徵糧索財，掊克無厭，而權衡升斗，大於常制，取民無度，民既困於寇，又苦爲遊擊軍所擾，生計益蹙。歲餓不能舉炊，而彼方誅求無已。於是人心畔涣，蚩蚩之氓竟有投訴寇以求全者。君曉以大義，解譬百端，云："凡此弊政，皆貪墨者所爲，非我中央政府之意旨也。今以不忍污吏之骫法侵漁，而投身於寇，謂他人父，無乃不可乎？吾有一喻：野貓盜食十雞，徒呼負負耳；家貓竊食一雛雞，必勃然操仗逐之，人情固然也。污吏猶食雛雞之家貓，惡可召野貓以護吾雞乎？"聞者破涕。凡有徵發，君即首先奉令，以爲民率，嗇衣縮食，猶不能供官税，至於倉困罄竭，廚中炊薯芋麥菽，和野菜爲糜，君怡然甘之。夫不仁者不可以久處樂，長處約，處樂則縱欲敗度，處約則掉心失圖，至於久處樂而驟處約，雖賢者亦未免於咨嗟[①]怨懟。如君之善處困逆，可以爲難矣。君又恐季弟子女閔其困厄，而心不得安也，家書往還，但與弟與子女論進德修業、治學爲人之方，不言在厄之窮約，養生之嗇薄也。

君有溺血夙疾，見國難之益深，彌用憂憤，其疾加劇，益以飲食菲惡，又日日奔走，伏匿林莽之間，不遑將息，疾愈不可爲，親戚以鄉僻無良醫，勸入城就醫，君謝拒之。蓋縣城方在寇手，君義不蹈非所，而以首丘爲仁也。

① 嗟，原作"磋"，形近而誤，今改。

至民國三十四年之春，以腎癰不治棄世，距生於光緒十一年，享年六十有一。弟及長子季女於安陸未淪陷時入川桂，而次女惠聲亦於淪陷之後一年奉君命入川，惟妻及一姊在側。越五月，而日本窮蹙，納命乞降，君竟不及見九州之同。嗚呼傷矣！越明年，其子女歸里，遵遺命葬於棲碧鄉大安山側九峰寺後。配劉夫人，刑部主事劉苐臣先生之女也，恭儉慈惠，德足以相。子四：長曰侃聲，北平大學畢業，習農，而遊心文藝，尤精研性命之學；餘早殤。女二：曰敬聲，適天門易修樂；曰惠聲，適餘干鄒選魁。女孫一：曰克棣。

君治學勤慎，識見高遠，通於今古，不囿於一偏。嘗詒書惠聲曰："古今社會組織不盡相同，古政教不能一一施之於今日，苟師其意，不泥其迹，則大都可通。如古時忠君之教，在今日即可適用於國，君主與國家同爲維持社會秩序而設，意本不殊也。若謂民國不應言忠，則誤矣。又如夫婦之道，《禮記》謂'壹與之齊，終生不改'，在今之迷信歐化者視之，必鄙爲野蠻，笑爲迂腐。試問男女結婚之時，心中若不存此意念，則婚姻之禮豈非兒戲，不如廢之；今此禮即不可廢，即不可謂此語不適用於今日。程子謂孤孀貧苦無託者亦不可再嫁，遏欲太過，不無流弊，今之慕不嫁之名而爲傷風敗俗之事者，未嘗非程子此言有以啓之也。鰥夫再娶，寡婦再嫁，如遵婚姻之禮，即不得以不道德目之。凝妻斷臂，令女割鼻，此瑰異特絶之行，不可期之於人人，然謂其人其事爲不足法，不足貴，則又不可。蓋此種精神，爲人類之正氣，文天祥、史可法之依仁蹈義，捨命不渝，即由此擴充而光大之也。若夫古人言夫婦之有禮，曰舉案齊眉，案之一物，吾國久廢不存；若謂無案，則夫婦不當有禮，或徒泥其迹，必規復古制，一如孟光之所爲，方爲有禮則過矣。讀古人書能明斯旨，則高下在心，自無食古不化、削足適履之弊；即讀今人之書，亦應如此。國人見歐美文物明備，國家富强，於是不問是非，不加研究，舉凡本國所有者鄙棄之，外國所有者模仿之，生吞活剥，不合國情，故外國之良法一至中國，即成弊政。"其論議大抵如是。

至於國政之措施，心性之修養，學術之源流，異同得失，明白切實，皆有卓識，惜夫載諸家書，而流傳不能廣也。苟能刊其家書，以爲治學施政之指南，有益於天下後世者匪淺。而君中年以後，始治小學，研精覃思，顯微闡幽，方宦於安徽之時，作《廣韻通檢》，以究古今音轉變之原，已編至"震韻"，功逾半矣。忽聞北京大學所謂國學大師者某，有董理《廣韻》之計，君以其人負盛名，度其書必有可觀，遂輟己作以俟之。然其人之書至今未刊，而君之《通檢》亦不復續成矣。及遭父憂，家居，讀章炳麟《新方言》，摘其說之未當者書諸簡端，成《新方言簡端記》一卷，反復玩索，易稿數回；又作《切韻說》，凡三改編，猶曰未慊，後十餘年始成定稿。而《安陸方言考》最爲大著，蓋自民國十三年屬稿，越五年初稿始成，方事潤色删訂，未竟其業，而遭日寇之亂。君懼其藏書爲賊所得，深藏閟固之，檢繹不便，故未能大事改作，然猶掇拾殘簡，成補遺數十册，卷帙豐富，移寫未定而卒。侃聲奉遺稿丐華中大學傅兹嘉、邵子風二教授整理校訂。所著《安陸音譜》亦未蕆，學者惜之。又著《性兼善惡説》，以救孟荀之偏激，教人節私欲而合群，期於融合一己之私與人群之公爲一。嘗以餘力爲什，亦峻拔肖其人。民國十六年自北京歸，以家乘年久失修，恐有曠缺，乃旁蒐博采，補苴舊作，越明年七月而新譜初稿始成。其後凡三改易，蓋下筆不苟如是。

日者安陸復媾兵燹，君家人雖未罹難，而舍宇器物靡有餘遺。乃君子女不以爲戚，且相慶曰："幸而先君子之書悉已移藏華中大學。"嗚呼！可謂名父之子，哲人有後也已。時在民國三十七年孟夏，無錫錢基博撰於武昌客寓。

（選自《鶴西文集》，雲南美術出版社，2002年12月）

西林二哥家傳

吾同祖兄弟十五人，獨西林二哥最高齒，與吾父年相接，出入扶持，前後四十年間從容諷議，吾父每以長者稱焉。

二哥，吾世父葵蓀公之仲子也。伯兄翰芬既有高世之志，以諸生躬耕自娛戲，不樂城居。實惟二哥攝政家督以克啓佑我世父。既，世父以舉人大挑二等，授吾蘇蘇州府長洲縣學教諭，大庠也。涖官播政，一倚辦二哥。敬教勸學，綱紀有條，士以大服。而世父之久道化成，二哥蓋與有力焉。嘗以其間游文六藝，闡揚家學，尤意撢究疇人家言，自弱冠之歲，讀書屬文，試於郡縣有聲矣。顧屢振輒蹶，年三十，廑乃補金匱縣舉生員，然未克稱二哥志舉也。世母施恭人既早卒，而二哥稚弱孑立以繼母於祝恭人，抑退謹畏，惟恐傷其意。祝恭人愛憐之甚，既舉柟庭三哥，撫之均一，顧以爲不如二哥能，忘非己出，悉舉家事，精麤劇易，計簿出入耗登，一委二哥，不何問。而二哥纖屑必記，損益必告，粒米銖金靡以自私。祝恭人稱之曰難。家庭譚讌，輒以詔於三哥曰："汝弗如二哥也。"三哥無忤容焉，自承曰："唯。吾弗如也。"三哥非二哥同産，而愛敬加隆，出入必偕，自孩提以至白首，怡怡無間。見之者不知其異母也。寧啻祝恭人之善教，抑二哥有以柔之矣。

顧二哥孝敬厚重，未嘗慮世有奸欺事。驟中人紿而事賈焉，迺以喪其貲而虞不給於饔飧。既以通經學古，善講説有聞於縣。而縣之搢紳子弟，從而執經考疑者接於門，月有餼，歲有饋，迺稍稍資給焉。如是者二十餘年，而嫂氏胡夫人相莊安貧，諸子漸壯，承歡養志，二哥俯仰有以自得，境雖困而道則亨焉。既而日人肆其封豕長蛇以圖逞志於我，我武未揚，東南半壁以傾，而無錫亦以沈淪，降志辱身亦有英賢。二哥則清白在躬，澹泊明志，教誡諸子，思貽父母不令名，必不果，毋受軀役，以仕非族。諸子率履勿越，以迄窮寇納命。而二哥獨以碩果不食之身，睹湖山重光之日，扶杖傴僂，諸子出入扶持，與里中二三耆舊，日夕過從，品茗古崇安寺之聽松園，話盡滄桑，不堪回首。二哥於是年八十矣！道隆而隆，稱觴鞠跽者屨滿户外，實爲民國三十七年戊子正月。余壽以詩曰："奉觴莫不千秋祝，難老須看百鍊堅。覆雨翻雲誰見定，磨磷涅緇獨依然。先生莫道人人好，大節何曾事事鐫。寵辱無驚經已慣，聽松日日趁茶烟。"誦者以爲實録也。

二哥，錢氏，名濉章，西林其字。其爲人頳顏廣顙，皤腹碩軀，而長不過中人，步履遲重，體態得吾父之似。余每接對，如覩吾父也。特吾父能斷大事，瞻視殊常，若不可以一端窺；而二哥謙謹，微不足於爽朗耳！然仁厚不爲刻急，則固吾父之具體而微者已。

基博曰：昔嘉定唐時升叔達壽其從弟子實六十，歷叙唐氏之世儒以有聞，而稱："嘉定之富厚貴顯者多矣！我唐氏如松柏生磵石陂陀間，雖無華茂穠麗之觀，而獨能逾久而後凋。"意者先世孝慈恭敬之德，有以培之也。余未嘗不有味乎其言。伏念吾錢氏自宋之衰，由汴而浙，由浙而吴，居無錫者逾五百年，雖無秀傑材武名世之英挺生其間，而儒生長者往往勿替引焉。此亦庶幾唐氏之於嘉定，逾久而後凋者也。獨吾先世孝弟恭敬之德，不可得而見，而得見如二哥者，斯可矣！謹爲傳次生平以附於譜，而垂家範，示子孫云。

（原刊於《堠山錢氏丹桂堂家譜》，1948年刊行）

枏庭三哥家傳

枏庭三哥，吾世父葵蓀公之季子也。孤芳自賞，不修邊幅，長余十五歲，而與余爲孺子戲。余十五歲應縣試，試題分已冠、未冠，未冠之題特易，以便學童之粗解文字如余者耳。而三哥已三十一歲，丈夫頎碩，與余同作未冠題，不以爲嫌。榜出，名次第五，翹然前列。而三哥徑歸家卧，不覆試也。及院試，則録鄭板橋《道情·〈漁〉〈樵〉〈耕〉〈讀〉》四詞於卷而出。蓋生平之所嗜，意趣之所寄也。卷以違式被帖，見者譁笑，而三哥處之泰然。母祝恭人，與西林二哥異出。而家人生産，寄簿出入，一惟二哥之以。二哥渾厚而胸有涇渭，三哥警敏而心無適莫；二哥持躬端恪，而三哥任性自然；二哥皓首一經，而三哥多能藝事。兩人者性行不類，而兄弟怡怡，出入相追隨，患難相煦嫗，頭白無間，未嘗有違言誶語也。

三哥不問家人生産，遑論門以外事。用志不紛，游心於藝。少喜臨池，湛深南學以致力於帖，學歐陽率更，臨摹《九成宫醴泉銘》、《皇甫君碑》，不減數十過。既而得定武本《蘭亭集序》，手摹心追，以歐陽率更爲體，而化之以王右軍，唐骨晉面，所以體嚴而韻遠。又一變而參董香光，如《養生論》、《樂毅論》，日夕瞻玩，過化存神，筆未到而意已至。不論大小行楷，筆必用純羊毫，植骨堅凝，而濡染何害毫柔，精能之至，不如近今書家之用紫兼毫，以及羊毫秃用，張脈僨興之墜惡道也。不懈益修，進而益上，由南帖而究北碑，由學書而通刻篆，精研古人所作，神明其意，運刀如筆而出以渾厚，彙印所刻曰《天香石硯室印存》，骨力開張而意思安閑，不爲浙刻之纖巧，亦不同皖派之醜怪，貌爲蕭散而中涵挺勁。觀其刻印，觀其學書，可以知其爲人矣！學書作印，功力所到，而會於古者深；眼到心到，遂精鑑别，收藏以富。得宋陸放翁老學庵著書之硯，而配以董香光晚年作帖。由嫩入蒼，天然韻流，日夕摩挲以寄其意，而名其室曰天香石硯室云。

意趣洋溢，餘事及奕，然而好學深思，不僅以爲博奕猶賢而已。於古有會，發人所未發，不囿於施襄夏、范西屏，而輯刊《天香石硯室奕選》行世，凡二册。同縣王藴章爲序其書曰："錢子南亭輯《天香石硯室奕選》，既成，郵書問序於余。余受而讀之曰：博哉！錢子之用心也。夫奕譜之作衆矣，曰《奕理指歸》，黄河之水，探源星海，布局之扼要屬之；曰《血淚譜》，鈎心鬥角，花六持七，全局之制勝屬之；曰《官子譜》，手專殺活，目無全牛，收局之能事屬之。今錢子斯集，多甄録於施紹闇，字襄夏、范世勳，字西屏、徐字星友、黄霞，字龍士各名譜，與夫零紈斷素，如仙機武庫之不經見者，擷華存粹，蔚爲大觀。博哉！錢子之用心也。復何藉余之一言以爲重。雖然，余嘗竊論夫奕之盛衰矣。奕莫盛於有清一代，而其衰也亦於有清一代爲最。極盛於施、范，中衰於陳毓性，字子仙、周勳，字東侯，非施、范能盛之，陳、周能衰之也。施、范生丁國家全盛之秋，民豐物阜，心無外騖，一枰黑白，若將終身。其以奕名世也，固宜。降至陳、周，世變稍稍亟矣，士或懷才不得一逞，則奔走爲衣食計，手談坐隱，餘事蓄之，有能與陳、周敦槃玉帛、狎主齊盟者，已視爲登峰造極而不可復進，若更責以施、范之絶詣，則駭且走耳。其在陳、周壯盛有爲之日，宜若可一蹴幾矣。達摩西去，無佛稱尊。並世之士，顧已揭國手二字相推許。於是爲陳、周者，亦遂沾沾自喜曰：'苟能是，是亦足矣！'此奕學之所以每況愈下。輓近以還，且并陳、周視爲《廣陵散》也。抑余又聞日本人之治奕矣，争雄於壇坫，受成於天府，給廩以養之，設官以寵之，高髻廣袖之效，遂有遺棄一世之務而爲之者。論奕於今日，吾道東矣。一二翹秀岸異之士，乃囂囂然嗤吾國'無人焉，無人焉'。甚且謂起陳、周而與之角，亦在餘子碌碌之數。嗚呼！奕學之不振，豈第世運隆污之所由分，抑亦國民强弱之於以判也。今得錢子是書以起衰扶微，鎔萬冶於一爐，續奕學於垂絕，希蹤施、范，方駕東瀛，皆將於是乎在。花韻晴初，瓶笙月午，隱囊麈尾而外，清簟疏簾之側，橘中其果有天地乎？余亦搴裳從錢子遊矣。”文載《小説月報》第五卷。然則一技之精，一國之隆係焉。寧得以小道可觀，無所用心輕之哉！蘊章，字蓴農，自號西神山人。工書善詩詞，文兼駢散，一時俊逸，則固能以文章潤澤江南者。而慨當以慷，詞氣盤桓，足以發三哥胸中之奇矣！三哥，名基烈，柟庭其字也，亦署南亭亭長。以民國三十一年壬午七月二十二日卒，距生於前清同治十一年壬申九月初七日，春秋七十有一。子二，鍾亮、鍾瑚。

基博曰：三哥蕭然物外以不問世事，而鍾亮、鍾瑚則勤世務以不懈益奮。鍾亮服勞地方，鍾瑚獻身教育。雖成敗相反，所操不同，而困心衡慮以必遂所欲，不以勢阻，不爲境困，邁往無前，不得不休。兩人者，固不愧難弟而難兄也。然而心勞日拙，庶幾夙夜以視乃翁之游心於漠，天君泰然，則固聖凡之有間矣！獨鍾瑚以畫自怡，善收藏而精鑑别，蓋得三哥之一體云。

（原刊於《堠山錢氏丹桂堂家譜》，1948年刊行）

述　状 SHUZHUAN

會稽陶杏南先生行狀

宣統二年七月九日，江西省提法使陶公薨於位。博佐公不一年，故于公生平言行百不一二見，謹撰次所聞而最其凡曰：

凡公世系，會稽望族也。自唐而宋而明清，代有聞人。曾大父雨生先生，歷官廣東羅定州州判，高要、鶴山等縣知縣；大父春甫先生，廣西賀縣知縣；父久芳先生，福建補用通判，皆以文學起家，積德累光，至公而益大，有聲於朝，贈其三代如例。凡公所爲書，曰《中日戰紀》二卷，曰《戊戌政變紀要》一卷，曰《庚子劫餘録》三卷，曰《平龕文存》四卷，曰《劫餘委遊草》一卷，曰《平龕公牘》五卷，曰《平龕日記》自甲午迄今十三卷，都二十四册三百四十一萬言。凡公歷官以勞績叙道員，光緒三十年，由道員借補商部會計司郎中。明年，授奉天驛巡道。三十年，授奉天交涉使。宣統二年，署外務部左丞。越一月，授江西按察使，旋改提法使。際茲創制顯庸，垂諸百代，正宜大啓宏圖規定，不刊之典，上答主知，下慰群望，而公乃賫志歿矣！歿之年，宣統庚戌；而其生也，咸豐戊午。

方英吉利糾合俄、法、美三國，以舟師駛入大沽，要立商約之歲也。嗣是而後，外人益知我中國易與，狡焉思逞，海疆日以多事。至中日一戰，而國威大拙，海軍殲焉。於是國人競起，思奮與列强角逐，當國者暗于圖議，不先事預防以遏亂源，繇是有庚子之變。王師敗北，兩宫西狩，國幾不支。公于是時佐當事諸臣，逞説壇坫，先事啓發，折其機牙，使不得逞，而其拄危扶傾，功在宗社，安已墜於磐石者，則尤莫如庚子一役。

是役也，群不逞之徒嘯聚輦轂大都之中，剽巨室而奪之金，執政者又多昧昧，依若輩爲干城。京朝士大夫稍有異同，輒指爲妖人，肆其屠戮。故號稱明哲者流，莫不挈眷南下，以避其鋒。會公以知縣濡都，親知交勸東歸，不憚危言，以聳其聽。公曰："不然！此國家大變，朝廷養士數百年，一遇變故，輒託明哲之誼先去，以爲民望，君國其何賴焉？僕雖不才，亦受朝廷禄養，故當相時觀變，稍期補救一二，以不負斗米之食。"而即以愧人臣事君不忠，平日要結主知，希圖寵利，有事則望望焉去之，詡然自矜知幾者。峻辭拒却，不少動。顧公數佐使外國，於其國人不能無交往。此際椎埋少年，群附和一二狂人，以啓敵釁。公知中國積弱，勢不敵，必至潰敗，不可收拾，益傾心交歡其賢豪長者。方是時，公以下位而親仁善鄰，斡旋邦交，預爲他日議和時辨論之助。有怒公者，則譖於主者曰："此異人，懷二心者也。"執之去，欲尸諸市。有貴要白公無他，乃得釋，勿殺，置之獄。越一月而事大變，妖徒鳥獸散；兩宫蒙塵西狩，百官扈從，都人士奔走號哭無所依。聯軍入京，焚掠無虚日，獄空無人守，公乃得出。既出，則不敢返私室，直叩日軍門，語其帥曰："中國奸民不靖，各國仗義代勦殺，敝國臣民，莫不以手加額相感激。今不軌者群散走無蹤迹，仍復縱兵肆屠戮，淫虐無辜，義師當不若是，且恐非列國用兵初意。大邦於敝國又有唇齒之誼，尤宜顧念邦交，先斂兵勿殺，以爲諸國倡。"辭氣甚慷慨。日帥故知公，至是益感其言，乃與列强約罷兵，畫地守，以俟和議，復示民使歸故居，各安勿擾民，乃大定。

未幾，李文忠公單騎馳入京，倚公如左右手。公故其僚屬，亦未嘗有所畏避，乃言於文忠曰："曩者英、法、日諸國與我議約，其議皆發諸彼，今連難相持莫先發一言者，我當爲先發制人之計。"文忠曰："善！"乃提議若干款，與之磋商者年餘，俾寢謀釋怨，謂國有人。勁敵却退，還我京畿。雖文忠威望有以致之，亦公贊襄之力居多，丰采隱然動天下。

其時，先皇甫奉聖母返都，鑾輿未安，外人不能釋故嫌，謂"政府錮康梁黨友，無革新機遇"，事必有以誚我。公乘機進説當國者，曰："康梁首發大難，雖尸諸朝，不足蔽其辜。然其黨昌言變法，實釐然當人意。今以二人故，而爲之友者，亦莫不錮之，終身勿復用。士氣摧沮，將不能振。盍肆赦黨人以振士氣？且使各國知我有翻然圖變之意，不復如往者深閉固拒，有所疑忌也。”當國者言於上，下詔如公言，天下翕然頌聖明，曰：“《傳》言‘殷憂啓聖’，我國家自今，其變動光明，振拔而日新矣乎！”列雄亦以此覘中國政治之進退，則公建白之大者於國運盛衰有關焉者也。

公宏獎人才，惟恐不及，當世知名之士，未嘗不延攬。留學外國以換取新知識者，資之都二十餘人。聞其人有異才，輒以書幣徵聘，如恐失之。天下士歸公者，人人自以爲公厚我。公之歿也，幕下士有哭失聲者，而公之賓賢可知矣！

公少失恃，母魯太夫人之歿，公不幸纔四歲耳，離母懷不期年也。而哭泣悲哀，來弔者見其顔色聲容，莫不曰：“悲哉！陶氏子之孺慕，則其天性然也。”及其貴也，有魯氏子來謁，年及冠，詢之，則魯太夫人之從祖曾孫也。曰：“奚求？”曰：“窮無自得餐。”曰：“客何能？”曰：“客無能也。”則館而教之讀，日程其課，無少怠。有非魯子者，則泫然曰：“吾不及事母，外祖家又式微，決當琢磨之使成器，以慰九原。”蓋其錫類之孝又如此。公諱大均，字杏南，卒年五十二，有丈夫子二人：長尚銘，留學東邦，聲聞初耀；次尚釗，始就讀，亦魁梧奇偉，稱其家兒焉。

（原刊於《紹興縣誌資料》第1輯，1937年出版）

先母孫宜人述

吾母孫宜人既歿十有三日，日昃，諺所云皋復之夕也。其子若婦，奉箕持帚，汎掃宜人之宫，帷幔陳設，莫改其故，而茶鐺藥爐一一宛若，而母不知其何在也，入室而勿見也。天乎，痛哉！母何往矣，晝寢未興矣，啓帷闃如也，在複室歟？皇皇焉求諸勿得也。於是哀子基成博厚擗踊而號曰："天乎！吾母何往矣？不孝不夭不死，致永訣慈顔。喪矣，亡矣，不可復見，已矣。而今而後，余兄弟爲無母之人矣！天乎，何酷也！"相嚮而哭失聲。哭姑者爵踊，以首抵柱，慘戚不可以狀。而不孝三男博婦王搏顙稽首泣曰："自余之逮事姑也，蓋爲女而未嘗爲婦。未飢而錫之食，未寒而命之衣。有不足，手製與之。有蹙額而知其不適焉。曰'若病歟？'蓋視無形，聽無聲，不在余而反在姑也。自余之娩乳，而姑力疾偕姒娣理湯藥焉。誡余安卧，慎無動，毋貽阿母戚。寢疾不能起視余，而又不欲余扶病起問姑疾也。豫使人止余曰：'天寒，若無宜出，違吾教。吾故無恙。'余聞娣言姑病凶，而又重違姑意，旁皇起視。姑執余手，喁喁詢食飲多少，坐稍久，呼之退曰：'若産，久坐病腰，盍歸寢矣？'如是者再。蓋彌留時尚云爾也。天乎！"言猶在耳而句，語絶痛。吁欷久之，至不能卒其説也。

於是不孝季男厚號泣語曰：“嫂乎！去年冬，母病嗽甚憊，私心固竊憂之。春正月朔，母爲厚道夢，而知朕兆之不佳也。母微語厚曰：‘吾病，夢脱齒，不祥。’厚强顔慰解母，退竊痛之曰：‘嗟乎！吾母殆不穀也。《爾雅·釋詁》：齒，壽也。又《魯頌》：黄髮兒齒。鄭箋：兒齒，亦壽徵。蓋齒落更生也。爾者，齒落不復生，妖夢是踐。母其不句……不忍言，不忍言！’厚屢欲語哥而勿果也。自前月二十日，三哥舉一子也。與厚書言：母强自振起而後喜可知也。又未嘗不私自幸喜，謂抱孫可以志喜，含飴可以解愠。而今而後，母病其良已矣乎？蓋嘗筮之易矣。冀其得《无妄》之九五而得《否》之卦，其辭曰：‘否之匪人，不利。’又曰：‘大往小來。’擲蓍而悲，不知涕淚之何從也。”

於是博擗踊而號曰：“痛乎！吾母歿，先兒生方二十三日耳。余兄弟久不育，母之抱孫甚切，疾革，家人環侍，呼博婦抱先郎予視，撫兒額，絮泣曰：‘天乎！吾冀婦生兒，吾一弄孫焉。乃今竟不及兒彌月也。是命也夫！’斯則人倫缺陷，博不能不抱恨於終天。”

於是不孝長男成淚承睫，泣且道曰：“唯唯，弟之言然。抑余所隱痛者，又不在此。吾父爲人沈厚有大略，望之寬仁長者也。然遇不平事，慷慨激昂，雖强禦無所避。數爲人排患解紛，急人之急。家人生事不誰何，門内之政一委阿母。劬躬承將，一身百役，以敬事夫子，三黨姻戚、吉凶饋問之禮未嘗廢。雖勞瘁甚，而教子無一刻忘也。自余暨仲弟早歲識之無，父卒卒不得暇。母故讀書，略通曉大義，課之讀，旦暮不輟業，背誦無躓字，然後已焉。余得不墜黌序，承祖若父志者，蓋母之教爲多。”涕且視博與厚曰：“迨余年弱冠，而見母教若者猶之予也。嗚呼痛哉！余雖壯授室，而母視余不異嬰兒。晨昏搔摩，詔以寒暄，餌以瓜果，饘酏芼羹，手自調糁，遣侍婢視其食否以告。《詩》有之：‘恩斯勤斯，育子之閔斯。’蓋母之謂也。若二子者，雖母尤鍾愛，然余生三十有八年，而母恩勤余者，迨老而彌篤，不以愛憐少子故稍衰也。子不云乎：‘子生三年，然後免於父母之懷。’毛奇齡言：‘夫子蓋爲母言之也。’余之生也，蓋三十有八年，而後免於母之懷。宣統二年，歲次庚戌，其免之之歲。十一月十三日癸丑時交午，其免之之月之日之時也。”語不及既，而博顧厚號，乃言曰：“痛乎！余與若孿生不二十四年，而遽喪母也。

吾母保視哥者，尚三十有八年。天乎！母何子若與余之遲，而天又何奪母之早也。天胡不弔，降此鞠凶，哥不幸，未有若與余不幸之甚者也。痛乎！吾母之歿也。”季男厚婦高以逮事其姑遲爲憾，哭盡哀。

而長男成婦毛之言曰：“季娣之歸也，凡十三月而姑歿，逮事姑勿早，叔先於季，要皆不若余知姑稔也。蓋姑習勞執勤，晚寢早作，饎爨必躬，在視必恪，賦事獻功，有程有要，皆二娣所逮見也。入其室，椸枷必整，枕簟必斂，箴管鞶袠，有倫有序，亦二娣所逮見也。不耀珠翠，不施膏澤，衣不重帛；歲時賓祭，一御新衣，即藏弆之而易敝者。陳衣之夕，故嫁時衣，尚有存者。芥醢之醬，桃梅之諸，躬親擇治，缾瓿浄潔，餘閣之奠，皆手澤也。則又二娣所與知焉者也。不持齋，不佞佛，不信陰陽祈禱之事，嘗詔余曰：‘吾逮事而舅父門庭寂整，未嘗有此也。戒之哉！’蓋其式祖訓，而不爲瞽巫惑又如此。悲哉！今而後，余不復聞姑斯語也。”

於是成垂涕語博與厚曰：“吾母幼幼之慈，齊家之肅，貽謀之勿墜先志，皆余輩飫聞而厭見者也。是烏可以無述也？余執筆不忍著紙，擲不復書者數矣。若二子其志之。”而厚哭仆地，勿能應也。誰非人子？博兄若弟不堪卒述者，庸獨忍乎！

私念張憑有誄母之文，伊川有狀母之作，於古有之，今亦宜然。半辭莫措，則懿德勿彰。揆諸人子顯親之誼，爲戾滋大，而又不忍以不述也。謹述家君之辭曰：“汝母孫氏，諱某，字某。外曾祖諱沛，外祖誥贈榮禄大夫、江蘇溧水縣教諭諱元楷。家故高資富室，諸舅取科第爲時聞人。年二十，來嬪於余。余家素貧寒，汝母屏除服飾，持躬謙謙，未嘗有富貴之容，雍睦娣姒、叔妹、妯娌。列屋如雞棲，庭户交錯，機杼之聲相聞，地逼勢嫌，處之怡怡然闇闇然未嘗有違言誶語也，其間蓋多曲艱隱厄不可以言傳者。然性實高亢，不肯爲人弱顔，年遲暮，論事多與余左。余又躁急善怒，往往至失歡。嗚呼！早知及此，恨其不讓汝母也。此又余之所至悲也。汝小子其識諸?”博泣應曰：“唯。雖然，猶有述。往者吾母病寖劇，世母祝恭人年六十五矣，來省視，退，抆淚顧語諸子曰：‘自余與汝母爲而家婦者三十九年，而未嘗一日至面赤也。往來過從，語未嘗不相歡，而母亡，余老無與語者矣！哀莫大焉！’”泣，諸子亦泣。痛乎吾母！於以益知姒娣雍睦之説信也。

母生於咸豐二年四月二十二日，卒年五十有九。凡生子女六人，男基成、基治、基博、基厚，女素琴、月琴。期而不育者二人，男基默，女素英。產未彌月者又三人。今存者僅男三人耳！即基成、基博暨基厚也。母得疾，即自度不起，然於諸子婦絕愛憐之，不忍傷其意。將逝，尚紿以病苦稍間，兒曹毋過慮，反臥未安而歿。嗚呼痛哉！不孝三男基博泣血稽顙謹述。

（原刊於《婦女雜誌》第2卷第8期，1916年8月5日）

大哥述略

吾同產兄弟六人，基博、基厚兄弟最小弱，而大哥最長。惟大哥實教誨之，以漸底于有成。五歲教之識方字，十一歲而誦習九經，凡《論語》、《孟子》、《毛詩》、《尚書》、《周禮》、《禮記》、《易經》、《爾雅》、《左傳》，都五十二册，四十九萬言，皆大哥所口授也。又憶基博、基厚七八歲時，大哥課之讀，有客過從，譽基博、基厚聰慧者，大哥聞輒喜溢於面，應曰："吾季弟最敏，日誦百十行，二千五六百言，而叔較魯，亦能日八九十行，千七八百言，匪尋常人家兒童可比。"客益諛頌不容口，大哥則亦故爲撝謙示遜謝，如是以爲常。迨基博、基厚長而負過情之譽，或者以爲好學能有文，而不知我大哥之所以陶淑之者匪一日也。

既而基博有男曰鍾書，基厚有男曰鍾韓，垂髫，將俾就外傅，大哥不可，曰："今之有事於學校者，徒皮附歐美作高論，以矜夸馳口説，匪能以牖啓後生小子爲心者也。二子資匪駑下，盍畀我?"基博、基厚頃固有事於學校者也，則亦謬附於時賢之論，用相詰難。大哥輒置不辨，笑曰："二弟之在昔日，獨非我教耶？今日二弟之成材，我不敢尸其功。然二弟卒亦不以吾之教而害其材也。且吾以爲教者之成功，不在多術，在盡心。"今鍾書年十一歲，鍾韓十歲，則亦以大哥之教，而卒讀《論語》、《孟子》、《毛詩》、《禮記》、《左傳》諸書；暇則涉獵子史，好臧否古今人物，握管作二三百字論文矣。大哥與基博、基厚燕居語此，未嘗不色喜曰："吾昔教二弟以睹有成，孰意今又教二弟之子以漸冀其有成也。"基博、基厚意亦欣然。於戲！自今以往，吾家讀書種子之幸延綿不絕，以相嬗于無盡，何莫非吾大哥之教以致此也。夫烏知吾大哥不及睹二子之終底于成，而奄忽以歿乎？嗚呼傷哉！

大哥錢氏，名基成，字子蘭，無錫人。生資魯而愨篤逾於尋常。吾母孫太宜人晚年時果珍餌，於戚好有所問饋，必以委大哥購，謂吾父曰："阿蘭購特廉而品又良，不如博、餘二兒之不知物力也。"餘，基厚乳名也。大哥或有事，而基博承將其間，吾母輒不中意，曰："汝購品不如大哥甚，而費且過之。何哉！"吾母或亦揶揄曰："官真書房阿獃也。"然基博微詗，視大哥之所購，特誑言貶價以承母歡耳！吾母給資或不足於購，輒以私貲增益，而未嘗使吾母知焉。吾母以此歡愛特甚。其他瑣譚猥事，如此類者甚夥，不可以一一說也。

方吾父之修《堠山錢氏宗譜》也，自遜清光緒甲辰以迄丁未，凡四年，而吾錢族大，子姓多以鉅萬計，散而之四方者，采訪爲難，實惟吾大哥稟承父志，犯霜露，觸寒暑，周咨博訪，無濫無遺，以克告于成功。於戲！斯則吾宗子弟支庶之所由歸望于我大哥者也。自茲以還，吾錢氏有事，不以告吾父者，必以告大哥，而承嗣不決以告，兄弟有違言以告，受外姓侮以告，尊之曰"小長輩"，蓋以別於吾父云。

生平頗亦有志學問，於其少也，嘗治重力汽機之學，匪能深造自有得，而開當日風氣之先，卒以條對汽學見賞於攸縣學使龍湛霖。年二十三，補金匱縣學附生，又嘗爲基博、基厚點定《綱鑑易知録》再過，《聖武記》一過。嫥志治史，而卒卒不能竟。旁通醫藥之學，又兼治風水家言。去年三月，吾家自師古河上徙居留芳聲巷今寓也。計畫造自基博，吾父實主其議，而大哥意甚怫然，曰："此屋形勢惡，首後銳而腹廣，狀如巴蛇，儻入居，必主傷人。"基博不之信也。今歲三月以來，基厚累病不起床，大哥意頗旁皇，曰："此屋必傷居者。"而基博詆其過計。夫孰知吾大哥之言卒驗，而今殞身於茲屋乎。嗚呼！早知及此，恨不從大哥之言也。此基博之所爲抱疚無極者也。大哥之疾也以瘧，自起病至疾革，計不逾七日。而瘧匪甚不治之症也。誰爲爲之，孰實使之？而閔凶迫蹙以致於此乎？嗚呼！七十之老父在堂，而基博、基厚又不曉家人生産誰何。大哥而死，大哥之目，其不瞑於地下矣！

大哥娶于毛，生一女，適同邑秦鏡宇，亡子，例以鍾書繼，亦從大哥所愛也。謹詮述大哥生平行實，以告哀於宗親長者，而不敢以虚辭溢美重誣吾兄也。夫以吾父之仁厚長者，而喪明于暮年。吾大哥之孝友，而忽焉以没世。凡在宗親，當所同哀，而況於基博、基厚之情同手足，誼均師弟，與于陶成之數者乎？嗚呼！傷哉！大哥以民國九年夏曆庚申九月二十一日卒，實生於遜清同治十二年癸酉閏六月二十一日，得年四十八歲。

（原刊於《南通報》，1920年12月6日）

先大父述略

吾大父之殁四月十有四日①，而小子基博生。又二十年，而江陰吴達人編修增甲傳大父以載家乘。編修，先仲世父之弟子也。顧仲父誦其文而非焉，曰："此非所以傳吾父也。昔蔡伯喈撰《郭有道碑》，傳其德量，而不著其事功，衹虚摹風采而已。編修之傳吾父以之。蓋吾父生平以德量勝，不以事功顯，固已。然吾父蹈道踐仁，數十年來自有本末，子曰：'我欲載諸空言，不如見諸行事之深切著明也。'奚以虚辭飾説爲耶?"爰最大父生平以詔於小子基博曰："小子志之！吾父之師，則有江陰陳穀嘉孝廉良顯，武進李申耆大令兆洛。吾父之友，則有無錫張南湖孝廉蘭階，余蓮村善人治，沈晴庚秀才鎣，江陰鄭守庭解元經，吴縣馮敬亭宫允桂芬，皆國之良。而李兆洛之文章，馮桂芬之經濟，以及余治、鄭經之滂仁獷義，敦行不怠，尤有足以模楷人倫，爲世坊表者焉。昔孟子引子濯孺子之言曰：'尹公，端人也，其取友必端矣。'論者於吾父亦云。吾父少小僑居江陰，嘗與余蓮村善人創辦江陰全縣義塾，規制期以久大。同治七年，巡撫丁日昌見章程而善之，飭通省以爲式。老而

① 四月十有四日《堠山錢氏丹桂堂家譜》本作"一年"。

徙歸無錫之東亭，又出其餘緒以辦崇仁、嚮義兩義塾，由是大府褒獎有加；而東亭之人，守遺規以勿墮替者三十年。此又見諸奏牘，載在官府，彰彰可考者也。吾父仁厚長者，不可以非義干，顧不爲孑孑之行。郡之人，有以争産訟于守者，知吾父爲守禮重，則以八百金餽，請爲一言。吾父私念不受，則必他投，匪若人産盡，訟且不已，笑應之曰諾。既，則爲之區處以底于無訟，而還其金曰：‘事安可以賄成?’其人感激涕零，至逢人稱説。郡中知之者多，而吾父則終身絶口勿道也。小子志之！吾與若父老矣，汝藉祖父之蔭以粗能文章，異日必狀之，以乞傳于當世鉅人長者。然事必徵實，毋矯飾以誣吾父。小子其志之!”基博謹應曰唯。時遜清光緒三十三年秋八月也。

大父諱維楨，字榕初，籍江蘇常州府金匱縣，以廩貢生候選訓導，以世父葵蓀公官，誥贈朝議大夫。以光緒十二年九月十八日感微疾，返寢，即曰：“余善人蓮村來，而善人歿固久矣。”遂端拱大噱而逝，年七十五。有子五人：長福煒，同治丁卯補行辛酉科舉人，大挑二等考，取咸安宫教習，以知縣銓選，自陳才力不及，改補長洲縣學教諭。次熙元，光緒戊子副舉人。三福煐，郡庠生。四福炯，基博父也，附貢生。五福熾，國學生。孫十三人，而基博爲弱小。自慚修名不立，無以副仲父之望，而見重於當世鉅人長者。獨念並吾世不乏雄駿魁宿，而文章高世，私衷服膺者，莫如義寧陳散原先生三立，以爲是足以傳吾大父之生平，而昭信來日者矣。懷此久，未有以發。會以戊午之夏，撰《高老愚先生傳》，而散原先生辱題詩其後，有句云：“錢生契獨行，立傳追范史。吾褒美其文，綴咏亦贅耳。”自以末學小生，幸見稱於當世賢豪長者，其忻榮爲何如也！謹乞以傳吾大父，而爲之述略如此。

（原刊於《南通報》，1921年1月23日）

先仲世父述略

遜清道光之際，吾大父朝議君固以制舉文有名，一時大江南北，著籍門下稱弟子者數百人。以迄同光，而吾伯仲兩世父繼起，亦以制舉文有名。吾仲父窮年孜兀，課徒者四十年，及門尤衆。自門以内，吾三伯父、吾父以下，皆從學爲文，最後及基博、基厚，而仲父年六十餘矣。

時制舉文未廢，仲父則進而詔之曰："制舉文代聖賢立言，豈僅以資干禄希榮之用？匪窮經不足以闡其理，匪讀史不足以盡其變。汝兄弟年稚，勿急於應舉。"經解史論，間日課作，因教以詁經論史之法曰："曹子桓云：'文章者，經國之大業。'雖經解史論，亦當援古證今，使人有所取法。譚經説史，不過藉以託諷，譬之詩人之比興，説書之楔子耳。賈誼作《過秦論》，爲後世史論之祖，其下篇必上推先王，下述秦衰，又引野諺'前事不忘，後事之師'，而極之於君子爲國，觀之上古，驗之當世，參以人事，察盛衰之理，審權勢之宜，其意斷可識矣！"基博、基厚稽首受命，服膺勿失。於戲！天下甚大，學問至廣，文字一端，原不足以概之，而況乎此經解史論，尤不過鑽研故紙，卑之無甚高論。然當日爲學，幾舍此無從入之途。即基博、基厚今日粗識事理，幸勿隕越貽當世羞，亦何莫非窮經治史，得力於當日仲父教者爲多也。

仲父以廪貢生中式光緒戊子江南鄉試副舉人，足迹不涉官府，於斯世泊然寡所營，舍課徒無他事，舍讀書作文無他好。賓友過從，語極歡，則高聲誦所自得意文，琅琅震屋壁。每至佳處，輒攤手嚮其人曰："何如?"髯張口哆，顔渥丹。暇則亦爲小詩以自陶寫志意，詩不必工，要令讀者想見其爲人。科頭跣足，時雜廁負販傭保與爲伍，歡笑劇談，誦説詩書。如晉接士大夫，不喜修邊幅。又不善事家人生産，所入館穀隨手盡；及其殁也，殮以布袍一襲而已。生平可稱述者止此。

仲父，諱熙元，字仲眉，籍江蘇無錫。父諱維楨，由廪貢生以訓導銓選，誥贈朝議大夫。兄弟五人，仲父序第二。以道光十七年十月十三日生，卒年七十五。有子二人：長基康，縣學生，既以早世不禄；而仲基昌，又厄於治生，於先人著述，不暇掇拾，則以屬于基博曰："吾父于諸子中，最歡愛惟汝。"基博文質無底，無足以恢宏先德，惟思托賢人之文章，垂典型於不朽。適友人高君涵叔以桐城陳劍叟前輩澹然書見眎，謂博文有奇氣，心甚慕之，而不知博固誦習劍叟之文，而以爲並世雄駿亡與比，能別出於桐城以自成一家者也。謹撰次仲父生平大略，以乞其傳焉。

（原刊於《南通報》，1921年3月20日）

先府君行述

嗚呼吾父！今亡已夫。以吾父之强志毅力，耄年不倦於勤，即躋八十、九十以何難。然而驟衰於去年，委命於今日者，無他，則以舊江蘇督軍齊燮元盜兵掠邑，遭亂傷時之所致也。方甲子之冬，齊燮元不戢其兵以來抄暴我無錫也。吾無錫人之破家沉族者幾何？而吾家永盛典暨所屬提莊之在光復門外者，予取予求，幾不遺錙黍焉。無錫商務所萃，胥在北里，而光復門外市廛新闢，五達之衢，尤當兵衝。齊氏兵之來永盛典者，大抵戎服携槍以至，襲裘囊金以去。而戎服之蜕遺于典者，卒且至一百七十五襲之多焉。吾無錫縣知事署之呈繳蘇常鎮守使者，有文可稽也。既，齊燮元欲率兵入城，而不孝基厚實董市政，則隨邑人君子之後，哀籲堅拒，多方設計，捍不使得入。又令曰："速籌十萬金以餉軍。"基厚不憚悉索敝賦，躬致金二萬而告以所部嘯掠狀，齊氏漫曰："吾故虞所部之不戒也。我今日來，倘少戢乎？"基厚則抗聲曰："否否。某茲之出也。緣城自西門以至北門過一布店，見大帥所部兵方肩負捆載以出也。某有典在光復門所不爲大帥部下悉索以盡者，僅破布與爛絮耳！大帥若凱旋歸，某亦爲難民，惟大帥撫恤是仰矣。"齊氏色變無以應，時除夕之子夜也。於是自甲子盡月二十四日之夜，以迄乙丑春正月之二日，都九日，吾典曾無虛日，蜂屯蟻聚者無慮皆齊氏之兵，而流氓之因爲奸利者或亦有焉。禍猶未已，而齊氏兵退之明日，吾父一生所以恢張前緒，殫瘁厥心，繼繩有建之慧山吴越錢武肅王宗祠，凡百餘室，徒以駐軍之不戒於火，而胥付烈焰之一炬焉。於是吾父痛絶忘生，曰："宗祏之不保，奚有於吾財也。宗祠炬，吾質死矣！"唯是不孝基博、基厚薄負鄉曲之譽，曾不能出身排難，捍豪暴以全鄉里，徒困窮城，爲容悦，冀苟免於萬一。此固已非烈丈夫之所爲。而一城以外，胥坐聽其搜劫焉，胥坐視其焦土焉。四郊之内，盡人不得保其室，而奚獨於吾家？一姓所瞻，皇祖不得妥其靈，而奚論乎家財？獨於是歲之秋，兵事之初發難也。同邑顧述之先生將謀地方之保安，而要基博以委身焉。基博則既諾之矣，歸以致命於吾父。吾父則詔之曰："汝未讀《禮》虖？父母在，不許友以身也。汝必却顧君，勿違吾意。"基博則以義無反諾而有難色焉，吾父則大怒曰："吾有二子，一子以委於地方而致身焉。獨有汝，又不能以慰吾老而圖一家之樂利乎？"基博遂以杜門謝事也。顧又以委身教學，未獲并心一志以全所蓄，慰老親，而圖免吾家於難。此則基博之至隱極痛，無所逃罪者也。於是吾父、吾兄弟三十年筆耕舌耨之所僅餘者，胥罄之所有，猶不足，則益以戚好合股之金，又不足，則益以公私委寄之金。然此固兵災人禍之不可抗，律不負責賠償者也。獨以吾父仁及於物，勇以自刻，趨利不先，蹈難不徙，則以爲合夥之股金，力出有餘，而存户之寄資，家非優贍，故股東之資金置後，而存款之籌償獨先。然劫餘所存，不足什二，而償以所寄百之五十三，邑中所僅見也。詎意貪夫敗類，惟利是圖，窺吾父之仁厚長者，而出以劫制，動以惻怛。其尤甚者，乃至疇昔庇蔭之宗親，一旦反眼若不相識。天不祚仁，人未悔禍。而吾父乃憂傷不食，以憔悴底於死。於戲！誰爲爲之而致於此。推厥所由，何莫非齊燮元之怙兵作慝，禍國長亂有以致之然也。於戲痛哉！

吾父名福炯，字祖耆，晚年自署曰傳叟，無錫錢氏，吴越錢武肅王三十一世孫也。宋季二十世祖諱迪，始遷無錫梅里堠山，世敦儒術，爲邑禮義家。曾大父諱士鏡，武進李兆洛著傳，稱其穎悟能讀書，善賈，貿遷致饒給，然不肯自私所有，必以致宗人者也。年五十，自題小影，有句曰："隔院書聲聽尚樂，芸編親對樂可知。"則其老而好學，彌可知矣。大父諱若浩，齠齔能文，常州瞿麗江給諫詫歎爲聖童，精八法，暇偶臨摹大小米，碎紙遺墨，時零人間，致波傑有姿；嘗數見姓氏於李兆洛、吴縣馮桂棻及無錫秦湘業三人之文焉。父諱維楨，廩貢生，爲兆洛弟子，書法趙董，詩好元白，儒林絶推重，其年家子吴縣陸潤庠擬之"士衡麗製，縟錦成章；安石小文，碎金比價"者也。既殁之三十年，而義寧陳三立欽其志節，傳其行誼焉。吾父於廩貢君爲少子，兄教諭君，諱福煒，副貢君，諱熙元，茂才君，諱福熉，而吾父於兄弟次居四，又次則國學君諱福熾。吾父生而廣顙豐頤，英穎異凡輩，以遘太平軍之難，室燬，遂體廩貢君指往習賈，能勤所事，得居停愛憐。居停子方學爲制舉文，甚艱苦，成且爲塾師所呵，斥不中程。則懊喪無爲計，吾父見而戲代爲焉，曰："何難!"既爲塾師覺察，告居停曰："此子賈可惜。"遂以歸廩貢君，俾從副貢君學。年十八，舉茂才。既，秋闈三薦不售。甲午，試歸，以文質教諭君，教諭君大讚賞，然而謂非元即依然孫山外耳！已而主試者果欲得以元多士，其貳謂其聲味稀淡，不與。既累不得志於有司矣！當是時，清政日窳，盛興捐例，戚好鄉舉不獲意，輒輦金得授秩，累累若若。或詡詡勸吾父斆所爲，吾父謝曰："先人以數册破書貽子孫，筆畬舌耕，免凍餒足矣！以貲即倖進，非先人意。"其人强顔曰："無害。漢司馬長卿亦爲之。"吾父笑曰："僕不能以己所不可，斆長卿之可。"識者於是乎覘吾父恬退淡榮利人也。

吾父明決多智數，然抗爽尚志節。蓋渴義甚，以江南穀不熟，價騰踊，隻身赴安徽采辦賑米。既盈數，僱舟裝載，如例訂僱券，券記舟子姓名、鄉貫，僱貲多寡，以及行程道里，靡所不詳悉，所以戒備舟子也。蓋舟子大率籍巢縣、無爲，嗜利狡狠，賊人無所憚，俗稱巢湖帮者是也。既啓行，舳艫數百，銜尾接楫，而其魁數登吾父舟，入艙語，且狼顧。吾父心惡之，知其瞯篋中金也，顧未有以制之。獨居深念所儲以給若曹舟金，餘且無幾，雖舟金例抵所至地給，然遲早給若曹。則呼魁盡集其徒，面罄所携篋金以付魁散衆曰："若曹大勞苦，此若曹舟金，餘以犒。"既以杜魁異謀，且以市衆人歡也。於是魁猝不得逞其志。無何，抵金陵大勝關，舟忽止，不行。召魁，詢焉。魁則曰："舟無米斷炊，爺米又不許炊，兄弟輩終亡所得食。烏能枵腹行舟?"其徒讙咻聚噭。吾父知不可理諭，遜辭慰遣。既閉艙作字告所往，而懷僱券潛登岸走。僱驢騎款段入城，赴善後局訪友人。亦不告所以，挾之走鍾山，弔吴大帝蔣陵。薄暮，興盡歸。則舟子四五人在焉，亟請吾父返舟。吾父曰："余單身載汝舟，汝曹洶洶欲圖余，所不投余江流者僅耳。余不欲返汝舟矣！"舟子震懾投地叩貰罪。吾父即出懷中券示，曰："若曹雇券在此，余即請此間爺備文用善後局關防驛遞無錫縣爺。按若曹鄉貫索人舟。怖汝曹飛上天，余不欲登汝舟矣。"即指友人語曰："此間局中爺在此，汝曹當直陳，余或不償若舟金乎？"曰："未。""然則今日何爲？"則連連首頓地，曰："後不敢矣！惟爺之返舟治之。"遂以僱券托友人備文用關防驛遞。而已歸舟行，自是帖服無敢譁者。

光緒戊戌歲旱，民苦穀貴，縣故積穀儲備荒。吾父建議出平糶，請前浙江臬司鄒仁溥總其事，而自主東城糶局。一日，日且暮，有奸民圖掠穀，聚衆鬨者，頃刻百人，勢洶洶。員紳逡巡引去。吾父獨攜椅危坐局門，視衆之跳踉，撚髭微笑不動。衆莫測所爲，無敢肆。吾父覘其氣衰，徐曉以利害。默察中一禿者，尤辭氣潮湧，衆伺其指爲語默。知是魁，詢其姓氏則邵。吾父好言慰之曰："若明白人，好勸衆歸，吾爲汝主。"禿欣然率衆退去。吾父蹶起，即夕謁令君，語所以，且曰："擒賊擒王，請即簽役捕禿，遲且生變。"令君諾。吾父見禿捕至，乃退抵鄒所。員紳方群集圍詢狀，吾父曰："奸人魁既逮治，然此曹實亦迫飢譁，不可無爲區處，以厚恤其情。"鄒仁溥拍案讚曰："著。"悉如吾父指，且欲以一炮舟資吾父爲糶局衛。吾父謝之曰："此輩失魁無爲謀，又懲禿禍，且既爲區處得所矣。將何求焉？必無事，即變，以衆怒之難犯，亦豈一炮舟數十炮勇所能戢事乎？"仁溥稱善。座中客問："頃君何恃而勿走？"吾父應曰："此曹徒洶洶，非無所懾。走，奸人且得志，糶局毀而爲禍愈大，必非笞一禿能了，亦非所以全此曹也。"聞者嘆服。

嘗語於人曰："仁人制事，寬猛弛張；盜跖手段，菩薩心腸。無菩薩心，武健酷烈非仁；無盜跖手，姑息亦非仁。"又曰："諺云'錢在手頭'，吾家計非裕，一經管地方公帑，暫一挪移，寖且久假不歸，爲名節累矣。不可不慎之也。"然遇地方帑項有虧蝕事，必發其覆。有某孝廉董積穀事，歲歉，議出穀糶，某孝廉不欲。吾父面詰曰："公豈有所不足乎？"曰："無。""然則曷爲持異議？"立馳倉檢得侵移實數，言於令君，下某孝廉司計者於獄。太守某公，則教諭君同年好友也，亦以董積穀事爲吾父所苦，曰："四兄乃忍相厄乎？"以此頗爲地方人士側目，久亦諒其無他。蓋其生平侃直慕義，亡所撓避，大率多此類也。吾父體氣魁碩，聲逾宏鐘，面頳若急怒，然胸懷坦白，爽朗不爲戟棘。嘗貸顧公金五百，一旦索償急，曾不肯稍寬假。而顧公嗜博進，盡攜所欲責償券赴博場，遺焉。都其金凡七千七百，而諸負金者知其失券，詆以讕言，顧公大窘，莫誰何也。吾父知焉，亟轉貸金如數，具酒食觴顧公；而遍召諸負金者至，以相質成，曰："我昔貸顧公金，顧公今失我券。我兹償金而不責券，幸諸君之徵信焉。"諸負金者慚，一一具認償如數，曰："無使錢四先生獨爲君子也。"顧公則銜感次骨，曰："我將何以報君？否且破我家。"吾父視其書櫥，則裒然王氏之《九朝東華録》庋焉，曰："以此書報我，可乎？"遂取以歸也。

己酉之冬，江陰之璜塘鄉，有奸僧以債貸用資聚斂者。鄉人怒，燬所居。寺僧故交關鉅紳有勢力者，遂以白晝焚劫白令。令以豪健有能名，馳勘，逮繫數十人，將興大獄。吾父爲白非辜，曰："果盜也，劫財而已。奚所怒於屋宇什物而必盡燬爲快乎？"令亦悟，笞一人，枷二人而事解。鄉人至今言之，矢以勿忘，曰："微錢四先生，吾屬盡家破矣！"秋夜叩關歸，子婦出逆，睹吾父兩手摳衣角，若有所承，詢焉。蓋裹拾道中嬰赤也。以付長男婦毛，曰："若長無子，好撫之，得男兆也。"嘗拓宗祠，輯宗譜。譜以敬宗收族，族姓萬人，無貴賤，有事必以正；而畢生意念之所經營，精力之所殫瘁，莫如拓建宗祠。垂殁之年，而睹其燬也，蓋慟之甚，曰："我幸一日未死，必復之。"其他潛德懿行，可書者多。而以吾父不喜表暴，不孝兄弟晨昏趨庭，寡所稱説，可得知而述者僅此。其不知者，不敢以虚誣其親也。

吾父曉方藥，於古醫經，讀之能究其微，自侍廪貢君以迄吾母、吾兄弟，數十年間，有疾病，能自處方。其攻瀉施補，每有峻劑，爲晚近醫家所不敢用者，而吾父用之，往往有奇效，醫者莫能測識也。卧牀不起者五十日，而醫者之至，輒與究論方劑，有詰難，必盡意而後快。臨殁，延醫者程仲甫，曰："請君下針於我胸，可乎？"仲甫曰："不可。公之疾革矣，此針不下，幸緩須臾無絶。"吾父煩懣甚，詔不孝基博曰："此針於醫書①大有徵，汝其檢以示程君。"垂絶而神明不衰如此。見者謂倘不遭憂患，壽未有艾也。

嗚呼痛哉！不孝基博實以去秋就聘北京清華學校新制大學部教授。方違離膝下之日，吾父興居如昨，雖遭憂患而强力自持。逮冬稍患不食，迺手書寄

---

① 《堠山錢氏丹桂堂家譜》本無"書"字。

諭不孝基博曰："吾無病而已老，病或可愈，而老不可藥也。"不孝基博奉書悚惶，阻兵不得歸。逮今歲之五月，始浮海南渡，僅乃得歸。而拜於床下，吾父神采非昔，肉盡削見骨矣。然好鼓氣作自强之言，每劇談輒更二三小時不倦，亦或詼語以解劬苦，顧而命不孝基博、基厚曰："吾喪吾財，而汝兄弟能自立，何害?"少間，則又曰："汝兄弟毋以破家故，怒齊氏。世之怙兵作慝如齊氏者何限？然齊氏之于吾蘇，察其志意，猶欲强爲善者也。徒以志大而才疏，乃禍中於吾民。一時流離死亡，奚啻百萬數，而吾父子兄弟得相保，傾家蕩産，猶其幸焉者也。"吾父忠恕以持平，而不爲刻覈之論又如此。獨是不孝基博、基厚苫居深念，齊氏遭逢時會，蹶而又起矣。然而吾家之破，不可復完。吾父之壽，乃以促生。寧獨吾家？吾父、吾兄弟睹記所及，斯民流離蕩析之慘，且有十百吾家所遭者焉。特就身所逮膺，表而出之以告哀當世。庶幾並吾世之擁衆專城，稱連帥如齊氏等輩，讀吾狀者，尚其念不孝刻骨之痛，戒生命黷武之禍，一念哀矜，而戢其虓怒，以與吾民稍事休養生息焉，則寧祇一家一姓之休戚而已！歿而有知，吾父含咲於九原矣。儻不悛其凶德，而祇以爲怨焉。不孝基博、基厚自知言出禍隨，死不蔽辜。倘以國法處之，則束身以待緹騎；私法處之，則引領以俟鉏麑。父之不有，何有於生！苫塊昏迷，語不擇音，急迫陳詞，惟矜鑑也。

嗚呼痛哉！吾父卒於今年夏曆七月初四日，實爲中華人民造國之十五年八月十一日。距生於前清道光二十九年七月初八日，年七十八歲。中華民國大總統黎褒題"博濟爲懷"匾額。前清試用訓導，附貢生。元配孫宜人，能齊其賢而早世，吴縣張一麐爲表其墓者也。生四子，基成娶毛氏，基全殤，皆不克終養；今存者，基博、基厚也。基博娶於王，基厚娶於高。孫九人①，鍾書，基博出，實嗣基成爲承服長孫；鍾緯、鍾英，皆基博出。鍾韓、鍾漢、鍾毅、鍾儀、鍾宣、鍾禄六人②，基厚出。不孝基博、基厚稽顙泣血謹狀。

（原刊於《錢祖耆先生行狀》，錢基博撰，1926年出版）

① 九人，《堠山錢氏丹桂堂家譜》本改爲"十人"。

② 六人，《堠山錢氏丹桂堂家譜》本改爲"鍾寧七人"。

亡友徐君薇生學行誼狀

君，無錫徐氏，原名泰來，一名士奎，更名彦寛，薇生其字也，自號夷吾，又號商隱；世居邑之盛巷。自五世祖杏林公諱鼎，精熟名法家言，遂遊安徽。於時，興縣康公紹鏞及吾邑孫文靖公爾準，皆世所稱名大臣，先後爲巡撫而相欽重，辟置於府，用世其家。五傳而至棟雲公諱世璟，子英公諱世瑜者，同産競爽，駢佐藩府，紹休於前聞。君，子英公之所自出，而棟雲公早世無子，君又獨産，亡他昆季，遂兼祧焉。妣陸太夫人，本生妣吴太夫人。

君自少小通敏，於書罔所不誦覽，一目十行下，尤意鑽治子史雜部書，嘗深究前代治亂往復所由以達於當世之務。發爲文，高華自矜，不可方物。子英公既歿，君年十二歲，則秉承吴太夫人之教以自力於學。十五歲，師同縣許彝定夫子，受詞章經世之學。基博、基厚年十四歲，亦來執業許夫子之門。許夫子方匡獎基博兄弟，以爲能文章，異日必有名於世。基博兄弟亦以沾沾自喜。而君一見，則歷斥所治之非學，又爲文章，詁訓不衷諸經，理趣不澤以子，枵響憍氣，好議論人長短，徒以譁世取庸俗人譽耳，奚當於古作者？所以摧抑盛氣者甚至。基博面赤齗齗持不下，而君益反覆開譬，爲指證所以然。基博舌撟不能應，卒降心從焉。基博兄弟之知詁經治子以有事於古學，其機緘蓋自君發之。

君爲人恂恂，罔長少，執禮亡不恭，而内實悁傲，自許必爲名宰相。基博常笑之，謂：“吾輩章句小儒，能自立，弗爲公孫宏曲學阿世足矣。奚以矜爲?”而君彌自負，題語案間曰：“讀盡天下有用書，纔是福；幹完男兒應作事，方算人。”倔强嶔崎，遂自署號曰夷吾，蓋以管仲自況也。顧君意量恢廓，常極八荒之外，而媷精於學，則又邃密周至，謂惟此可以求放心，儻高瞻遠矚，而思匪入微，徒麤材爾！既與基博定交，以基博有鄂本《百子全書》，遂假與所藏子部諸刻，彙鈔成《六十四子》。每一子畢，則蒐采衆家異同，字榷句讎，爲校勘記附於後，如阮文達公《十三經》例。又假基博藏《學海堂經解》及《南菁書院續經解》，輯録爲《經解菁華》。畢一經，輒爲題記，發問起難，都出慮表，神明過人。而書法尤捷疾，揮毫數紙，日課一册。三年之間，堆几積案，基博過從，睹之奪氣。計所繕録，垂千册矣！而君意思蕭閒，緟致箴規，謂基博讀史易麤心，當留意校勘，非相期爲考據家也。校勘，則不得不全覽，逐字逐句不滑過，磨鍊此心，自然入細，天下事固有致力在此而所期在彼者。基博謂：“以君劬力乃爾，何如自著一書。”君則譍曰：“唯唯。不然。著書不如鈔書，昔者顧亭林先生嘗從事於斯矣。何乃不足於君所乎？君之著書，不過見小欲速之徵爾，奚足以當古人之一吷哉！”基博遂以憮然。基博少君一歲，而君其時則未逾冠爾。逮基博冠而之四方，所覯當世學人衆矣。若論鈔書几千册，校經逾百帙，精心劬學，罕有君比也。

君志在經世，而不肯趨避形勢，揣摩風氣爲巧言，睹者輒以儒生迂闊少之。年二十五，一出謁山東濟南道某公。某公，父執也，廑遇以故人子禮。既落落無所合，遂盡讀山東圖書館藏書。自春徂秋，擷其精要，撰《讀書記》一卷，曰：“此可以壓歸裝矣！”會國變，以介入陸軍第二十四師師長黄郛司令部，爲書記官，兼理陸軍醫院文書。徒以末秩代耕，無補至計，而又不欲自炫暴，忽忽尠歡，用是暱就於基博，遽以書告曰：“比來已不號夷吾，改署商隱。昔左文襄督陝，林壽圖爲藩司。一日燕見譚某軍事，文襄歷告所布置。俄而捷報至，林譽之。文襄掀髯擊案曰：‘此諸葛之所以爲亮也。’遂大笑。既而文襄又歷數時賢之輕材薄植，且輒亦妄以諸葛自許。林因亦顰蹙擊案曰：‘此葛亮之所以爲諸也。’文襄大怒。今日江左夷吾，遂已鯽魚成市，不佞不敢更從而附益之。是以亟亟更名。昔諸葛年廿七而出廬，今不佞年廿七而商隱。無雙佳話，各占千秋，古今人政未必不相及也。”辭致詼調，若用寄慨。基博得書大笑，報曰：“君今如猢猻入布袋矣！”自是君絶意用世。

既而同縣侯保三先生主邑圖書館，以君精校讎目録之學，延主編目。君則以爲新籍日富，舊用部目，既難周該；而或者乃瓡析古籍，以隸新目，削足適履，尤曰未可。於是罔羅群籍，辨析舊新，總爲二部，用挈宏綱。舊部五目，曰經、史、子、集，媵以叢書，蓋用張文襄公《書目答問》例也。新部五目，曰政（政治、法律、財政、軍政、教育、交通之類屬之，其專論學理者，應别隸學部）、事（歷史之類屬之，報告亦附入）、學（政治通論、法學原理及數學①、格致、醫學之類屬之，教科書亦可附闢一門）、文（文學、小説、圖畫、外國文之類屬之），媵以報章（雜誌、日報之類屬之）。則君别出手眼，自用我法，而特立鄉賢撰述部以崇邑獻。又設金石書畫部以章人文，都十二部，綱紀畢張，而後館籍之編次有法。

於時，顧述之先生實爲江蘇省立第三師範學校校長，欽君學行，請主任國文函授部。君則讀書課文，胥有定程。文卷評乙，濃抹整圍，狼藉行間，朱墨溢目，而眉批纚纚②，多者千言，少一兩語，箴廢起疾，辭兼莊諧。讀者感奮，如親奉手。而今十紀，師道已替，學僮呈課，都不點抹，其尤甚者，擲棄字簏，廢紙不如，何用細批？先生既無正業之教，弟子何望説解之功。追君之劬，如在羲皇。教之不刑，彌可矜式已。

基博嘗以父老之督教，俾纂邑志，就請益焉。君則以爲《漢志藝文》，簿録群籍，辨章甲乙，而睹邑志，濫采詩文，薄附著述。固由古法蕩然，抑亦名嫌混淆。宜正名曰經籍，旁咨鄉彦，簿次遺著，分經、史、子、集，如《隋書·經籍志》例。然而古籍放廢，經目有凡？可參用朱竹垞翁《經義考》之例，分注存、佚、闕、未見四目。至於存者，則用解題，甄采叙録，略如晁氏《讀書志》、馬氏《經籍考》義例。而解題，則於每人初見條下，宜略考仕履，寧啻以供讀者知人論世之資，抑亦拾遺補闕以匡列傳之所未備。其有著者係聞人，而本書佳話逸事可附見者，并師《唐宋詩紀事》、厲《詞箋》等

① 數學，《念劬廬叢刻》本作“教育”。

② 纚纚，《念劬廬叢刻》本作“灑灑”。

之意，酌量蒐載。又欲仿《常昭合志》之例，甄録長洲葉昌熾《藏書紀事詩注》之涉邑獻者，而旁蒐所未逮，爲藏書家傳，以附《經籍志》之末。又謂宋而后，金石之學蔚成鉅觀，邑志碑碣，以附古迹，不該不備，通人所哂。宜增立金石一門，分爲上下兩編，以屬賞鑑者入上編，屬文獻者入下編。所録各碑，分注年月行款，所在都圖，概録全文，稍附考證，略如《訪碑録》、《金石萃編》等例。而唐以上碑，罕而見珍，則用珂羅版縮拓本原文，并景攝全形，遵《金石圖》、《金石苑》等例，庶幾成一家之言，垂後來之法。徒以基博謏聞動衆，召鬧取怒，中輟不爲，遂無成書。而君詔宣，已足襮眎[1]天下後世。君子立言，豈爲一時?

昔睹亭林，緟遘，君也。三十以後，傭書養母，飄泊淮徐，搶攘兵火，而意氣振厲，未嘗一日釋簡策，輒以其間入南京盋山圖書館，蒐讀罕本，撰爲提要。既知亡當世用，留心著述以垂後世。端居坐論，每謂馬遷《史記》，班范《漢書》，皆出獨裁，而勝衆修，欲草創清史，別名一家，發凡起例，得如干事。論取材之法曰："本紀以《十一朝東華録》及《光緒東華録》爲本，書志以《清會典事例》及"三通"爲本，列傳以《滿漢名臣傳》，李氏《國朝耆獻類徵》，錢、繆兩家《碑傳集》，及《中興名臣傳》爲本，而旁采諸家文集、碑誌、記事輔焉。"論立言之法曰："紀志及傳，辭尚體要，而一事之下，詳注條證，自著史而自注之，用班固《漢書》例也。"(《漢書》年表十篇，及《地理》、《藝文》二志皆自注。)至"儒林"、"文苑"，列傳之指，貴能辨章學術，尤宜分科，如經學治《易》者爲一科，治《書》者爲一科，治《詩》者爲一科，以及《禮》、《春秋》、《説文》諸科，莫不準此；而"文苑"則按治詩、治古文、治四六文、治長短句等，部居別白，卷首弁以總論，叙述傳衍原流，以挈綱要。馬班《儒林》，自古然爾！"列女"創於范《書》，寧以節烈爲斷？蒐載亦宜按類，如瑰奇爲一類（如沈文肅夫人等者入之），翰藻爲一類，貞孝爲一類，節烈爲一類，因事增目，所貴通方。又如疆臣節帥，謨議所咨，實在幕客，遂筦政樞，唾咳風雲，至洪楊軍興而極，其尤著者，如左宗棠、李鴻章之徒，皆以上佐起家爲名將相。蓋前古之所未有，是宜特立《幕客傳》。若乃列傳正文，可以一家碑傳之信達雅者爲主，儻有異聞別見，

---

① 《念劬廬叢刻》本"襮眎"作"暴視"。

裁爲史贊，以匡闕違，奚取泛論？以裴松之之注，仿太史公之贊，可謂生面别開，作古自我者矣。自謂驅遣鬼靈，來我腕下，名山藏業，可操券也。

顧等身之書，而欲成以一手足之烈，未審兹事之體大而又絙爲飢驅。將母不皇，鬱陶在心！而君不自暇逸，昕夕伏案，神氣以耗，瘍生右胸。方未劇急，箸書彌驟。前年吴太夫人猝疾以死，基博詣弔焉。睹君之容，墨色而瘠，同於枯腊，几不可識。基博固私心憂之。而君彊①自拄撑，口不言患，附棺附身，必誠必謹。玄宫告已，而君沈哀蝕心，積瘁消肌，瘍遂内潰，漸用不枝。基博方患氣疾，亦以杜門，每一詣視，自慮不起，獨君神識恬然，仰天大言曰："君何患於死？吾兩人在鄉邑，粗解文章，明製作之原。苟天不喪斯文，吾兩人寧有死理？"語已，拊掌大笑。基博亦爲氣王，而詎知君荏苒歲月之卒不起也。以今歲八月二日卒，實爲中華人民造國之十九年，距生於前清光緒十二年，春秋四十有五。

方疾之革，基博詣焉。而君喑不能言，疾苦萬狀，强起把筆，畫紙作書，如科斗文，不可測識。細認，末一成字，意謂著書未成也。於戲傷已！都君所著者，曰《舊學書目舉要》，曰《集録十三經二十四史新注》，曰《校寫六十四子》，曰《古文辭類纂校注》，曰《清史稿》，曰《清文苑》，曰《念劬廬叢刻》（清朱洪章《從戎紀略》，孫毓汶《遲庵集杜詩》，譚獻《復堂未刊詩》、《復堂日記補録》、《續録》、《復堂諭子書》，凡五種，世皆無刊本），曰《直省金石今存表》，曰《梁溪碑傳集》，曰《梁溪名賢象記》，曰《培風堂讀書題記》，曰《夷吾日乘》（絶筆，今年舊曆三月卅日）。蠅頭細字，捆作牛腰束者數十，驟不可爬梳，謹最其目，以俟董理。

配陶夫人，婉娩解文史，能助君著書。發篋出遺稿，爲言："《古文辭類纂校注》，差成書，獨柳河東、歸震川無注爾。"中有增竄，皆夫人手筆也。顧賢而無子。今歲二月，君疾既甚，基博往問狀。君則太息而道曰："余著書無一成，又傷有志無時，功名不立於天下，後顧孑然，終不有子孫，行踐東阿所歎墳土未乾而身名並滅者。"嗚咽不自勝。予季基厚新得一雄，遂子之以慰其意焉。君則命名曰祖武，字以孫詒，蓋以昭此子之祖武肅王而爲孫卿之所詒也。乳名曰籛寶。彭籛，吾宗得姓之祖也。曰："世世

① 彊，原作"疆"，今改正。

子孫，毋忘所出云爾。”末命之日，基博馳候，陶夫人迓之於堂曰：“望君之來亟矣！”基博入見，而君一息廑屬，直視久之，呻吟欲言，迸一小字，連呼籛寶，遂以瞑也。

基博自定交以來，迄今三十年，薄竊虛譽，十倍過君，而恖聞尺穫，胥自君之有以啓牖我。奇與賞，疑與析，交君爲獨久，知君爲最深，敢狀學行誼之焯焯者以著於篇。

中華人民建國之十九年八月，同學弟錢基博揮涕謹狀。

（原刊於《南通報·文藝附刊》，1930年9月21日、26日）

張仲仁先生軼事狀

維三十二年十又二月，吴縣張仲仁以參政薨於行都，於時先生年七十七矣。寧啻州邑之良，抑爲天下之志，民失具瞻，國恫殄瘁，懿德之好，秉彝攸同，茲不有述，後將安仰，而都人君子，以先生於博，有一日之知，屬抒睹記之所及，以備史氏之攸采。獨念予季孫卿以鄉邦父老之命，服勞地方，而與先生周旋過從之日久。余性疏簡，不喜接人事，寧一室坐嘯，以自爲泰。先生獨以文墨議論，有意於余。人皆謂先生之輔袁世凱以義，不以生平眷顧之私，而爲詭隨，有以仰先生立身之高，和而不同。私獨以先生之接余兄弟以謙，不以後生年輩之末，而引共濟，有以窺先生執德之宏，周而不比，其心休休，其如有容。盛德形容，誼無所逃，羅舉細故，以裨高深。君子觀人，必於其微，不嫌瑣也，抑不敢誣也。

先生名一麐，仲仁其字，吾黨尊之曰仲老者也。吴江費君樹蔚，字仲深，一時有“二仲”之目，皆以嘉惠我鄉邦，而能無負於國家者也。余之獲接於先生，則費君實介之，而爲民國五年。方是時，費君以密戚而爲肅政使，先生以幕僚而爲内史，兼政事堂機要局局長，咸以久故，而與帷幄。而費君諍之疾，先生陰與持。費君抗議不省，則拂衣南下，棄官告絶，而先生中於和節，不爲聲章。袁氏則以先生素所賓敬，而出爲教育總長，陽爲顯擢，意實疏外。顧先生維匡調娱，不改於故，以迄袁氏殞命，而爲經紀其喪，曰："吾以無負於府主也。"然後南歸而拜其母，庶幾有始終者。於是，母夫人年八十矣。費君則介其邑人金君祖澤而造於余曰："聞吾子之名舊矣，吴中士大夫議製屏以介壽於張母，而張先生之高風亮節，母夫人之閫教内美，微吾子之文，不足以張之，屬某也爲之請，敢以不腆致潤筆。"余却之曰："文不敢以辭，然余固不鬻文以爲生？而張先生之母，亦豈可鬻文以爲壽，張先生國之正人，而諸公不棄，以介壽之文见屬，是亦以正人視余也。焉有正人之文，而可以貨取者乎？焉有壽正人之母，而可以貨爲文者乎？"因爲文，引《孝經》"顯親揚名，孝之大者"，而謂以高官膴仕，顯親揚名於一時，不如以砥行立節，顯親揚名於後世。壽莫壽於使後世知我爲古人也，千秋萬歲，揚休無極。費君讀之大喜，而先生讀之亦大喜，致書謝曰："曩者張南通嘗視吾子《論鹽政計畫書》，謂熟諳掌故，而澤以爾雅，有魏默深、龔定盦之風，今誦壽母之文，申古誼以相礲切，敬聞命矣。乃知端人而非文士。"顧以余之却潤也，必欲得當以報。乃表吾母孫夫人之墓，而誦説鄙文，中引南通張謇之言，謂："江以北，無抗顔行。"而吴江費樹蔚則曰："豈惟江北，即江以南，亦寧有二？"蓋不恤以聲聞過情之談而獎藉之，以勉於踐也。其然，豈其然乎？

馮國璋之督軍江蘇也，尤禮重先生，而欲得一吴士爲秘書，以備咨詢，而諳當地情僞。問先生誰可者，先生則以金君祖澤與余對。金君固高蹈自重，而余則以秘書爲人喉舌，職代言，主者或有失政，亦必以文章爲潤色，職固爾也。有筆有舌，胡不自抒所欲言，而代人之言？吾不能自抒所欲言，吾寧捫吾舌，韜吾筆，以不言也，亦謝却之。先生則貽金君書，謂"公老成養望，猶有可説。錢君年事方壯，何可不出？天下事，在人爲。馮公以客將懸寄，亦欲爲惠於吾蘇，而延主人以相僇力，主人則深閉固拒，若將浼焉。然則政事措施之不當，民間疾苦若有不知，亦必有尸其責者，而豈馮公之咎哉！"其時里中亦以黨獄繁興，而促余一出，以善消弭者。余則自以不能委蛇，以授徒養父。民間疾苦，知之稔矣，而苦於主者之不知，則議論不能無激切，交淺言深，或以賈禍，老父在堂，亦非所許，復書謝絶，先生亦不之强也。然先生之有意於余，而驅策之以爲鄉邦服勞，用心甚苦，而余愧無以承，安能不呼負負也！

及十年，而先生當選江蘇第三屆省議會議員，予季孫卿亦與焉。而議長之競選以起，時有爲公子名流之説者。公子者，張君孝若也，以南通名父之子，故尊之曰公子。名流，則先生，所謂民之望也。然而黨同伐異，囂然塵上矣。於是予季孫卿通電聲明，以議長由議員互選，議同出選舉。名流、公子，初未嘗自有所異，而非名流、公子，亦何必挾以爲重。彼持名流、公子之説者，皆其人無以自重，而欲挾他人以爲重者也。議會爲集議體，議長不過議員之一，其對外名義，亦以議會而非議長，人亦何所利而必爲議長，亦何所不利而不欲爲議員。顧其爲公子者，則大張旗鼓，成立所謂金陵俱樂部，自號多數，而心有不慊者，相約不出席。是予季發表《論選舉議長書》，發表《爲議長問題告同人》及《再告同人》兩書。大旨謂，政黨運用，重在政策。若爲議長而啓紛争，是不啻眎人以組織政黨爲個人之意味多，爲政策之意味少，可以犧牲政策以殉個人，而不能犧牲個人以全政策。力主除去兩張，别舉一人。其後卒如予季言，而由武進徐君果人當選議長。張君孝若即電會辭省議員，而先生則出席依然，坦迤若無事。於是予季歎曰："名士自有真，如仲老者，其名可及，其德度不可及也。昔郭林宗稱黄叔度汪汪如千頃之陂，撓之不濁，澄之不清，吾於仲老亦云。"

自是江南有大利害，必奉手先生，而先生亦虚衷采納，左提右挈，相與持地方之傾，而以待天下之定。不競不絿，則先生之以也。嗚呼！費君獨憤直道之不容，嗟人生之實難，而以二十四年侘傺死矣。余挽以聯曰："矯首於共和絶續之交，君之宗之，早識高名空冀北；揮涕在交情死生以外，撫我虐我，誰宏大論奠江南。"蓋實録也。先生既爲《費仲深先生傳》，張其風誼，以不負死友。而於文集之編，獨若謙讓有所未遑，以告其孤曰："吾不如錢君。"余既論次而序之，因過先生。先生爲言："仲深最服吾子文，嘗手寫吾子文數十篇以相眎。余於仲深十年以長，仕宦相偕，問學相商，固弟蓄之。仲深擅詩筆，吾子能古文。仲深英氣逼人，吾子長者恂恂，出處語默絶不似。然知吾子者，莫如仲深。仲深以獨立不懼，世途多迕，不如吾子之遯世無悶，蕭然物外。"余遜謝曰："人苦不自知，未敢以欺長者。獨立不懼，意氣可以自負，遯世無悶，隱微孰堪自信。此養聖之功，非末學所能也。"先生亦許爲不欺。先生危行言遜，不如費君之彊直自遂。然十餘年來，江南亦多故矣，大兵大災，薦更喪亂，政柄可以迭移，而生民無所託命，惟先生拄危定傾，有以綏底之。其中隱微委曲，有不得語於人人而默運於先生之一心者。惟予季知之爲深。

二十六年，抗日興軍，予季以無錫縣商會主席、江蘇航業公會主席，而被委任主任軍站供應。予季以匹夫有責，不敢逃命，則徵集汽輪，以供運輸，凡幾百艘，徵集米麵，以供糧食，凡幾萬袋。而各輪船公司、各廠家以予季服勞地方，未嘗以自私利，予取予求，悉索惟命。六師所過，靡有缺供，顧師徒不戒，江南告陷。至十一月二十一日，縣官以下，無不撤退，予季慷慨語門生弟子，謂守土者可以奉令撤退，而吾儕生於斯，長於斯，丘墓所在，寧棄如遺，不能不走，未可遽走，部分指揮，各竭所能。壯丁登記，焚其册籍，曰毋以藉寇兵。餘帑簿録，致之上海，曰毋以齎盜糧。潰兵塗遇，派人導引，曰毋以遺敵俘。以二十四日護妻子避鄉，而日軍以二十五日入城，刼盜横行，殺越人於市，而欲得予季，爲用懸名募告。予季則買小舟，泛五湖，晝不敢傍岸，夜則泊蘆葦，如是者一月，伺購索之懈，而後繞道南通，以之上海。先生亦以日軍購索而先期至，相遇於旅，執手涕零。予季曰："吾力竭矣!"先生曰："力有竭，而意無盡，將以何爲?"予季則建議糾集江浙兩省士紳之亡命而至者，成同鄉會，月兩聚餐於八仙橋之青年會，以資搏結而圖善後。先生可之，乃以二十七年之二月十五日爲第一會，至者百餘人，皆民之望也。先生主席，感慨陳詞，申三軍可奪帥，匹夫不可奪志之義，聲容激越，在座無不氣振而志以莫摇。江陰縣商會主席吴君聽臚，亦感先生之言，而日人三登其門，請之歸，以主縣政，却弗見。日人則見其子，以脅其父，而吴君嚴斥，弗許也。

既而先生欲告難行都，予季往送，先生顧語曰："國家棄我，我不棄國家。别矣！我年七十，君亦餘五十，於名於利，更何希圖，維桑與梓，必恭敬止，毋負地方，亦毋負國家，行者居者，各盡乃心，其濟與否，則天也。"於時，余任教國立浙江大學，而隨轉徙，以之泰和。瞻來日之大難，懼致身以無地，而撰《吾人何以自處》一文，以爲寇深國危，非死之難，而生爲難，以告於朋友，以寄於予季。既倖予季之不降志辱身，而又欣其脱死，亟欲一面，以七月之上海，而晤予季。乃知先嫂毛夫人所遺一婢名阿榛者，以夫病，不得偕，攜兒奉姑而守龔氏之室。日軍入城，而聞鄰家女見贓啼呼，其姑睹事急，則牢關大門，而驅榛入於房曰："汝侍夫也。"積薪於其户外，注油焉，而坐守之，伺有卒之奪關也，則縱火焉，姑、婦、母、子三代並命也。有同居者，走而得出，爲予季告如此。顧龔氏則以爲大恨，謂守室而燬室也。余聞，語予季曰："吾儕讀書談道，靦顏儒服，而偷生視息以在此，不如此嫗之有分決也，真有何必讀書之歎。"予季則告以先生之言，余膺之曰："三軍可奪帥，匹夫不可奪志。國格雖或以兵力屈，而人格則可以心力持。人格能自持，則國格終不墮。胡文忠公有言，兵可挫而氣不可挫，氣可挫而志不可挫。蓋兵之挫無可如何，而氣之挫，志之挫，所貴自力也。"予季則介余詣江浙同鄉會，以有陳説。余乃承先生之論而益闡之，推本上古，驗之當世，參以人事，察盛衰之理，審權勢之宜。聽者亦爲動容，謂自仲老之去，鬱陶於心久矣，未有深切著明議論如今日者也。

日人某氏嘗主上海同文書院之支那研究部，而讀余所著《現代中國文學史》，貽書爲校譌字，又以余爲文稱引慈谿裘君毓麟《思辨廣録》，來書乞爲介，以取迻譯，然而未之晤也。至是投刺相造，以亞洲文化、歐洲文化爲論。余告之曰："士見危致命，見利思義，此中國文化，亦亞洲文化也。"某氏曰："不然。桓公殺公子糾，召忽死之，而管仲不死，孔子許其仁。然則致一命，孰與仁天下？豈若匹夫匹婦之爲諒也？賢弟[1]昔嘗有惠於鄉邦，今避地如弗及，於初心得無剌謬。即如張仲老一去蘇州，而人心失所維繫，不得不日尋干戈，豈仁人君子之用心？縱一身之節義爲重，而地方之休戚尤大，此中亦有權衡，孔子所爲譏欲潔其身而亂大倫者也。"余膺之曰："唯唯否否，不然。國之不存，何有地方？枉己直人，孟子不許。仲老國士，愛惜羽毛，重其身以重中國，豈可枉其身以重地方？仲老縱不自愛，國人亦所不容。余弟摧頹，不堪世用，苟全性命爲幸，其他匪所思存。然不愛其身而愛他人者，謂之悖德，愚兄弟思之熟矣。"予季則綜核經營地方餘帑都若干萬，而代表無錫商會，以雙十節獻金，交在滬中央銀行匯解。有故人子，先於城破之日，攜款數千金走漢口，予季則電責就近獻繳，亦以電告陳將軍誠，毋任隱匿。曰："國家喪敗，而廉潔不可墮；地方紊亂，而風氣不可壞。雖亡老成人，尚有典型。吾斯以無負於地方者，無負於國家矣。"蓋先生之教也。

先生煦嫗温恭，與人爲亡町畦，而大節不可奪，神機有默運，浩浩汪

① 指錢基博先生之弟錢基厚。

汪，仰止景行，稟命不融，天不慭遺一老，永懷哀悼，靡所置念。敢寫身歷，以昭義問，其所不知，蓋闕如也。

三十二年十二月謹狀。時避兵湘中之光明山。

（原刊於《心太平室集·附録》，張一麐著，1947年出版）

銘表 MINGBIAO

無錫秦君墓表

粤在屠維赤奮若之歲，七月，無錫秦君年五十八，考終於里第。孤子毓鎏夙友於博，嘗以埋幽之文見屬矣。博時謙讓未遑也。既越四年又六月，毓鎏已以不慊於當國者，卒被猜嫌，逮繫獄矣。當是時，里巷匈匈，流言謂毓鎏必无幸。私之者危焉，嫉之者倖焉，惟毓鎏壹无所措手於心，日誦姚江之言，夜輒握管伏桉灑灑書，如諸生下帷時，日必千言。守視者不知所書爲何等語也，惟心異其爲人整暇，雖厄於獄能無改常度而已。越四十六日獄成，博入獄眎之，睹所艸已裒成巨帙者數矣。唯貽博一小册子，涕泫然流被面，泣語曰："是先君之行誼在焉！毓鎏茲不幸長繫獄，旦莫且死，大懼先人之懿德勿克章聞於邦人君子，甚乖《孝經》顯親之誼。縱得保首領以没於世，亦何以見先君於地下哉！然先君葬有日已，勿獲埋石幽宫。將立碣墓道，而揭其志行眎來者，厥微吾子莫屬！"博謹撮其大凡而表之墓曰：

惟君秦姓，諱謙培，字牧卿，無錫人。自先世世有令德，竺學敦行，無墮前緒者，鄉里推孝友之家曰秦氏。曾祖諱鴻甲，舉人。祖諱楷。考諱焕，歲貢生，官句容訓導，嚴性正氣，憙闡性命之旨，世稱爲笠亭先生者是也。及其殁也，有男子子八人，君次居五。承嬗家學，思欲有光於前人，日夜攻苦於學。早歲體羸多疾，顧意氣彌厲，不以自餒。好作自彊之言，謂："吾人精神愈用而愈出，心思愈用而愈瑩，曾湘鄉其詔我矣，我豈異於人哉！"益發憤耑志治學，而於《尚書》尤瘁甚。嘗手寫吴縣王光禄《尚書後案》，倣率更書，累六十萬言，無點畫苟者。迨冠而游庠，二十五而舉於鄉。自發聞成業，課徒授學者，蓋二十年。君年瘉壯，學深而神益粹，貌厚而氣瘉完，端然面方如田，博唇廣顙，軀幹偉碩，大腹皤皤下垂，道行蹣跚，然日能徒步走三四十里，不以爲苦。發音如洪鐘，食有兼人之量。體已日强，遇事瘉敢爲，不撓衆議。

無錫竢實學校之肇建，蓋遠在清德宗戊戌變政已前，邑人楊模夙以興學育才濟時變自詭，持其議甚力。然學制已久絶，邦人士方沿習爲故，日階制舉文爲梯榮之塗，駴所不睹，旁午搆煽，益叢詬於模焉。當是時，有能内斷於中，曾不恤身膺衆詆而協心贊模，俾無有隊功者可不謂之豪傑之士乎哉！則君是也。繼有東林學校之議，君亦與有力焉。邑故有東林書院，異時主者，惟踵故常，校時藝等第其優劣，月稟給制科之士，君心非之，曰："是益利誘多士惟干禄之學也。"堅説茲土賢士大夫廓然盡革其前規，更始如竢實制。於是風會肇啓，而無錫學校之盛居天下最，則君之功也。君則曰："未也！古者姓有宗，家有塾，族姓子弟皆萃處而受學焉。蓋宗法之制則然是族學之權輿也。吾秦氏夙有家塾，今隊廢已久，吾可目睹子弟失學而不爲之地乎？甚非所以敦睦九族，教養子弟之誼也。"於是有秦氏公學之設。佗①所規制甚衆，匪與於興革之大者，故不書。於乎！自衆人論之，彼施於鄉者博矣。自知道者觀之，歉其施於家者，不可能耳。不可能也，則亦不可朽也。此湘鄉曾氏所爲表隨州李君之墓者也，博茲於君亦云。

君内行敦備，善事親，終身孺子容。父殁，庶母弟年弱小，躬自教督，恩勤備至，昏取不踰時。伺諸兄疾病甚謹，夜侍寢處，而時其將起，聽於無聲，終宵愓息。《書》云："孝乎惟孝，友於兄弟。"而孔子曰"是亦爲政"，君斯有所見端矣！蓋自先王親親仁民之誼不明於天下，士大夫不憚以施濟自詭，誕衆取流俗人榮譽，時論翕然歸仰，而所厚者薄。自門以内，父子兄弟

① 佗，《錫山秦氏文鈔》本改爲"他如重建普濟堂，倡復尊賢祠，關於邑之公益"。

之間，忻戚無與，若秦人之視越人肥瘠焉者，亦何可勝道！觀君所爲，豈非湘鄉曾氏所謂不可能者哉！可表也。

君始取王，繼取過。子毓鋆，女子子佩芳，適龔，皆王出也。毓鋆平居姁姁遇下，然好使氣，陵出豪右上，卒以是獲罪於世，顧自以爲性情絶類君也，則君之爲人可知矣。同里錢基博謹表。

（選自《潛廬集》，作於1925年8月）

李夫人墓表[①]

粤在有清之世，肇建農工商部，惟創製利民用者是顯，庸以風勉兆民，而吾邑李夫人首與褒焉。其褒狀有曰："工商兩涂，相爲表裏。獎勵之方，自應一體。兹有李佩黻者，江蘇無錫縣人，創辦女子繡工傳習會，精製繡品，新法改良，其褒之一等獎牌。"牌銀質而金相，圓形，雙龍紋，人皆榮之。時光緒三十四年六月初四日也。同時得獎者四人，曰李韻和、趙禄增、張應秀、王畹香，皆繡工傳習會女子也。次有天津實業勸工場銀牌之贈。明年，南洋勸業會褒獎金牌又繼之。後以繡工傳習會繡品，與賽於比利時白羅賽兒萬國博覽會及意大利都閬萬國博覽會，無不得有金牌之褒者。於是錫繡盛稱於時，不唯國之人知之，薄海内外，靡不知之矣。此豈吾黨二三子所可私以爲一鄉一邑之榮譽者邪？曰：唯有國之光，繄誰之力？皆夫人之教也。

夫人系出隴西李氏，諱芸清，佩黻其字，廣東從化縣知縣謚劉烈諱某之孫，湖北竹溪縣諱某之子。年二十三，嫁同邑華君名某，有文藝德行，世稱爲藝三先生者也。夫人家世貴盛，作嬪先生，先生家中衰，貧無錐土，而夫

① 本篇又名《華夫人李氏墓表》。

人不驕以約。夫人不逮事舅而孝於姑，睦敬伯姒而婉順以事先生。先生工書畫，而夫人善繡，先生常以畫理導之曰：“刺繡之期於肖象，猶作畫之在得神理也，必通畫理而刺繡之技乃工。”夫人曰：“然！”其創繡工傳習會也，一本夫子之訓以爲教。日本女子金原村子與肄業焉，或訊：“東瀛繡品，爲歐人稱許者已夙，子何舍己田而他芸邪？”答以一字曰“粗”。是可以覘夫人之教矣。

夫人年五十卒。女二，男子四人。長景奭，日本醫學士，曾任職陸軍第十六師軍醫處處長，博嘗與爲僚友焉。次蔭薇，美國電學士；蔭棵，習商；蔭相，方肄業中校。兄弟濟美，華氏蓋日光大以顯矣。惟夫人侍先生於困約，而不及其顯盛。此先生文字所爲愴，顧遺迹而悄悄長悲者也。於是爲著其行事，碣於斯阡，以塞其父子之悲，而使讀者考索事實，知有徵於文獻而無溢美虛飾之辭云。

（原刊於《婦女雜誌》第 1 卷第 9 號，1915 年 9 月 5 日）

裘府君墓碣陰銘

維清建國十有一世光緒三年粤五月某日，河南知府無錫裘君名某字某以疾卒於大梁，其十二月某日歸葬於無錫縣西華山之陰舊兆域之某方。既封既樹，亦已三十有一年，君配某夫人迺歿，某孤某受母末命曰："吾聞之也，禮之近人情者非其至也，故曰合葬非古也。蓋夫婦之道，天下莫暱焉。先哲王大懼溺情好内者瘉妮則敬衰，而詬誶之聲作，夫婦之道苦也。是故穀則異室，死則絶葬，所以明嫌而慎微，禮之至也。後世則易之，吾不取也。爾其無拘於俗，無廢予誡。"某欽率遺意，弗敢有違。迺卜葬母於東大池之原，曰："予生不穀，敢誣父爲溺情好内之人也哉！甚非所以嚴父而慰母志也。惟吾父之名悳不昭，大懼墳封彌久，夷在草莽，此則其孤永懷罔極之意也。"於是碣石而銘之陰。用鎮表靈域者，蓋邑人錢基博也。銘曰：

茂德休行，曰裘大夫。任河之南，爲民所娱。一知虞城，獲嘉再劬。軌吏壹民，毋或丐奪。齟其奸猾，勇於斷割。蝨民者竄，民歌我活。大夫曰未，夙夜勞徠。勤民無已，雖蝗不灾。爰獲乎上，曰大夫才。丕擢顯秩，使阜國財。大夫曰俞，敢不勗哉！迺私厥施，民亦既改。國胡云病，爲上所推。方倚任大夫，疇籲之回。曰獲嘉之民，遽焉隕摧。匪意所及，民大號哀。烝烝孝子，思顯親懿。銘刻之陰，式垂后嗣。

（選自《潛廬集》，作於1914年9月）

顧賢母杜太君墓碣銘

太君杜氏，其家世故錫山著姓，爲前清處士諱兆堂之女。年三十一，歸於顧，爲文學諱寬之婦，今江蘇省立第三師範學校校長名倬字述之之母也。

述之生三歲，即喪文學君，卒能繼志述事，以寖發聞，爲鉅儒講學，著籍弟子數百人。其爲教也，篤躬行，不徒侈口説，有人師之譽，居今職，號能播化，皆太君教也。論者曰：太君家承通德，以處士君之賢女，嬪文學而母人師。《詩》曰："教誨爾子，式穀似之。"用能不墜家聲，以襲芳於奕葉。太君之爲功於顧氏，亦鮮儷矣哉！蓋其稱譽於邦士夫有如此者。

顧未足以盡太君之懿，何也？孟子、荀子，於戰國治《詩》、《禮》、《春秋》，並稱儒家大師。然孟子説《詩》稱大意，以意逆志而已。荀子則誦數以貫之，思索以通之，始乎誦經，終乎讀《禮》，綦重章句文學。孟子道性善，慎於辭受取予。而荀子書，詳法制節奏等威，體國經野，其精博逾於孟子。顧唐韓愈氏推尊孟子，以爲醇乎醇，荀之大醇小疵，匪其倫。蓋經師易得，人師難求，荀子經師而孟子則人師也。然孟子孤子之壹述之也，人所知也。説者謂："孟子之賢，亦得力於母教者爲多，是則孟子之淑世長民，稟母氏之教以爲教，即不啻其母氏淑長之也。是則其母氏之教孟子，匪祗一姓，休天下福也。”以博所睹記，當吾世不乏雄駿魁宿，擅過人之資，鋭志於輿圖歷算、考據詞章，張皇幼眇，譁衆取時譽，然於身心無裨，人之所以爲人，不廑是焉。惟述之闇然無華，委蛇其間，婷崇身教，以禮讓式門人小子，其亦無愧於古之人師也歟？故博以爲太君之善貽謀，以垂範令子者，範壹世之末學後進，其輔世長民之功，不在孟母下也。

太君卒清光緒甲辰七月二日，春秋六十有八，以丁未十二月某日，葬西鄙孔山之阜。以文學君葬瘠久别卜兆，實去文學君壙五里而遥，蓋慎之也。合葬非古，異窆從禮，經稱之矣。君子於是乎稱述之知禮焉。博爲碣其墓以昭其休，銘曰：

梁溪之上，有橋蓮蓉。杜氏宅此，代稱儒宗。迺誕淑媛，秀靈所鍾。生小劬讀，遺書羅胸。來嬪於顧，婉娩多從。如何所天，不禄厭世。藐孤在抱，撫之出涕。何以食之？筆畬舌耕。童蒙求我，説經鏗鏗。嘵音瘏口，活此遺嬰。既恩而勤，亦莊以蒞。母亦有言，毋患人己厲，患不己立，小子是諦是識。母亦有言，男不失志，女不改節，處窮之誼。母亦有言，經綸天地，不朽休烈，道在自致。綜此三事，母教昭垂。哲嗣秉之，蔚起人師。嗚呼賢母！藏骨於兹。誰疑不信，徵余碑詞。

（原刊於《婦女雜誌》第 3 卷第 5 期，1917 年 5 月 5 日）

秦母莫夫人墓碣銘

己未孟冬之朔日，同縣秦執中持母夫人狀來，泫然相詔曰：“吾母之歿，二十九年矣！自慙德薄不能顯親，然吾母有懿行，義不可以泯，子其碣之墓。”

按狀，母莫夫人工組繡，曉文史，能以醫延母袁之死，又拯其子希瑗於危，爲武進張聿青所歎賞。張聿青者，詩人張曉帆之弟，同光之間稱聖醫焉。夫人以年二十九繼室於某公。某公仁厚長者，早世不克有所施，而夫人能忍死銜悲以成某公之志，葬舅姑之柩。姑某之死也，會太平軍亂，渴厝於北鄉之長安橋，久之失其所。夫人冒霜雪，走墟墓，迹之不獲，感某公夢睞之兆，僅乃得之，尤爲當世士大夫所頌，著之歌詩。

子二人：希瑗、權，皆藉夫人教以有成立。而權教里子弟有師法，爲衆所推，再膺選無錫縣教育會會長，即執中也。

母卒於讓清光緒十八年十月二十九日，年五十有一，以某年月日祔葬某公青山之塋。按禮，婦人生從夫，死祔墓無特碣之義也。今夫人祔墓而碣焉者，援武進莊方耕侍郎爲石門蔡貞女祔葬夫墓碣銘例也。蓋婦人而有特立獨行之操，雖祔而碣焉可也。祔者，婦人從夫之志也。碣者，士君子表幽之義也。侍郎碣蔡貞女之袝，而未明所以。余故特表而出之，而援以碣於夫人之墓焉。銘曰：

皇矣夫人！世所無。勤内職，以貞夫。夫不禄，葬舅姑。代有終，猗嗟吁！能以義，教二孤。見者式，過者趨。我碣之阡，以詔于經途。曰：此秦氏之賢母也，世之人尚知所橅。

（選自《潛廬集》，作於1919年12月）

王蓉齋先生墓碣銘

無錫地四平，鐵道縱貫，而河流縈帶，遞相貫注，物而多賈，四方並至。而會數十年來闤闠之間稱鉅人長德者，厥曰王君諱耀錕，字蓉齋。父杏亭公，母廉，有子二人，君其季也。

年十五，學賈於同邑吴先生保三。吴先生，邑中貨殖聞家也，方主錢莊，一見器重，畀重任。君感知瘉奮，料量悉中，蓋生平樹立基之此矣。既，君與人合貲開厚仁錢莊，歲丙申，失利，其基金之乞於人者殆折閲盡，人人以爲君何償矣！顧君不以自墮，悉歷年所贏償之，不足則益以稱貨，由是信用著而業益大。後之立仁、恒升達、源慎諸莊，皆出於君之擘畫者爲多焉。君子曰："吴先生於是爲知人矣！"雖然，吴先生知君少小固不易，而博則謂君終不負吴先生之知爲尤難。烏虖！世之人少砥名行而晚墮志節者，豈少也哉？聞君之風者，可以愧矣！

君爲人沈幾善覘變，以吾邑絲繭産夥而儲貨無棧，業此者將爲滬商操縱，議創設源慎繭棧，併經紀保險事，時光緒戊申年也。今邑中絲繭棧林立，並得就貸款，一時殖貨鬻財者胥稱便焉。其創制，蓋自君始。

君爲人能忍嗜慾，薄飲食，然喜施與，水旱賑恤無吝，尤篤天親之愛。

少遭洪楊之亂，方定，世父鏞甫公以販鬻就貸杏亭公。杏亭公召君兄弟議，君從容對曰："財貨孰與兄弟重輕！吾家遭兵燹得生還團聚者，僅大人與伯父，今伯父急，何可不悉力應?"杏亭公善君言。而君之兄曰耀銘者，經商不利，君亦罄貲助，論者以爲難焉。

君卒於民國八年己未四月初七日，春秋六十有二，配許夫人。子四：祖植、祖楨、祖槐、祖樾；女三：長適陶星若，次適顧曾錫，三適唐燮源；孫：承際、承海、承溥；以是年十月十四日葬君於惠山馬鞍塢之新阡。其子持狀請銘，博碣其墓而銘之曰：

矯矯王君，魁壘之士。託業於商，裁利以義。寧傾吾貲，吾德勿圮。準海顙平，憑天豎理。人曰長者，譽滿市里。惟仁者勇，公豈異揆。迺糾商團，用威不軌。兵法部勒，狐鼠駭徙。公施何滂，而今則已。我碣其阡，用詔千禩。後有觀化者，其式之矣！

（選自《潛廬集》，作於1920年1月）

沈伯偉先生墓表

博年十六七始識君，相交垂十五年。君長博十歲而强，博嘗禮敬焉。然而知君之深，則自君任圖書館事始。蓋君爲人致樸，不喜華飾，尤耽禪嗜寂，而任事克勤於厥職。亡何，以勞瘁得疾，顧君不懈益奮。博嘗過圖書館，睹君欬咯咯而形容臞甚，曰："盍休矣?"君則毅然曰："微得代，詎不以余病曠館職。"博默然。少間，君又愀然曰："敬謝君。余疾痼矣！幸寬假予，得數日養，病未可以已。然而余之職則弛矣。"今余日共事於館，事無廢，而病不必即加甚以致於死。然而君竟死。烏虖！吾聞佛者了生死，君固學佛者，顧劬於所職而不自愛其生如此。以視世之人惰不事事，而偷生視息酣豢幸旦暮無死者，果孰爲了生死者耶? 余故特表而出之，以諗來者。謹按君沈氏，諱某，字伯偉。其未蒞館也，嘗掌教城南小學久，有師法，爲邑父老推重。以民國某年月日卒，年若干，葬於某山之某原。亂曰：

噫吁嘻！生寄而死則歸也。何避何徙，惟善知識，乃了生死。烏虖君兮！而曉斯指，能勤其官，死而後已。後有觀化者，其式之矣。

（原刊於《無錫沈伯偉先生哀挽録》，沈祖高輯，1920 年 2 月出版）

趙元真墓表

歲次己未，秋八月十五日夜，無錫北區煤場街救火會會員趙君，以勤於厥職而攖蘇軍之怒，死焉。君年方十八，學賈米肆。是日爲中秋節，主計者例犒宴，猝報車站火起，而君擲箸偕其徒往。至則蘇軍或有因火爲利者，阻通運橋，水龍填委，不得過，蓋駐防車站者也。衆見火勢熾，譁曰："吾儕救火，職也。迺阻不使前，而視火炎炎乎?"輒輓曳截蘇軍過，而君誼不獨後。蘇軍怒，開槍傷十餘人，捕虜五六人。衆知不可理諭，委水龍輕身走，而以愬於縣官。移書蘇軍，得釋者五人，而君之蹤迹杳焉。時爲民國八年十月八日也。

十一日，君尸見於河。而縣官檢驗，則腦骨碎裂而内陷者，廣寸，延斜三寸許，蓋槍柄撞擊以死者。縣官以書致蘇軍，問狀。蘇軍諉不知。邑人怒，聯電告督軍。李純檄蘇州第二師師長朱熙，移所部以去，而卒不得殺君者主名正厥辜。

是役也，衆退而蘇軍徙怒，水龍之屬毁焉，所損失亡慮千金，狼籍塞路，過者見而歎曰："此皆斥吾邑人之財而置焉者也。"雖然，財可復也，而君不可活也。於戲！救災捍患，仁也；勇不避難，義也。仲尼之論童汪踦曰："能執干戈以衛社稷，雖欲勿殤可也。”況於君之殺身成仁者乎?

君名宰，字元真，世父鴻雪，能畫有名。而君少小濡染，尤工繪事，然特藝事之末耳。謹舉君死義之大，揭而表諸墓。後之君子，必有興感於斯文者。於戲！易代號稱民國，軍人失律，而民乃不有其生。滔滔者天下皆是也。豈獨死君者之不正厥辜爲可憤惘也哉！《易》曰：“師出以律，否臧凶。”荀子論兵以仁義爲本，曰：“彼仁者愛人，愛人故惡人之害之也；義者循理，循理故惡人之亂之也。”彼兵者所以禁暴除害也。敢誦斯言，爲當世之帥三軍者告焉。

（原刊於《南通報》，1920年9月5日）

華貞節婦墓表己未

惟余小子博少小執摯敩爲文於許彝定夫子，二十年來，夙夜勿懈於學，大懼亡以稱夫子之陶成。而夫子乃不以爲不可，遂詔之表於華貞節婦之墓曰：

華貞節婦許者，夫子姑也。蚤歲，許嫁同里華禄延，未迨吉而太平軍發難，禄延流徙兵死，人皆以許氏女不得婦於華，其必有歸也。而貞節婦則泣涕漣漣，曰："嗚呼！何歸矣！"遂以白衣冠廟見於華，侍翁姑克諧以孝。翁卒而喪葬號盡禮，人謂翁亡子而有子也。姑祝，亦既老至而耄及矣，便遺不覺，昏旦不知，而貞節婦扶持熸洗，每日必市肉供甘旨，而己則饘粥有不飽。一日，疾發，瞀不曉人事。省疾者見其喃喃譫語，聽焉，蓋慮不得肉飫姑也。論者乃歎其發於至性焉。如是者十有四年，姑歿，乃大歸以依我夫子。某歲正月某日卒，年八十四。而夫子悼之甚，且懼幽懿之不昭，而亡以發貞節婦志意也。

嗚呼！如貞節婦者，豈非所謂夫亡未昏而守志者哉！於《禮經》爲亡據，明歸有光著論非焉，重女貞者輒又援《禮》"女子許嫁，纓"明有繫屬之説爲辨，嘵嘵焉若恐不得於禮爲詬病者。嗚呼！如貞節婦者，彼其所爲，亡亦本之情性，壹任乎天倪之自動，以爲不如是不心安理得而已。烏知所謂禮不禮也哉。自儒者則古稱先，動引聖人，而天下亡真性情。今夫春生、夏長、秋殺、冬藏，天之道；喜怒哀樂中節，聖人之道。然且隕霜殺草木，春夏桃李華於秋冬。子聞弦歌武城則笑，遇舊館人喪而涕，是哀樂不皆中節也。當其元氣鼓動，性情感發，天與聖人，不能無違道失中之時，然世不以病天與聖人而益以見其至。於禮何有哉！如必聖人所許，《禮經》所載而後得爲，譬俳優登場，搬演古聖賢人，悲歡遞出，非不俯仰畢肖也。然我之爲我不見，則是率天下而優孟衣冠也。其人與骨則已朽矣。乾坤之不息者幾何哉！惟天下至情至性，行乎所不得不行，爲能彌綸天地於不敝耳。嗚呼！如貞節婦者，誠其人也。遂爲發其志意而文墓道之石曰：

嗚呼！石有泐兮，情不蝕兮，此華貞節婦之阡也。後之來者，尚其式。

（原刊於《彤美集》，許國風輯，1921 年出版）

春申君里墓碣辛丑

吾同産兄弟姊妹十一人，而吾得見者，大哥、二哥、大姊、餘弟及細妹而已。吾生四歲而二哥殤，十五歲，而細妹殤，又明年，而大姊夭，同氣疊摧，大哥、餘弟僅存。而吾母亦憔悴哭泣以死。於戲傷哉！

二哥名基恒，字仁卿，十歲能文，出語驚其長老。伯舅閣讀君嘗指以戲吾父曰："諺云：'外甥不出舅家門。'此無愧吾甥，然不似君家子。"吾父恨之甚。然果以早夭，年十六，時光緒十七年。疾革，醫者陳姓方診視，二哥昏瞀之際，高聲誦《左傳》、《文選》諸書，琅琅不已。醫者出，微語曰："疾不起矣。"問之故，曰："儒者之誦詩書，猶賈者之權子母，皆平日意念之所經營，精神貫注之所在也。一旦病起，或以是爲譫語，厥徵邪入心經，而心失所官矣。庸有幸者？"後六七年，而餘弟瘴瘧，其壯熱譫語誦書一如二哥。吾父聞之歎曰："吁！其又爲阿二乎？"僅乃得瘥。蓋餘弟温文不如二哥，而天資爽朗過之。吾父不僅以少子故愛憐之甚，或且有逾於二哥者焉。二哥嘗從學文於吾宗叔懋孝廉，孝廉寵之甚。及其病也，則亦戚之甚，遂爲筮《四書》課以占之，辭曰"子哭之慟"，蓋《先進篇》"顔淵死"章第二語也。孝廉嘗爲余言之如此，且曰："仁卿，吾黨之回也。"二哥之可述者也。

大姊名素琴，少二哥五歲，長我不過七歲。而吾及餘弟、細妹，自少小提抱以迄盥櫛飲食，皆大姊顧復而噢咻之維謹。蓋教我而佐父之職者大哥，長我以代母之職者大姊也。細妹名月琴，少大姊九歲，明敏不如，然豐容盛鬒，骨相端重，吾母常以爲載福之相，指語大姊曰："汝不如也。"詎意先大姊一歲而殤。初，吾父購春蘭一莖，萎矣，遂棄之階下。至秋怒茁，花而並蒂。云爲蘭，非時；云爲蕙，非形。吾父心惡之，曰："物反常爲妖。"吾母則爲解曰："大兒以蘭爲字，茲者蘭萎重茂，或者大兒有嘉應乎?"已而華爲雞啄，卒以枯死。吾父則惡之甚，時光緒二十六年。明年三月一日，細妹暴死，年十三；又明年二月二十五日，大姊死，年二十四。吾母泣語吾父曰："此蘭萎之徵也。"自大姊之死，吾母撫吾及餘弟恩勤有加，曰："昔日撫畜汝者，姊也。今亡之矣!"吾父以光緒二十九年葬二哥、大姊及細妹於惠山之春申君里。基博碣而爲之銘曰：

噫吁嘻！吾哥吾姊妹，聚骨肉於斯。千秋萬歲，其永綏於斯！

（原刊於《北堂永感録》，錢基博編著，1921 年出版）

章先生墓碣銘并序

中華人民建國之十二年七月十六日，故清翰林院編修江陰章琴若先生卒於里第。章氏於余，舊姻也，余從兄紫綸將次君霖之命，以詔於余曰："里人王君希玉則爲之傳矣！子其銘之墓。"然余讀王君之傳，不矜奇字奥句而落筆磊砢，如下危厓，如虬髯顧盼，劃然軒昂，斯足以振發先生之生平而垂揚懿休於無既焉，奚以銘爲也？既固辭不得，請謹撰其要而系以銘曰：

先生生清咸豐五年五日初七日，年十八補縣學生，中式光緒壬午舉人，戊戌成進士，殿試二甲，朝考一等，改庶吉士。既謁舉，主壽州，相國孫文正公器其學，奏派充京師大學堂算學教習，輒取西人狄考文所著《演詳草》焉。既則遺書狄氏，最所不可通者如干事，錯誤者如干事，校讐不精者如干事。狄氏復書謂："吾爲此書能卒業者幾人，而今得諸吾子。"

會康有爲、梁啓超謀變政，無成功，朝議惎大學甚。既不得行所志，則以母老請養歸，主邑之禮延書院。尋改學堂，訂規程，禮賢師，風氣所鼓，來學者衆。不能容，則就邑之東南創設小學，命名輔延，厥爲閤邑私立學校之權輿，而命次君霖董其成焉。自以邑人歸望，統籌全局，以爲欲普及教育，莫如多設學校，欲多設學校，莫先廣造師資，於是設師範傳習所，並命次君霖偕女夫沙誌衢自費留學日本，習師範，所以倡也。亡何，大同李殿林、灌陽唐景崇先後督江蘇學政，聘任南菁學堂庶務長兼教務長，尋晉監督，以丁未冬入都引覲，奉旨授職編修。江蘇提學使周樹模奏留，辦理南菁學堂，自是主南菁學堂者終其身。其間嘗壹被舉爲江蘇咨議局議員，誼所不可不爲，唯隨。南通張謇方以巍科雅望，擅文章經濟，被推爲咨議局議長，與先生論鹽政持不下，啃曰："君真讀書人哉!"先生吶然良久，猝曰："老前輩豈不識字者耶?"相與大噱而罷。

辛亥更國體，第六鎮統制吴禄貞既被殺，其弟祐貞方守江陰砲臺，恚甚，則大會軍民於南菁學校，議所爲韡劍相戛，鏘然瑟然。先生既以校長與於議，譚言微中，地方卒以無事。又二年，黄興以南京舉兵，而袁世凱則調海軍薄江陰砲臺，將縱砲。而吴聽臚寔以邑人署縣事，交關其間，卒罷兵，以免地方於難。先生亦與有力焉。

先生章氏，諱際治，琴若其字，初以舉人肄業南菁書院。南菁書院者，侍郎黄體芳督學江蘇時所闢以課士，而治經史詞章之學者也。嘗蒐刻清儒經解一千四百三十卷，名曰《皇清經解續編》，以續阮元書。而一時抗師顔主講壇者，曰南匯張嘯山先生文虎，曰定海黄元同先生以周，皆經師樸學，爲士流所歸。而元同先生稱禮家宗，著《禮書通故》一百卷，集今古禮學之大成。先生寔元同先生弟子，而《經解續編》、《禮書通故》之刻，先生皆與於校讐焉。迄今能讀兩書者，猶得時於卷頭紙尾覯先生姓名也。先生研治古學，尤嗜《九章算術》。《九章算術》者，蓋周官保氏之遺法，漢張蒼刪補校正而算書之最古者也。先生既治之有會，則納交西士傅蘭雅，與譯泰西算書，如有明徐文定之於利瑪竇，近代李壬叔先生善蘭之於偉力亞烈。由是洞明數理，倬然名疇人之學焉。子七人，曰蘭玉、霖、棟、懋、彬、根、楚，而早著令譽，相厥考以有成者，尤推霖，是即詔余以銘者也。其它世系子姓，胥詳家乘。而特著學行之大者，以碣於墓。系曰：

豐於學，《九章》以名家；遘於亂，片言以止譁。人所矜有，於先生何加？我銘阡石，詞匪誇。後之行道者，尚式之耶！

（選自《潛廬集》，作於 1923 年 9 月）

丁節母王太夫人墓碣銘

維我中華民國紀元之十一年二月二十四日，無錫丁節母王太夫人終於內寢。又三月，今大總統黎元洪再正位，額其堂曰“志潔行芳”，蓋距丁公澹人之歿，二十有六年矣。而丁公之祚將墜而重光，丁公之子，亡父而有教，皆節母之力也。節母，無錫南方泉清封中憲公王望溪先生之女，母袁夫人，以孝敬特爲父母所愛。生十九歲矣，既嬪於丁，相夫敬，克厥愛。君舅鶴皋先生，方以通海起家，而慷爽喜施與，鄰里族黨造請者，趾錯於門，而節母尊尊卑卑，壹接以禮，酒漿供饋，罔不盡歡。事威姑尤太恭人，愛稱其敬。奉膳羞，未嘗不甘；議酒食，未嘗不愉；大而賓祭家計，未嘗不與營慮；小而炮熇烹飪，未嘗不躬親也。姑語於人曰：“自新婦來歸，門以內事，吾壹不何問矣！”光緒十九年，姑尤太恭人卒，繼姑過，節母事之如尤恭人，而丁公以毀死，鶴皋先生大戚。於時節母年二十有九，長子啓鴻甫八歲，少者啓鈞在抱耳。丁公之歿五年，而鶴皋先生又卒，業以大落。節母每撫孤子而詔之曰：“汝祖以艱難起家，而不克有其子。汝父盛年而不克纘汝祖之緒，天也。吾所以忍須臾無死者，徒以汝兄弟在耳。”顧不爲姑息，愛孤子之幼也。自塾中攜書歸，往往躬執爨炊，踞竈觚而督之背誦，不許有躓字。及其長也，俾習爲賈，俟有以自立。而後爲娶婦，女嫁以時，料檢衣笥，豐約中度。而啓鴻、啓鈞能順承母志，劬於所治，用以發聞而爲殖貨之雄焉，可謂孝子養志者矣。嘗語於余曰：“吾母生平無疾言遽色，約其口與體，以及孤子女，無所不約，而戚里有緩急，則又無所不救恤。僕婢有爲奸欺者，輒爲隱默，曰：‘吾彰其過，恐彼不能事人也。’堅貞蒙難，雖極困乏，從不以告人，卒扶衰救敝以再造我丁氏。”於戲！是可以愧世之士君子，謀人家國，而終始易節，不能無墜所失者。節母生讓清同治八年己巳三月初十日，年五十四。子啓鴻、啓鈞，女一，高廷奎，其壻也。民國十二年十月八日，祔於丁公之兆，漆塘山，其阡也。謹碣而爲之銘曰：

節母之配，丁公龤龤。有德亡年，而母抱貞。公之藐孤，母實成之。公之墜緒，母乃擎之。二孤者才，母德以宏。誰碣於阡，我姓錢氏基博名。

（原刊於《無錫丁氏宗譜》第 3 卷，1929 年出版）

王貞孝女墓碣銘

貞孝女，上海王氏。父焕，躬耕不仕，能以文史自娱嬉，潛德勿耀。而母氏倪，壽躋九十又二，稱邑中大母，實生讓清乾隆帝太平極熾之日，欽賜粟帛而旌其門曰“淑德長芳”者也。生有三女，貞孝實第於仲，幼而授書至《列女傳》，載北宫女子徹環不嫁，輒往復誦説，如有餘慕。及笄，將爲擇壻，女意不欲曰：“兩弟于役在外，居家之日淺，而伯姊又嫁，妹弱小不曉事，設復嫁我，誰何侍大人者？必不可。”父母憐其意，不忍奪也。父殁，女年二十有六。自是怡聲亹亹以承事母者，又四十有六年。迨母之殁，而女年七十二矣。上海縣知縣李文耀書贈匾曰“北宫媲美”，而采其事入縣志，時在乾隆之十四年也。厥有弟經，哀敬姊氏之貞孝，不渝所志，終其身奉之如二母焉。貞孝實生康熙十五年丙辰正月十五日卯時，以乾隆二十三年戊寅正月十八日戌時卒，年八十三，而弟經葬之本縣二十五保一區十二圖，望海墩之水北，癸山丁向，俗稱貞女墳者是也。伯禩而后，陵谷變遷，地幾易主矣。而經之雲孫曰寶崙者，始按索而歸焉。寶崙名鋐璋，以字行也。將伐石以碣于墓而詺，無錫錢基博爲之銘：

世風之媮何可吁，女不有躬見金夫。跕屣珠襦逐相娱，耶猗娘猗胡爲乎？

彼躬不有奚于親，獨女不字葆其身。婞娱父母謹笑嚬，七十二歲守終純。母大耋猗女髮皓，猶祝康頤善相保。願母千春容顏好，婉娩聽从不稱老。曰誰何女氏則王，望海之墩貞蜕藏，誰碣石者王鋐璋。我銘詔後勿夷發，曰貞孝女之所委骨猗，後之來者尚謹展謁。石可泐猗，懿不滅猗！女貞樹萎，芳不歇猗！

（選自《潛廬集》，作於1925年7月）

王太公太母墓碑

太公，上海王氏，名棨增，字澹孫。太母，徐氏，太倉徐石圃女，年二十作嬪於太公。太公廣大而裕，太母正直而静，廉而謙者也。太公，故世賈也，父越，治産積居與時逐，輒有奇羨以饒其生，三娶妻，五舉丈夫子。而太公，元妃瞿出也，實以長子克家廢著鬻財，筦錢店，權其子母，壹時最爲饒益，名卿大夫争禮下太公，傾意交歡，闊略①无所虞。爲某官中，盡取其財，以還賄於朝貴，而業大敗。某官，故有氣力，人所慴也。無誰何，則以責償於太公。太公則傾其蓄，不足，益以父之蓄，廑乃無事。歸朝父，父則大怒，罵曰："吾老，若小弟妹多，若盡吾蓄。吾縱憐若不責若，若何面目對諸弟妹乎?"太公怍，無自容，不敢膺也。太母見事不解，則長跪泥首請曰："新婦有少飾物，願盡以獻大人。有不足，幸大人哀憐兒子無狀，少憭緩之。"泣，君舅憫，呼之起，歎曰："澹孫愚，苦新婦矣!"迺不督過於太公，而太公幸卒能自振，以復父之財，以葆兄弟之愛，亦太母有以善相之也。太公素性爽亮，躭酒，喜與人劇談，或凌出其上。既敗事而氣不挫，飲酒好議論如

① 略，原作"畧"，形近而誤，今改正。

故，飲益酣則議論益多，往往以此迕罪宗親長者，而太母彌縫匡捄，循循婦道，怡怡閶闔，其間蓋多曲艱隱厄不可以言傳者。太公既不得歡於父，獨太母能慰解君舅之意，有請，未嘗不許，且曰："新婦誠賢婦也！澹孫事潰敗不自振，而新婦節衣量食，區畫綜理，未嘗使澹孫憂。吾誠憐澹孫，然吾無虞於澹孫矣。"如是以爲常。太母以讓清光緒二十五年五月二十日卒，年五十五歲。後十二年，太公卒，實宣統三年四月初七日，年六十六歲。生七子：長姒湖，女也，曰張恩鏕，其壻也；自姒湖以下胥男也，曰鋐梁、鋐琛、鋐珩、寶崙、鋐緒、鋐煇，五子者殤，獨寶崙奮自立以能有成也。比與余交，蓋端毅君子人也。輒垂涕而道太母之末命曰："吾年二十一歲，吾母死，輒把吾手誡曰：'我死，兒必好自立。'吾不早自立，吾父、吾母不及生見之，此吾之至恫也。吾卜吉，得龍華之原以藏吾親，而揭墓之文有闕，敢以請也。"謹最其指而係之銘，曰：

嗟公虖！極豐而嗇不遺銖，氣不撓，容何腴！婦而賢，甘虖瘏。悦君舅，用慰夫。夫不振，勗厥孤。孤有成，泣曰："吁！我父母何勞劬，世世子孫勿忘荼。"願。文阡石遺之謨，我誠修辭勿敢渝。

（選自《潛廬集》，作於1925年8月）

邑老周君墓碣銘

君生於無錫，終身賈也，而有士君子之行。七歲，喪母全太孺人。繼太孺人李，稟志貞剛，實相厥考達三公，以威克厥愛。督教之嚴，曾不以君稚齒喪所生故矜恤焉，笞楚已甚，而君没齒無怨言。君則壯有室，而有異母弟三人。李太孺人愛憐少子異甚，謂君長大可自立。君則唯，迺賈趨利，於上海爲人主計餘三十年，僅兩易主。始有事於謝永昌錢號，主者精覈嚴率屬，獨謂君長者可任事，推誠無間言。大冶祝蘭舫先生器君勤能，召掌計，迺更事祝。祝氏之先，無錫人也，用鐵冶爲業，富至數百萬，能擇人而任。時其有所試，卒然問君也，君則舉數以對，如響斯應，無晷刻遲，無纖屑遺。母歎君彊識過人。君既以發聞起家，而李太孺人撫育三親子，無以爲歡，獨欲依君以居。君則曰："事母，兒所願也。獨母纖儉習事，饒積蓄，茲不以私所出而來即兒焉。三弟其謂我何?"李太孺人迺止。迨李太孺人之歿，財物無所取，獨取絮襖壹襲，曰："吾大母許太孺人之所嘗服焉，見之如見大母也。"里鄗歎慕，以爲君賢。君孝友於家，忠信於所事，掌計祝氏者二十五年，銖黍有記，從容出内，雖在闤闠而手不釋卷，喜誦説文史，治醫方書能抉利病所在，刊有《經驗良方》及《治家格言繹義》等書，于前賢嘉言懿行，尤心慕而手追之。年六十九，再告老於祝氏，能以禮全其始終。自是棲神家衖，偃息以養天和者幾十年。嘗以其間葺祖墓，簒宗譜，行仁于家，行義于鄉，具詳君自著年譜，茲不贅也。今年之春，嘗夢游社廟，月白風清，極有賞會，既而寤，詔于子孫曰："吾一生清白如此風月矣！"遂以二月二十日卒，距生遜清咸豐紀元之十月十三日，得年七十七歲。配袁孺人，少君二歲，孝恭雍睦，實能齊懿以有成於家，生四男子，曰鎮、融、冕、鉞。鉞殤；融通電學；冕亦習賈，皆勤慎稱其家兒，而早世不禄。融聘婦張，克守女貞。而冕娶於蔡，遂以身殉，是則君之所隱痛也。獨存鎮，能以醫活人，方絜勤審，人以爲象賢於君者焉。其葬君也，以中華民國之十六年夏曆某月某日無錫縣西郊九龍山桃花之塢，在其舍西三里。同縣錢基博謹揭玄宫之石而系之銘：

周氏憬名字莘農，濂溪先生君之宗。君賈而儒賢繼蹤，婦烈子材德所鍾。前驅九幽歡承醲，紹世者鎮以有封。我文碣石告樵從，曰君子之阡尚式恭。

（選自《潛廬集》，作於1927年8月）

高母喬太君祔碣銘

太君，無錫喬氏，諸生子馨先生之女，年二十一，迺歸於高，而用有家於老愚先生。先生至性通德，敦行不怠，吾嘗傳其生平以式我邦家，而令聞令譽播誦四方者也。太君敏於德，詳於禮，拮据持門户，修身飭行用，能輔佐勸勉其君子而相與以有成者蓋四十年。内諧外附，有疾皆餽，間及喪來弔哭，皆哀有餘。湘潭袁思亮既爲之傳，雅懿可頌，足以敦薄俗而明婦順。然後知老愚先生之處約不困，在卑無污，而皭然有以自潔修者，太君之相之也。先生既殁之六載又十日，而太君卒，爲中華人民造國之十二年九月初十日，距生於讓清咸豐七年八月初一日，得年六十有七。子三人，曰文焕、文彬、文海。文海最稚弱而焯有至性，能不没其親之懿，以顯揚於當世。將舉太君以合於老愚先生之墓，而同縣錢基博銘其碣曰：

於嗟太君，惟德之馨猗！有嚴葬祔，妥汝靈猗！千秋萬歲，眎此銘猗！

（原刊於《無錫國學專修學校校友會集刊》第 1 輯，1931 年 6 月）

陶母姜夫人墓碣銘

吾宗達三陶氏，原其先世錢之自出，世所稱錢陶者也。亦既以謹厚通敏，敬教勸學，翔譽邑里。箸籍弟子幾千人，而躬行無文，輒好稱引先德以刑于家，以風厲末俗。每爲基博道母夫人之至德劬行，聲發涕隨，感不絶於予心，遂次其意而碣于墓曰：

夫人姜氏，考某某公賈而有士行，其先世爲徽州人，既以貿遷來歸，遂爲無錫人。太夫人少而失怙，會遘世屯，江南雲擾，太平軍作難，隨兄侍母，轉徙兵中，危而廑全。年十九，作嬪於陶，則達三之考曰繩武公者也。繩武公既世素儒，一經傳家，大亂以後，掃地赤立。教授里中，廑給饘粥。而太夫人虔事夫子，愉色婉容，未嘗以米鹽爲戚，曰："君子固窮，吾豈出素豐哉！惟勤斯不匱爾。"尤工刺繡，魚蟲花鳥，栩栩自十指中出，日可得一方尺，意象生動，睹者神怡，傳播海外，以爲奇觀，士女傾動，如恐不得。負販者日致千金之利，而太夫人廑以食貧作苦相繩武公，以有其家，曰："得此，吾可以無虞於夫子矣！"有子七人，女二人。乳哺必躬，盥沐必親。尺布寸縷，一手拮据，而衣未嘗不潔，履未嘗不新。入其室，寂若無人焉。太夫人於達三兄弟，未嘗有疾言遽色，然教誡不少勧。每自塾歸，必親理其餘課，寒暑風雨之夕，四壁蕭然，一燈熒然，母炤繡而兒倚誦，書聲、刀尺聲若相響答。達三每言及此，忽忽如昨日事，未嘗不爲淚涔涔下也。太夫人以讓清光緒三十一年卒，距生於咸豐七年，得年五十二歲。子七人，而長大以底成立者得四人焉。長守恒，即達三也。次某，字仲明，蓋善治生以自饒益其家者也，晚而皈心净土，亦畸人也。次某。次某。咸能自食其力以劬所業，而無求多。於壹世雖未能以顯親，而庶無忝於所生者焉。女二人，婉静有母儀，過昌基、孫葆楨，其壻也。系之銘曰：

吁嗟虖！世唯女之崇也。女德無極，容飾以爲工也。亦媲素門，有不安于宫也。皇矣有母，昭明以有融也。而甘虖劬，安虖瘏，以致瘁於厥躬也。尚克相夫子以代有終也。後有婦於我子姓者，尚式母以爲女宗也。於戲！有家道隆，則從而隆也。

（選自《潛廬集》，作於1932年10月）

宗嫂陶室諸夫人墓誌銘

夫人，無錫縣東鄉之楊亭諸氏，國子生諱庭烈公之長女，年二十五，來歸陶子明。陶氏，吾錢之所自出，世稱之曰錢陶者也。子明，爲吾錢氏吴越武肅王三十二世孫，博兄事焉。得夫人，以有其家，以宜其子孫，男培基、賡基、德基、磐基、丕基，孫式鈺、斌鈺、藝鈺、韞鈺、寅鈺、鴻鈺、駿鈺，曾孫增潤，曾孫女四。以夏曆壬申年正月初四卯時，疾終内寢，距生於遜清咸豐七年丁巳閏五月念三日，得年七十五歲。男培基、磐基既早世，賡基、德基、丕基咸克自樹立，以永終譽，用卜吉某月某日葬縣北鄉堰橋東麻圻橋之原。子明之教也。夫人爲人孝順勤儉，稟於性初，自其爲女年六歲，喪母沐，能撫教同懷弟曰菊初者，以善事繼母黄，順承於厥考，維匡調娱，不失其正。及婦於陶，兄公四人咸彊立，子明最小弱弟，設張舉措，弗克自剬，夫人實佐以秉成，罔有忤志。子明吶吶長者，果敢任智，數於諸兄弟最下而廢著鬻財，獨以饒益。既用起家，昆從子姓，緩急時有，有不得於子明者，輒曰亡害，必得當於全嬸。請於夫人，卒如所欲。子明委心聽從，曰：“吾婦未嘗費一絲一粟以自潤益，獨不吝吾財。曰：‘敢以爲惠，尚或無斂怨，是吾志也。’”禍亂薦臻，賑災發粟，所費亡慮鉅萬，而世不知。曰：“善可爲而不可爲，是以盡吾心爾，奚用炫耀以賈禍?”不爲聲章，其可知者。方當中華人民建國之十七年，賑江西兵災二千金。越三年，爲二十年，再賑三千金。是年江北大水，賑一千金；陝西旱，無穀種，賑如之，尤焯焯者也。顧子明勤生嗇欲，壞[①]衣薄食，匪素席豐履厚者，錙銖積累，廑以作苦起家，而能不自私所有，深思至計，惠逮於中國，蓋其夫人之相者爲多。夫人温良博愛，物無不盡之情，内諧外附，持以太和。賡基婦顧，尤所歡愛，年逾七十，非顧所爲屨，弗適。顧能曲意承之，以娱其老。於戲！夫人之德若是，應銘法。銘曰：

財以斂怨，胡積之爲皇矣。有母皓首而龎眉，用相夫子。散勿疑，得喪自我，何成虧也。吉日惟良，以委骨於兹也。示後作刑，銘之詞也。

宗人錢基博敬撰

（原刊於《陶氏宗譜》，1931年出版）

---

① 壞，原作“壤”，形近而誤，今據文意改。

武山李太公墓碣銘

中華人民造國之一年，同縣顧述之先生，躬行君子，用顯庸創制江蘇省立第三師範學校於我無錫，欲以鄉賢顧端文、高忠憲體認心性、明辨義利之學，揭櫫師範，坊表後生。而甘肅李恭於七年畢業武山之蓼陽小學，特以學行冠其曹偶，主者選送來受學。恭爲人木訥，寡言笑，顧劬學甚，獨暱就於余爲文章，彊直自遂，不屑屑爲含蓄頓挫以取姿態。余歎隴上土厚水深，恭之得天者厚，宜爲文章之大樸不琱也。既竟所學而歸甘肅，十年之間，一長中校，再視省學，精勤治事，尤介取予，蓋述之之教也。籍籍有聲，稱隴東西，意不自憙，輒舍去，入舊京從歙縣吴承仕游，好古敏求，剬志服教，若將終身焉。而言文章必歸余，自以昔年旅學來無錫，而太公會棄養，戚戚不怡，欲以闡幽之文見諉。余不敢辭，又未暇以爲也。今歲夏，數千里致書來責諾，蘄必得請。余雅不欲以文章譁衆取世寵，然苟可以慰仁人孝子之心，張皇幽懿，諷眎天下，則亦何敢有所遜謝退讓諉避也。況於恭之學成行立，大孝終身慕者乎！亟復於恭曰："狀來，盡三百六十日必有以償諾責也。"既得狀，而恭媵以書曰："余兄謙，實爲之讀焉，則辭意悃愊。"其大指要歸明農勸學，敕厲諸弟以無墮前訓，不爲虚譽，可謂善述其親者也。斯足以明太公之義方而徵謙恭之式穀者焉。按狀：太公李氏，諱蔚章，字文軒，甘肅武山人也。父鄭生公，諱勝蘭，例監生。敦詩説禮，闇修勿耀。以有子三人，伯仲既弗禄早世，寔用鍾美於太公，蓋得之晚也。鄭生公既以積悴霣落，太公於是生十六年矣。弗克負荷，是爲大慼，敦行以繼志，力耕以自活，用能弗替，於家有孚於衆。稟性介特，未嘗回枉，宗鄰戚里有不軌於道，唯懼或聞，聞則大聲訶語，面發赤，弗納於程不已。而片言細行，釐然有當於心，則又忻如己出，稱道之不容口。畏威服德，鄉邦歸高。其居家也，務勤治生。娶康夫人，爲廩生子模公季女，年十五來歸太公，饁耨種菜，口不言勞，用能濟美，以相莊也。既而舉五丈夫子，長大娶婦，稚者辟咡，日大蕃息，又資謙、恭以游學四方，恭敬教勸學以來江南，而謙治陸軍，則伉健爲閭豪所憚，文武幹濟一門，彬彬矣！然而力耕所穫，寖以不給於用，太公患之，康夫人曰："是在我男耕女織，奚貧之患?"顧武山無績者，則於三百里延一媼，善績，而康夫人躬自學之，以率先諸婦，朞年有成。婦賦一機，日競於績，財以不匱。太公少時，亦不廢書，既而棄之，晨夜力作，亦或歌謳以解劬苦。其爲謳也，無節奏韻度，而自以意會。其大指歸於力田人生之根，蘄賡之世世萬子孫，以無相隕替。抑揚隨口，韻律諧耳。鄉里少年，斆爲娛戲，稱李伯伯之賡根曲云。曰伯伯者，蓋尊之之辭也。太公作苦以起家，而不屑屑於纖嗇，見義必爲，臨財毋苟，廉於取人，而捨則勇。里中秦姓，署券貸百金，久莫償。既而寢疾，太公蒞視秦，叩枕曰："大惠無以報，而疾困不自振，幸稍寬假之。"語且泣。太公袖出券付其子曰："善視父疾，勿以此爲慮也。"於戲！太公匪素席豐履厚者，而脱手百金，曾不以爲嫌，蓋尤搢紳大夫之所難遘已。太公實以民國八年十月卒，距生讓清同治十一年幾月，得年四十八歲。子五人，曰謙、遜、恭、讓、敬。謙、恭既自振起，以克有光於前人。敬亦儒雅。而遜與讓則敦耕以長，世農之子恒爲農，可謂不徙其業者也。先是恭之出也，太公語之曰："脚跟貴自立定，毋貪冒於財，毋荒嬉於學。"恭每奉以周旋，弗敢失墜，曰："生我者父母，教我者亦父母。余寧爲硜硜鄙夫而莫亡知，不願效堂堂乎張之難與爲仁也。"庶幾繼述之善，亦有足多者。既卜吉某年月日葬太公某山之原，於是無錫錢基博次第生平而碣於墓，謹系以銘曰：

道絶人紀莫知崇，坐食癡肥豢厥躬。有矯隴右李太公，力田而食恥與同。餘事詩書瀹其衷，清白傳家天篤終。埋骨此丘氣鬱隆，刻文揭懿吐辭鴻。吁嗟乎彼蒼者穹，亘千百世妥幽宮。

（選自《潛廬集》，作於1932年8月）

唐室馬夫人墓碣

馬夫人者，太倉唐文荃之妻也。文荃志在四方，授甲南贑；而夫人實撫有其家。值國禍荐臻，東人閧釁，狡焉思肆，屯逼淞滬；列營緣戍，久而莫逞。我軍不戒，偏師撓敗；寇勢以深，軼我婁縣。種落扇熾，先以飛機，雲翔數十，擲彈星隕。惴惴士女，逃死匆皇。而夫人偃病在床，志不違難。女慶泓，子慶焯、慶福，扶持不離，匿就慈親，而夫人指揮若定，俾毋并命，在險彌亮，稚弱以全。彈集其室，遂用軀糜。母許視疾，棟摧壓焉！女慶泓幼而純孝，惬惬窮城，未能將母，必全自出。而匍匐捄喪，百計罔效。敗兵狼駭，呼籲道左；有將哀之，驅率徒衆，發覆曳許，廑絶后蘇！祖孫煢煢，幸全覆巢！予季來歸，相依爲命；而孝友之性，不譽於戎陣；婉娩之容，無改其倉卒；亂離斯瘼，用挈小弱弟以歸命於父。傾以不毀，險而濟屯者，豈徒夫人之仁慈，而亦慶泓之貞孝，有以克承之也。其諸父文治，有聞於國，哀而彰之；余服教久，用碣於墓，以慰其意。銘曰：

是無隕墜其子以糜厥軀。我身糜矣，而心則愉！怨雛枯楊啼嗟吁！欲報之德，吾豈徒繩繩，千世辭勿渝！吁嗟乎！

（選自《潛廬集》，作於 1932 年 8 月）

瞿少安先生墓闕銘

先生氏瞿名映垣，少侍厥考金沙村。于時俗學方騰騫，發憤壹力探孔源。崇實黜華何藉言，躬行式鄉吾道尊。箸籍校官氣温温，傳經才傑出其門。春風習習頌師恩，百世所仰薦蘋蘩。立謚敏定昭衆惛，美澤不滅視後昆。子賢揚譽高崑崙，媞媞女亦稱淑媛。維歲甲戌奠靈源，遺風若接石闕存。

（原刊於《新無錫》，1935 年 2 月 18 日）

唐保謙先生墓誌銘

先生諱滋鎮，字保謙，無錫唐氏。父子良公富，好行其德，有六丈夫子，而先生次仲，兄郛鄭先生，弟若川先生，昭章麗藻，競爽一門，先後鄉舉，高步京輦；而子良公老成耆德，典型邑里，廢著鬻財，壹委重先生。

先生順承厥指，恢宏所業，心計目營，躬執煩苦，歲歉無蹶，時絀能贏，久之遂富。於其舊而輯睦弟昆，弗競弗盈，子良公能安其任，兄弟莫疑。其專内諧外附，人尤以爲難。子良公之謝賓客也，先生紹休前緒，殖貨考工，不墮益奮。郛鄭先生仕宦京朝久，能知四國之爲，既奉朝命以赴日本察其工商，歸語先生，謂："通商者，此往彼來，而今何如舶貨雲集，有無無以易，出入不相準，漏巵涓涓，積久勢涸，如人貧血，骨立形銷，雖有善者，亦何能救而起衰？有道必在實業，酌盈劑虚。"極之至纖至悉，誦言太息。先生聳聽，承父之業，成兄之志，意氣彌厲，雖纖儉習事，其意淵然，以天下爲量。凡所經營，曰益源、福源兩堆棧，曰九豐麪粉廠，曰錦豐絲廠，曰慶豐紡織、漂染、整理第一、第二兩廠，曰利農磚瓦廠。其言利匪以自饒樂，思自效工賈，宏此遠謨，而爲國家塞漏巵，爲邑里興大利。先是，南通張君謇振實業，鄉里有大效，聲績播海内。先生知略成就差與頡頏，而名聲不昭於時。然張以巍科官京朝，久執政柄，有氣力，憑藉可自振，而先生困於資地，勤勤懇懇，獨盡心力於人，聲施之所不争，先幾而運，及其章效大著，利澤及人，則與張何以異！又張聲生勢張，卒以豐豢招人不諒，而名高毁叢，士論之所深惜，何如先生質直好義，無識不識咸以善人譽之。其於張氏度長挈短，未知孰爲後先也。傳不云乎："靡不有初，鮮克有終！"先生可謂能終矣。

先生長者，竺厚跬步，以禮自繩檢；鞠躬傴僂，容莊而色和，氣專而善下；與人言，若惟恐傷之。家故高貲，緟以開拓，極侈而豐，顧澹泊自甘，未嘗奉身以侈；而濟人急難，必逾所望，揮霍巨億，若己無與；凡有募施，皆出己貲，尤盡心於救荒。自邑里以推之，大江南北，楚豫陜直，遠而至於黑龍江，蠲動輒巨萬，滂仁穬義，澤滿天下，而不欲尸其名，每假溥仁慈善會以紓焉。嘗運賑陜西，災黎銜感，樹碑昭德，迄今巍立陜縣之甘棠廟者，是也。其它博施宏濟，事以百計。詔於諸子，皆能自力，勤生節用，何賴吾有，與其遺子以産，孰如及人以仁，處分所有充作善舉，死喪有救，孤寡有養，寒衣貧糧，咸曰有程。年七十有一，逮歲丙子，其冬十月二十二日，感微疾，五日大漸，遺令："勿發訃，勿開喪，徒飾觀聽，奚補孝敬，國奢昭儉，毋違吾意！"遂號佛而逝。實爲中華民國之二十五年十二月九日，時加酉，子孫崩摧，族戚哀慕。邑里聞者莫不稱敬，匹士行善者，未有若斯之著稱也。

先生以前清同治五年丙寅八月二十八日辰時[①]生。配陳夫人，先二年卒；基博嘗昭其懿德爲撰《唐室陳夫人傳》者也。子穀源、廷源、炳源、煜源。穀源、廷源早世不禄；而炳源出繼若川先生，爲之後。女婉容、始雲，蔡演存、王昌源，其婿也；璽寶、潤珠殤。孫瑞千、祥千、驥千、駿千、驊千；女孫振華[②]、新桂、筱霞、美珍、佩珍；曾孫大年；曾孫女麗娟、麗芬。將詹吉是歲冬十二月十六日，以葬先生而合夫人之兆。基博辱在世，舊服習仁聞，謹次行事以誌，立石系之銘曰：

上德不德，何有尸名？大利弗利，豈曰自贏？弗歉於約，何矜於盈？雖則不盈，以澤其牟。裔而罔弗，榮隆厖之。封胡卜弗亨，繇融之佑。有嗣必英，更千萬歲，以護此佳城。

（原刊於《新無錫》，1937年1月13日）

① 時，原在"配"字下，今乙正。

② 華，原在"驥千"二字下，今乙正。

蕭德義士墓誌銘

蕭德，美國之裨將也。嘗爲世界兄弟規矩會會員，名列三十二級。尤善馭飛機。於中華人民造國之二十一年，東人不道，以飛機窺我蘇州，雨彈自天，賊虐無辜，而末如何。君以僑客，奮與周旋，遂以身殉。於戲！暴日侮我之亟，我不自奮，而庸人爲我奮乎？於是我蕭德義士旌表委員會，既厚祭之於慕爾堂，乃葬之於滬西曰虹橋飛機場者。僕竊有慕，銘以寄意。其辭曰：

已虖蕭德！非我之族。日人陵我，於君何辱？見義勇爲，正氣攸屬。翱翔霄漢，而爲我搏①。貞不見佑，千丈一落。粉身碎骨，悽愴人目。哀聲動地，天胡此酷。銘之玄宮，昭假幽獨。

（原刊於《國立師範學院季刊》第 5 期，1939 年 12 月 30 日）

① 搏，原誤作“搏”，按：“搏”與“落”、“族”等字爲韵。今據改。

馬母劉太夫人墓碣銘

吾友馬君宗霍喪其母劉太夫人，亦既更序改歲。大孝永慕而有述哀之辭，將碣其墓以命於博曰：“天乎！吾父有四方之志，不有其家。而太夫人能撫而室，百端補苴，以安戚姑。以率厲二子，亘四十年，顧我復我。我藐孤無父有父，我馬氏幾墮不墮，則是太夫人之有大造於我馬氏，而烏可無碣以詔世世萬子姓也。敢以辱吾子，幸賜之文。”博敬以諾。按太夫人，衡陽劉氏。曾大父諱祖煥，清仁宗朝，以名進士官山西文水縣知縣，有循聲，祀鄉賢祠者也。父諱年燗，年十八，而以歸同縣馬公諱俊清。公倜儻不羈，文章夙成。十歲，從父客南昌。一日，文士高會，父攜以往。人謂童子耳，莫之省也。既而賦詩賞菊，人人細意吟哦，而公矢口成警拔傾一座，莫敢以童稚少之。長而有山水之癖，鑿幽縋險，何遠不到？尋勝而往，盡興則歸。如是者屢。而不以家爲恤者，賴太夫人以宜其家也。迨三十六歲，而高舉遐逝。有母劉太夫人，年五十幾矣。絶裾以去，而遺二子。長熾，年十歲。宗霍其幼也，纔四歲。奉親教子，一以委太夫人。太夫人鬻子以恩勤，奉姑以婉篤。姑安於奉以享遐齡，而躋九十有四歲，太夫人亦七十三歲矣。二子之長也，熾以勤恪爲大人長者倚信，秘書司法，隨所任也，而無不宜。一爲國立同濟大學訓導主任，宗霍尤樸學有文，儒林所重。二子不以稚年失父而墮其學，威姑不以白髮思子而攖其天。門衰以隕，而挈振焉，何莫非太夫人之以也。於戲！士窮乃見節義，而俗之偷久矣。士大夫讀書談道，平居放言高論，仰指天而下畫地，何人不以忠義自許，一旦國家有急，而如太夫人處變若定以貞固勿搖者，吾見有幾人哉！生斯世也，爲斯人也。降而瘉敝，寇深國危，而反顧事仇，不恤凶於而國以樂禍冒寵利者，更比比皆是也。於戲！士風至此，尚何言哉！大丈夫遘時多難，不能扶危定傾以安其國。而太夫人遭家弗造，獨克代終有成以撫而室。孰爲賢不肖，必有能辨之者。聞太夫人之風者，亦可以懦夫有立志矣。是烏可不揭揚之以匡拂一世，模楷群倫也。太夫人以庚辰八月十七日卒，實爲民國二十九年，距生前清同治三年甲子八月三日，享年七十有七。長子熾先卒，獨宗霍附身附棺，必誠必信，以妥於幽而碣其墓。系之銘曰：

吁嗟乎！母孰與儔！拄家之傾，持志之遒。恒其德貞，孰謂婦則柔？吁嗟乎！不恒其德承之羞，害於而國，亦媚於讎。彼丈夫也，而志之媮。尚其式母之墓以持志於不流。抑以立群倫之懦，寧以揚一室之休。

（原刊於《危言》創刊號，1943年3月15日）

無錫楊君岱澍墓誌銘[①]

府君諱曾詁，字岱澍，號通叔。而晚號節宜，則以遭倭寇之難，恫家國之喪，遜遯海上而欲有以明其志，秉德不回，維節之宜也。系出無錫楊氏宋忠襄公之後，代有明德，傳世二十八以迄遜清。有四品銜浙江海寧州知州諱春池，字秋苑，實爲君祖考。光緒己卯科優貢生而以知府候補湖北諱楫字石漁者，實爲君考。妣陽湖潘氏，浙江玉環廳同知諱駿之女，生六子，而君次三。年二十七，而君考以兩湖總督張之洞之命，出任湖北留日學生監督，君則隨侍駐日，以肄業日本明治大學法科，授學士。

迨民國肇造，而君出其所學以施有政，歷官南通地方廳檢察官，上海、江寧地方檢察廳，江蘇高等法院主任書記官、檢察官，又出而任靖江、太倉等縣承審員，勞形案牘凡二十年，而紛論折獄必以哀矜。迨二十六年八月，倭人作慝，無錫淪胥，而君已告休在家，則倉皇走海上，傷心家國，改字節宜，欲以愧夫降志辱身，而訾苦節之不可貞者。流離憔悴，遂以身隕，實爲三十四年七月十一日。越一月爲八月十日，而窮寇納命，河山重光，惜君之

---

① 本篇又名《楊府君墓碣銘》。

不及見也。然君之秉德不回，則固有以信其志。得年六十有四。配秦氏，同邑舉人檢選知縣諱堅字叔固之女。生三子，曰昌齡、愷齡、天齡。將於三十五年十二月十一日，卜葬上海西郊虹橋公墓第八百二十四穴。以博舊姻也，而撰次志行，以求碣墓。獨念君爲人質厚恬夷，以律令爲學，而以澹泊自足，簡而温，文而不懾。及其當官而行，和平質簡，不以官之小而不恪厥職，不以法之明而不恤其隱，晚罹寇難而能正其志，曰惟節宜，用晦而明，以潔其身，以式於後人，信足以坊表群倫，而垂昭世世。誼固不敢以辭，系之銘曰：

官無卑，志無枉。用晦而明，百世之仰。我昭以銘，辭無罔。

中華民國三十五年三月，無錫錢子泉撰文，北平王曼壽書丹，武進吴稚暉篆蓋。

（原收入《楊愷齡自訂年譜》，作於1946年3月）

哀　祭

江西提法使陶杏南先生哀辭

去年秋九月，博束裝赴贛應乎南安聘也，以母老病遲未行。適公奉命赴江右，道滬過博友廉部郎，讀博文善之，且詢博踪，部郎曰："此子叔季二人孿生，年逾弱冠，互以文行相砥厲，工古文辭。其季則予賓之矣，長者將赴南安。"且以博母病，倚裝不赴招狀語公，公曰："南安雖贛地邊嶺，嶠道遠，舟車不便；彼母又老病，不宜往。不如隨余之南昌，一水可通，往返三日程耳，俾孝子克遂其烏哺之私，是爲便。"部郎曰："善!"遂以電介博謁公客次。博辭以不曉文牘，且性崛傲不耐與仕宦者周旋，公曰："余本不强君所不能，從容諷議，如吴南屏客曾文正所，其可?"博不敢逃命，遂偕公抵南昌，是爲公知博之始。其年冬十一月二十五日夜，公偕博讀長洲嚴竹�詩文，邈乎若有思，闔卷嘆曰："自皇古迄今，著書稱説成一家言者，奚啻千萬數！而其垂空文以見後世者，卒不多觏，豈其文之不足以傳世而行遠歟?然余讀竹筠文，未嘗不恢恢可誦，而其姓氏曾不見道於文人學士之口者，何也?抑亦享大名者之有幸不幸歟?每見古之人，豐功偉烈，澤被生民，功在社稷，倬倬在人耳目，民到於今稱之不衰；而世之能言者多亦傳寫其事，反藉之以傳其文。余乃知立言不如立德立功之可貴也。子於古人之文，力摹心追，惟恐其不肖，曷亦少捨其所已能者，而勉循其所未能者，余於子有厚望焉！”因起，步室中者久之，旋轉不少休。而其懷抱之宏，惓惓不肖共躋之大道，於此可覘一斑。

越一年，庚戌三月十五日夜，博讀韓退之《張中丞傳後序》，聲琅琅震屋壁者久之，闔卷謁公署西偏之春藹軒。博居舟室，當軒前隔一墻耳。公詔博曰：“余嘗病子文畸於陽剛而莫知其所由，然而今乃知子之病於讀也。古人文有陽韻，有陰韻，而後之人讀之者，抗吾氣以與古人之氣相翕，當隨其韻之陰陽而有强弱之别，如曾文正公所云：‘高聲疾讀以暢其氣，恬吟密咏以探其趣；有出之噴薄者，有出之吞吐者；亢之則在青雲之上，抑之則在深淵之下。’夫各有所當也，而子之讀異是：有陽而無陰，有高聲疾讀而無恬吟密咏，有噴薄而無吞吐，有亢而無抑，此其所以病也！《易·乾》之‘上九’曰‘亢龍有悔’，夫文亦猶是也。子其戒諸?”博曰：“唯！某志之不敢忘。”公又曰：“子文肆而不醇，當藥以歸氏之文。”嗚呼！知博文者未有如公者也。人多知其雄放可喜矣，而未有知其文之短者也。公可謂知其短者也！夫惟知其短者，而後其道我之長也勿欺，而我乃有以自信。人有恒言：“子知我，勝於我自知。”公之謂矣！蓋公之不以博文爲非，不憚殷勤教誨，冀其寸進又如此。退，博志其言眎家君。家君曰：“善！汝可遂師之。”博以迹嫌攀援，雖蔦蘿幹弱不克自振，拔然亦亞，不願依附松柏效庸衆人所爲，且私冀所以報公者，當别有在，故未有以發也。乃效趙孟之役垂隴，賦《濕桑》之卒章焉。於其卒也，乃師稱之，匪惟承嚴君之志，亦拜公恩於無窮也。博實庸流，顧好自標異於庸衆，每作書，抵當世名卿士大夫，列詆其失以爲名高。公心非之而未有以難也。一日，博擬稿致某樞相，將非其所爲，眎公。公讀竟，輒取就火焚焉。博駭愕，公曰：“子毋然！余數欲規子，恐子不悦，言又止者屢矣。吾聞君子不欲加諸人而惡訐以爲直者。大抵文人之厄，多起於文字之微，好盡言以招人過，國武子之所以見殺於齊也。子數進，不用難聽之語以摩切貴要，吾恐其難免於今之世矣！”博聳聽，喘汗不敢出一聲，時則六月十四日夜也。越二十五日，言猶在耳而公殁矣。嗚呼！博識公，當己酉秋九月十九日；其捨我而逝也，以庚戌秋七月九日。侍公左右前後，才九月二十一日耳！故於公生平大節，無所知曉。獨念身在泥塗，不爲天下人所知，而公乃能略勢位而重文章，有國士之目。知我之感，不知涕淚之何從也。係曰：

並世生者，知我伊誰？飲之食之，公實我愛。不歧子弟，申諭再三。吁嗟我公！胡不引考？倏焉中摧，國亡良臣。亦繫私哀，抒情斯辭。不敢懷瑰，禮有以素。爲貴者永嘆，夫逝者之不可回。嗚呼哀哉！

宣統二年七月，門下士錢基博敬撰。

（原刊於《平龕遺稿》，作於1910年7月19日）

祭孔子文

湘鄉曾氏以《黄鳥》之章爲祭文之祖。然玩其詞意，乃哀詞也。予謂祭之有文，不獨用之死者，如武成云“所過名山大川”以下數語，便是祭山川文之可見者。至送死之文，謂之祭文，則自晉以來有之，如《文選》載有謝惠連祭古冢，王僧虔祭顔延之之屬。後世遂有祭文一體，至韓柳而盛，或以禱神，或以祭親，於古事止告饗。而後代祭文兼讚言行，祭而兼讚，蓋引神而作也。其辭有散文，有韻語，有儷語，而韻語之中，又有散文、四言、六言、雜言、騷體、儷體之不同。

惟中華民國某年月日，無錫縣某官某等，敬以清酌庶羞之奠，致祭於先師孔子，曰：艭艭夫子，天挺聖質。秉筆六藝，不作而述。夏商無徵，從周志壹。周衰文敝，始皇首出。封於泰山，議禮徵儒。博士七十，曰古是謨。席葅車蒲，皇赫斯怒。坑儒勿崇，六經用錮。項籍一炬，圖史靡遺。賈董鄭馬，炎漢經師。抱殘守缺，文其在兹。周程張朱，五子誕宋。人師之風，誠正自訟。宋深漢博，越元及明。夫子之道，萬古長庚。崇極而圮，今有非孔。余末小子，夙夜自董。《詩》《書》《易》《禮》，《公》《穀》《左氏》。蚤歲詁經，拳拳膺服。仰止者五，請陳其目。大道之行，天下爲公。選賢與能，爲億兆宗。貨惡棄地，毋藏於躬。力惡不出，豈其自封？《禮運》著論，是謂大同。四時之序，成功者去。物窮乃變，吾人不齬。據亂昇平，太平三遷。質文遞嬗，後來益賢。義傳公羊，三世代謝。歐儒頌斯，是謂進化。内夏外夷，無墮大坊。夷夏奚分，不以土疆。進於中國，諸夏是議。夷行則夷，春秋之義。降夷有杞，不聞遷地。狄入成周，豈曰進之？筆削維嚴，是謂攘夷。夫子訂《易》，炳焉北辰。屯貴下賤，大得斯民。《咸》男下女，取女用吉。亢龍有悔，尺蠖之屈。君子觀象，是謂抑尊。周誥殷盤，聱牙之文。《易》詭而奇，子咀其芬。《繫辭》於《易》，无取形似。作爲文章，辭達已矣。《魯論》二十，文無摛藻。不求艱深，是謂明道。綜兹五事，下垂千春。民到於今，雅言宜遵。載瞻祠宇，臨之在上。攄辭侑尊，式告吾黨。尚饗！

（原刊於《婦女雜誌》第 1 卷第 12 號，1915 年 12 月 5 日）

金女士誄

《文心雕龍》稱殷臣誄湯，其文不可見。其可見者，如柳下季妻之誄其夫，魯哀公之誄孔子，其文爲最古。古人語質，本無一定之體，後之爲此者，前必有序，而用韻語爲多。

吴江金女士稟性淑良，家承通德，年二十三，盛年夭逝，聞者哀焉。爲作辭以誄之：

大江之南兮，震澤之濆，有美一人兮氏金名芸。笄年就傅兹麗以則之庠兮，人稱之曰識弟子職。稍長而爲女師兮，抑何有儀有式。佩芝蘭而服明月兮，抱冰雪而蹈繩墨。謑詬天其何辜兮，胡爲摧蕙而凋其舜英。嗟我九龍之氓客僑兹土兮，生不接乎佩珩。歿倖得瞻遺徽兮，猶想見君之神清。蛾眉螓領兮，朱顏瑶瑛。天胡此酷兮，鋤薰碎瓊。中心鬱悼兮以寫予情。嗚呼哀哉！

（原刊於《婦女雜誌》第2卷第5期，1916年5月5日）

代江蘇省立第三師範學校誄湯濟武先生

民國七年九月一日晚八時，盜殺我前教育總長湯濟武先生於英屬坎拿大之維多里亞，事聞，國人悼焉。爰用十月某日，訃於我校。嗚呼哀哉！君之志，康兆民；君之文，經百世。今則已。而觀其行事，宜若未掩所言之卓卓。然其爲人，貞而不諒，不可謂非國之良也。嗚呼哀哉！人之云亡，邦國殄瘁。我校同人，其可無辭？嗚呼哀哉！攬涕操觚，乃爲誄曰：

神山屹屹，大江環之。有縣蘄水，江山鍾奇。曰我湯公，誕焉實宜。弱不好弄，長爲世儀。民國肇造，公翹首義。如何措施，大酬襟期。約法草創，折衷法美。擷長矯枉，公則尸只。如何庸妄，不曉公指。張皇膚廓，汰去中髓。公膺衆選，長衆議院。人皆晢晢，公抒獨見。曰惟制憲，犖國莫先。如何不曉，濟濟衆彥。齗齗細故，亦集衆譴。二年一月，公曰組黨。公蹶再起，乃曰不黨。非德不恒，公懷何朗。曰制國憲，胥協衆讜。翕訿内潰，公無如群罔。公施無成，公德彌貞。孔曰“成仁”，孟曰“舍生”。仁以任己，斯之謂宏。死而後已，斯之謂毅。公生今已，式公靡既。何以式公，曰宏曰毅。亦此二字，寔我校訓。我有一言，諸生感奮。公長教育，治西文字。矻矻伏案，日二小時。公才公望，嗜學彊記。鞠躬盡瘁，善道守死。如何小生，乃釋簡以嬉！何用誄德，以儀型群詖！嗚呼哀哉！

（原收入《酬世文範》，油印本，1920年1月）

代江蘇省立第三師範學校誄孫仲襄先生

嗟公之先，以儒名家。逮公皇考，益振厥華。不長其年，道未大光。乃生我公，松貞玉剛。恢父之緒，教澤沛滂。辟掾文學，亦式臨吾校。進退有儀，肅其爲貌。庸資口説，而以身教。群望所歸，促公騰趠。去視縣學，秉理以衡。出言爲則，矢心惟誠。揚搉得失，人稱曰平。聞風思效，師保如臨。茲校多士，式公到今。謂公刻苦，世芬莫觀。凡世所歆，有避亡就。曰當乘除，或俾公壽。詎不佑貞，天乎誰咎。嗚呼哀哉！自古在昔，云誰不死。没世之稱，以彰君子。行以號著，德以述美。敢托旒旗，爰作斯誄。烏虖哀哉！

（原收入《酬世文範》，油印本，1920 年 1 月）

代孫卿祭唐肇農文

於戲！肇農而短命耶，匪以慟其私而爲衆嗟。方子應選參議省政，不爲詭隨，持躬以正。或以千金餌子，黨之人有遺者，眉軒神移，獨子不然，曰："毋！我嘗汝金，我受，豈民所望?"孰不愛金，維子之故。涅而不淄，如子罕遇。子才子望，日起有聲。豈曰不弔，天奪子之生。以子之壽，盛年熠熠。以子之貌，身長玉立。矧子所爲，多才而賢。不與子年，彼蒼者天。豈惟吾黨所爲太息！具茲醪羞，以告哀惻。

（原刊於《無錫新報》，1922年11月27日）

韋生哀辭

中華人民造國之十有五年三月十八日，英、美、法、意、西、比、荷、日等八國通牒以脅我，謂違庚子之約也，要盟是利。國人憤，將以大誥於執政。執政者疑有它，勿欲見也。有詈其衛兵者，衛兵怒，嚮衆開槍擊，死者二十六人，傷亡算。君則洞其腹，中三槍，未殊，越三日，夜半卒，年二十一。於戲哀哉！君韋氏，名杰三，廣西蒙山縣人，以去年八月來清華學校隸大學部，劬於學，寡於言，爲文纚纚千言能曲折以赴其意，而好深沈之思，時若有不愉色然，問之，亦不言。平居爲人絶堅忍，其劇創之日，耐大痛，無所聞評謈。其垂絶之日，有祝速痛，則膺曰："毋然。余一人，即死何足論。"竟死，無它言。使不遽以死，揆君素行，宜若卓然能有以樹立者。而今死，傷哉君也！余抗顔爲君師，而無法脱君使不趨於死，又雅重君之生平，謹撰次所睹記，而媵辭以哀之，曰：

蒼梧之山峻兮，以毓君之秀。玉泉之水清兮，以沐君之匱。君之學日茂以昌兮，胡乃一逝而不復也？誰謂爲之而至於斯兮，我則將誰詬也？士有殺身以成仁兮，於君懷又奚疚？

（原刊於《錫報》，1926 年 4 月 12 日）

繆先生誄文

邑老繆建章先生卒，來赴於我。於戲哀哉！唯中華人民造國之十六年三月，國民革命軍再奠江南，聿造新都，實唯吾邑繆君斌，訏謨定命，赫然以有顯聞於時，而重有造於地方者。方事之未定，不遑構扇，道起以目，而繆君來歸，用大誥於邑，詔以安和，勿相陵畔。凡茲有衆，藉以無恐，乃或不戢，陷於大戮，寧啻壞家喪身，抑亦貽邑人之羞。然後思繆君之深語摯論，昭昭然如揭日月。顧余不識繆君何如人也，乃唯哲父，曰：建章先生，繆氏，諱理中，邑人之老成。與人語煦煦，溫克謙退，若碌碌無所能者，然約以持躬，勇於蹈仁。振江淮災，以嘗有勞於清朝，錫階五品，賸以藍翎。其後地方有事，罔不殫瘁。晚乃皈心佛氏，厥德彌劭，從邑人君子之後，創建普仁慈善會，大恤於四方，規撫閎遠矣！亦既潛德勿耀，乃誕國士，教之以義方，忠節克明，用勱相我國家，將宏此遠謨，肅清荒遐，國之良也。先生之教也。先生春秋六十有一，今年夏四月寢疾，卒於里第。於戲哀哉！自古在昔，無生不死；没世名稱，顯親有子；如何表德，誄以纍美；旐旗則亡，敢告太史。

中華民國十六年十月二十七日，同縣錢基博撰。

（原刊於《工商時報》，1927 年 10 月 30 日）

祭陳行叔[①]、金井羊先生文

唯中華人民造國之二十一年十一月四日，張壽鏞謹代表光華大學同人，以告行叔、井羊兩先生之靈曰：

嗚呼行叔，魂兮歸來。瀛海濤湧，雲馬既隤。亦有井羊，霜凋夏緑。容貌堂堂，身長立玉。崇壯幽淩，如山如淵。摛其光耀，何遮斯邊。茂德繼期，有造我庠。驊騮前驅，行叔騰驤。井羊懿美，敬教勸學。或推或挽，有立而卓。如何不弔，早世即冥。如何不傷，華繁中零。濯濯其英，曄曄其光。僾乎有見，婉兮清揚。寒菊盈把，秋泉一觴。魂而有知，挹此芬芳。

（原刊於《光華大學半月刊》第1卷第4期，1932年12月5日）

① 叔，原誤作“救”，今改正。

祭丁雲軒先生文

唯中華人民造國之二十有六年一月十日，受業楊曾詢率姪愷齡頓首百拜，敬以清酒庶羞，恭祭於丁公雲軒夫子大人之靈。曰：

江雲乍黯，玄霾鬱悲。茫茫天道，翳翳靈旗。夐歟夫子，道資先覺。探賾鈎妙，亹思碩學。宅心仁厚，氣貫長虹。清標亮節，望實攸崇。松操霜姿，彌綸庶物。味道養真，拯溺止沸。厥創學校，澤被梓鄉。卜居滬上，書局剏倡。湛湛流慈，熙熙躬也。穆穆旁施，巖巖蔭下。馮歡焚券，林逋工詩。既董公所，恩澤沛澌。濡毫所之，譽馳寰宇。白陽新羅，並此絶矩。小山而後，曠代無儔。藝苑仰止，自足千秋。方謂貞幹，老而彌工。豈期歲暮，愴失宗工。嗚呼昊天，景運摧芒。龍蛇起陸，時艱人亡。鸞鳳述陽，騂騮感影。容邈音徂，臨風哀哽。生芻遥奠，痛搵淚泉。緬懷名德，心喪永緜。嗚呼傷哉！伏維尚饗。

（原刊於《丁雲軒先生追悼會特刊》，1937 年 1 月）

唐室馬夫人哀辭

馬夫人者，太倉唐文荃之妻也。文荃志在四方，授甲南贛。而夫人實撫有其家。值國禍荐臻，東人閒釁。狡焉思肆，屯逼淞滬。列營緣戍，久而莫逞。我軍不戒，偏師撓敗；寇勢以深，軼我婁縣。種落扇熾，先以飛機，雲翔數十，擲彈星隕。惴惴士女，逃死匆皇。而夫人偃病在床，志不違難。女慶泓，子慶焯、慶福，扶持不離，暱就慈親。而夫人指揮若定，俾毋并命，在險彌亮，稚弱以全。彈集其室，遂用軀糜。母許視疾，棟摧壓焉！女慶泓幼而純孝，愜愜窮城，未能將母，必全自出。而匍匐救喪，百計罔效。敗兵狼駭，呼籲道左。有將哀之，驅率徒衆，發覆曳許，僅絶后蘇。祖孫煢煢，幸全覆巢。予季來歸，相依爲命。而孝友之性，不譻於戎陣；婉娩之容，無改其倉卒。亂離斯瘼，用挈小弱弟以歸命於父。傾以不毁，險而濟屯者，豈徒夫人之仁慈，而亦慶泓之貞孝，有以克承之也。其諸父文治，有聞於國。哀而彰之。余服教久，用爲之辭，以慰其意。辭曰：

是無隕墜其子以糜厥軀。我身糜矣，而心則愉！怨雛繞屋啼嗟籲！欲報之德，吾豈徒反哺！呼母母也無！阿兒羽雪，阿母骨枯！籲嗟乎！

（原刊於《國師文範》，鉛印綫裝教材，約編於 1939 年初）

顧公述之先生哀辭

中華人民抗日軍興之一年，實爲中華民國紀元之二十七年七月七日，前江蘇省立第三師範學校校長吾邑顧述之先生歿於長沙，年六十有七。

嗚呼哀哉！狡焉啓疆，何國蔑有？日人肆其封豕長蛇以圖逞志於我，而有二十六年七月七日蘆溝橋之發難，張脈僨興，乘我積弛，蔑我國家。既以傾覆我幽燕，又欲蕩搖我東南，越海濟師，而有八月十三日上海之進攻。國人同仇，强寇[1]挫敗。然而奸絶我好，舉國興師，連兵三月，而我失援力屈，上海不守。日人乘勝遠鬥，而我無錫綰轂京畿，實迫處此。

先生方長無錫農民銀行分行，藉寇齎盜以爲大虞，敦率所屬，慎司筦鑰，囊橐所有，以赴鎮江而稟成總行，纖毫有籍，潔身而退，臨財毋苟，在險彌亮。無錫亦以委寇，而先生義無反顧，挈寡妻，捐廬墓，亡命長沙。基博則挈從子鍾韓以任職國立浙江大學教授，隨校播遷而抵江西之泰和。先生得浙江大學之校刊《國命》，而讀基博之《發刊詞》，知其所在，貽書告存，而謂無錫既陷，日人縱火，先人之敝廬蕩爲燼焉。然不以吾室之攸燬，而即徵中

① 寇，原作"冠"，今改正。

國之無救。

鄉人丁慕韓將軍嘍啫宿將，君之所知也，每相見爲陳兵情敵勢，瞭如指掌，日欣聞所未聞也。基博則以不明日人之兵學，無以成我國之勝算，而日本兵學，師承德國。方與鄉人顧穀宜教授迻譯德國兵學大師克老山維茲《兵法精義》，返之我國，驗之當前，觀其會通，而加按語以刊《國命》，詔讀者。郵寄相質，先生讀之大喜，復謂："讀克氏之論，益信勝算之在我，而知丁將軍之言不誣矣。"方欣先生遭時弗若，顛沛流離，遇雖困而意氣方壯。

自顧老至耄及，鍾韓出入扶持，臣精銷亡，大慙奮於筆而不如先生之奮於氣，多愁善病。又以予季孫卿服勞鄉邦，軍興之日，義不避難，輸軍供餉，以一身任，及無錫既破，而日人不安於佔領，欲得爲用以相鎮撫，指名大索，微服走上海。而基博負硯遠出，久不得音問，傳聞異詞，不得不東歸一面以商出處，而浙贛之鐵路已斷，於是西出粤漢鐵路以下廣州，轉香港而抵上海。其間道出長沙，則二十七年之七月初三日□也。舍館甫定，亟訪所居而儼然造焉。先生已嬰末疾，病榻延坐，握手忘恙，喜極出涕。而先生則鄭重申述丁慕韓將軍之論，爲道抗蘇[①]必勝，奮發低昂，因言："前江蘇財政廳長趙君棣華籌辦江之商業專門學校，欲以委重，而師資爲亟。吾蘇流亡教師戰赴湖南教育廳登記者實繁有徒，其中不乏英賢。吾病不出，君盍少留，爲我赴廳一檢其籍之資深者而録姓名以相示焉。如其人素稔，尤望備注行能以用所長也。"余惟諾惟命。而見先生意氣洋洋，方欣先生病而未困，以爲可勿藥也。其明日，余返報籍名以睞，爲道其中知交二三，或教或訓孰宜，於文於史何能，詞不及畢；而先生拊床再起，詢所以，乃知病痢也。其時長沙疾癘方興，而地卑濕，病痢者多亡倖，私心固已憂之。而睹容色之如墨，先生亦有虞心，則姑强顔慰解，爲道九州之同可必，而囑千金之軀善保，相見非遥，殷勤告别。遂以其日之夕行，而以七日之夜抵上海。晤予季，爲言農民銀行得電告，先生遽以其日賫志長逝矣！

聞信汍瀾，仰天悲吁，曾不假年，萎此哲人。嗚呼哀哉！獨念死生亦大矣，然而自古皆有死，匪死之難，處死爲難。先生旅櫬長沙，則知所以處死矣。余不爲先生恨，獨恨國於天地，必有與立，馬相伯耆年碩德，蔡孑民北

① 蘇，疑爲"日"之誤。

學所宗，國之大老，民具爾瞻，宜其與國休戚，舍命勿渝。然而寇深國危，託命異域。馬相伯不死於中國而死於馬來，蔡孑民不死於重慶而死於香港。餘生欲偷，曾幾何時，九京而可作也，得無悔所以處死乎？匪死之爲悔，而死匪其地之不能無大悔也。孰與先生之於長沙爲死得其地，先生則知所以處死矣。

先生長江蘇省立第三師範學校者十年，而基博追隨且五年。先生將順其美，匡救其失，肫肫其仁，不爲煦嫗。余之受成先生，始於民國六年。先生以前一年見招，而余已受聘吴江，先生則固訂來歲之約。及六年春，余以清明掃墓歸里，先生則伺余之歸而亟造致聘焉。其年致聘之早，莫有先余者也。顧余以明日報謁，先生爲言師範教育之旨，而申所以相聘。談次，謂：“吾之長茲校也，四五年來，所以開罪故人者不少矣。吾望故人之有裨於教育，而故人不諒吾之處境。”言下慨然。已而振襟言曰：“交道之不終，吾則自知罪矣。然吾寧獲罪朋友，而不顧朋友之暱就於我，長傲縱欲，以貽誤後生，貽誤教育。吾望朋友爲當代之人師，而不能陷朋友爲教育之罪人。知我罪我，任之而已。”其辭愨然，其容肅然，意若有以相敬，而基博則爲勃然變乎色。及其相處之日久，而睹先生之持躬恪，感先生之接我誠，卒亦諒其亡他而降心相從。

先生每有造述，必詣相眎。基博奮筆塗乙，先生委己以聽。然而生徒課業所繫，先生曾不假借。基博未嘗一日不改課，先生則未嘗一月不檢閲，恪恭將事，如臨在上。方其得心應手，意隨筆注，先生偶舉誦説，不覺爲之色舞，而文卷評乙，不懈益奮。

先生惟日孜孜，以師道劘切吾同仁，而吾同仁惟日孜孜巧以學術劘切諸生，教學相長，用知不紛。同仁晤對，賞奇析疑，文史而外，語無猥俗。相觀而然，海内風動。無即稱三師之學風，敬業樂群，實以冠出一時，而不知三師之教風，立懦廉頑，有以率勵多士，鼓之舞之之謂作，則先生之有以善其用也。

而今哲人其萎，吾則安放，道揆法紀，日即於墮弛，校長不敢以師範繩僚友，教師亦罕以學業嚴課督，相爲容説，舍業以嬉。其尤甚者，謑詬亡節，師道不立，且不自好，謀食而不謀道，餼廩且以居奇，囤種利貸，肆口而談，市價爛熟，心田荒蕪，黷貨近利，何暇教學？學風之不飭於流，胥由教風之不嬾其本。師失其表，後生何覯。追想先生，如仰羲皇。式靡振衰，安得斯人？詩不云乎：“雖亡老成人，尚有典刑。”此基博所以尤惓惓於先生而不能自已也。先生以江蘇省立第三師範學校校長發聞，而不以江蘇省立第三師範學校校長殁齒，然而基博繫之曰：前江蘇省立第三師範學校校長者，則以先生之道，於是爲久而尊，樹師範重人紀也。先生於余十年以長，追奉手於平生，懼立身之或渝。先生已矣，後死何堪？嗚呼哀哉！長歌當哭，繫以詞曰：

噫吁戲！以先生之年六十有七歲而死不爲夭兮，但悲不見九州之同。何獨先生於今爲然兮，抑自古遺恨於放翁。獨以放翁之卓犖有文采而依託於權奸兮，何如先生之德化及人，清白在躬。澹泊①以明志兮，開誠以布公。宏作育於師範兮，仰穆如之清風。國不競而亦陵兮，捐東南於犬戎。豈委己於非類兮，逝長沙以悾悾。湘水之流清兮，可以濯吾衷。衡山之雲開兮，可以盪吾胸。流離顛沛，先生之境困兮，而含弘②廣大，先生之志則充。哲人其萎兮，視天夢夢。先生之生亦有涯兮，而先生之教澤無窮。嗟人往而風微之，先生之道兮之以蒙。君子謀道不謀食兮，胡睹此日昭見金夫不有躬？滔滔者天下皆是兮，余安能無殄瘁之恫？豈徒以哭余私兮，欲以發天下之聾？師道嚴則善人立兮，抑且施於今而不窮。孰則爲生民而立極兮，我心忡忡。嗚呼哀哉！

（原刊於《江蘇民報》，1948年8月1日）

① 泊，原作“珀”，今改正。
② 弘，原誤作“弛”，今改正。

碑　記

代陶平翁按察明贈都督僉事副總兵鄧子龍祠碑文

距長白山而東皆朝鮮之地，於天文，其次元枵，其星箕，連山隔其陰，鉅海障其表。厥惟箕子之裔，奠居茲土，以世世臣服我中邦。蓋古先哲王樹之屏以捍禦東國者也，故東人睥睨之者不一日。當明萬曆二十六年，蓋嘗有援朝之師云。是役也，東師負險勢鴟張，而其以力戰殺敵威者，廣東陳總兵璘、四川劉總兵綎、江右則副總兵鄧公子龍也。釜山之戰，敵渡海遁，公將水軍千人，駕三巨艦爲前鋒，偕朝將某邀之。公素慷慨，年逾七十，意氣彌厲，嘗思奮不顧身以殉國家之急，蓋其蘊於中者素矣！此一戰也，規得首功。朝舟遮公舟，不得前，急躍上朝舟，直前奮擊，揮刀大呼，招麾下壯士偕，曰："好漢子，當從我死！"從之者二百人，競前與敵持殊死戰，所殺傷過當。戰方酣，他舟誤擲火器入公所居舟，舟中火，敵乘之，公不支，戰歿。敵乃相顧駭語曰："此老將軍何勇烈不死，幾負於彼也。"然東軍雖無負，而氣固奪。明軍濟師復邀擊，敵不能軍。明軍縱火焚其舟，乃大奔脱，登岸者，又爲陸軍所殲焚，溺死者萬計。自是東人氣沮，不復敢肆志西向，而朝得保其宗社者復三百年，皆公一戰之力也。

公贛産，故公勛名終於海，權輿於桑梓，而樟樹鎮一役，實爲公荷戈從戎之始。東臺戈銘猷曰："余銅鼓廳同知廳，公故治明銅鼓石。史載公以平樟樹鎮賊，功授廣東把總，遷石守備。然不言其平賊，并不云石有賊，往往出聽老人傳説，道公戰績，猶虎虎有生氣，口講指畫，想見其身領精騎，燃炬酣戰時也。"老人之辭曰："明萬曆四年，而廳西北大圍山之寇起，巨盜李大鑾、楊青山爲之魁，而大鑾妹尤善戰。四出裹脅，東抵靖安，東南至新昌，南及萬載，西傅楚之平江，北暨武寧，縱横數十百里。不幾日，衆盈萬，勢如燎毛。巡撫潘、兵備周知公能，命討賊。公請毋拘文法，許之。問需兵幾何，曰騎千人足矣。公軍南昌，駐盈月不進，有云進兵者，公怒鞭之，使不敢言；或云賊鋒鋭，不可輕進，當徐待其衰，則色然喜。賊覘之不復設備，公度賊意懈，乃分其騎以爲六隊六鄉，五隊令諸將將之，潛師阨靖安、新昌、萬載、平江、武寧諸路，以防賊竄；而公自將其一隊，夜銜枚，由金雞洞迅入，徑擣賊腹。夜半達大圍，人燃一炬，投火焚賊寨。賊睡酣，砲驟震，賊驚起視，突見火熾，乃大擾亂。公突自暗中虎吼，決牆入，搏賊，從騎隨進。人人氣倍，無不一當百，呼聲動天地。賊不知兵多少，多自奔火死，斬殺復數千百計，遂斬大鑾，擒青山；大鑾妹亦戰死。不達旦，而大圍山之寇都殲。"語不及畢，而銘猷遽起言曰："有是哉！曩余讀史，觀公戰釜山，致命遂志，未嘗不歎公勇。乃者復聞老人説，觀公用奇計係劇寇，如縛雞，益以覘公之智。公釜山一戰，威震外寇，而大圍山之師以殄内難。雖敵强弱不侔，然勝暴去殘之功則一也。史臣言：'公白頭死綏，廟祀朝鮮。'蓋先聖垂誡，以勞定國則祀，以死勤事則祀，理固然也。夫廳殁於寇，公殄寇而出之，使民不久罹其毒。是公有大造於民也，而竟無祀，抑獨何歟？夫有功德在民者則祀之，古之道也。以道導民，同知之職也，余當爲之祠。"老人曰："善！"爰度阯裒費，庀材鳩徒。衆均作役，屬期會，閲時而成。因爲甄叙其大凡如此，并系以銘，俾廳民歌之以永其思。銘曰：

粤稽明帝，國之虎臣。曰我鄧公，肩隨劉綎。神謀翕闢，邈傳寡倫。静如處女，敵人開闔。動若迅雷，百霆齊擊。遂殄大盜，黨惡殲滅。旌旗所指，靡敵不折。兵白頭鬚，偕璘東征。慷慨争先，奮其武怒。矍鑠是翁，馬援之儔。俄焉師熸，折北不救。大將星隕，東人氣竭。六軍繼之，王師大克。朝社無恙，曰報之德。衆口斬斬，祀公其國。嗚呼朝人，乃感公恩。況我銅鼓，故公所臨。狂寇詟我，誅不浹辰。下民秉彝，我亦如人。新廟孔赫，以旌公功。鑱詩貞石，昭示無窮。

叙釜山戰役，據《明史》本傳，參以明人著稗史；而太圍山一戰，則據戈同知稟云云。自記。

（選自《潛廬集》，作於1910年2月）

且園記[①]

且園者，其先隙地也，或曰舊爲古獄，有遺趾焉。在臬署西偏，方廣可數百弓；其西北隅鑿地爲圓池，形似半月，蓄水盈其中，寥廓[②]泓渟。大均刑官也，刑期於平。先民言"天下至平者，莫過於水"，可借鑑焉！此前使者貴陽陳公少石所由額其門曰"一鑑園"歟！嗚呼！公其有以啓大均矣。古樹十數株，環池四周。池西北有廟翼然，俯臨水面，顔曰"花神"，倚側弗修，瓦礫堆積，纍纍然若邱若阜，荒草蒙茸没人脛，多灌莽，蝮蛇窟宅其中，人莫能居。園故如此！

公曰："噫嘻！使者之職，在於去暴以安良。稂莠不除，反害嘉禾；槎蘖不翦，終成斧柯。一園之不治，奚有於臨民？使者羞也。予其移不軌之誅[③]，於惡卉斧諸斯諸，集其桀鶩多刺者烈火焚諸。蕪穢既清，嘉景畢露。"然後刳闢朽壤，樹籬池之東七步，於籬東北建室數楹，篆其額曰"春藹軒"。當軒前有古樹一株，長三丈，怪石數十環拱之，錯若置棊，怒者虎鬥，企者熊立，

① 原標題爲"代陶平龕按察《且園記》"。

② 廓，原作"廊"，形近而誤，今據柳宗元《永州萬石亭記》改。

③ "誅"當作"株"。

旁睨側出，效奇於兹地，植雜花木映拂石間，縈青繚白。既闢東土，當擬西封，度地擘畫，日昃不遑，而公去矣！此歲己酉也。

某敢侈崇觀以擬前人，筮《易》遇无妄之六二，作而言曰：“玩爻詞意者，使余代君有終乎，大均其敢辭?”乃環池以籬，籬内遍插桃柳。而數百年老樹，枝柯紛拏，環籬外度地，籬西南築亭曰“金波亭”，左榆右楝，皆百十年物。亭之上有閣，東北面西山隱然如城郭，梅子真葛仙之遺迹猶有存者。乃取見山字合之名曰“峴閣”，猶秣陵之有峴亭也。

金波亭之西南，種竹數十竿，隔竹窺之，隱約有一茅亭。亭有飛橋，夭矯若游龍。穿樹過而屬之閣，行人若飛鳥度柯葉上，俯視竹木皆環拱昇降。

其東有一六角壇，中峙怪峰三，其右峰魁岸踞肆，意氣端重，若有以服其左之二峰。次一峰最低，其左稍高，拱立不少忤，儼有天澤之分，則其理似不偶然也，或曰不然。中峰雖拳石，不如右峰奇特，而氣象雍容，神彩秀朗，有如王者宅中居正，端冕垂紳以朝萬國，不大聲色而德意自遠，可謂主峰。左旦右尚父，峰之後蔭以天竹，植牡丹障其前。

壇東九步，樹芭蕉十數本，形如一字，儼若列障，謂之蕉屏。又東一步樹籬，緑竹猗猗。籬之東左四步，有門在焉。由門入，折而左十七步，有甬道右折，籬有扉，當甬道首。入扉，行十三步，又右折十六步，折西七步，抵金波亭。雜卉夾道，道左有豆棚，一徑曲折可念。

亭之東南有軒七楹，其北有長廊。西行拾級登茅亭，築室廊南，懸榻以待嘉賓。經之營之，不三月成之。文書之暇，來此小歇，如釋徽纆而翔雲表，神氣爲之灑然，小步閒閒，顧而樂之。喟然歎曰：“余奚多求，苟若是，抑亦足矣!”

天下事有不可苟者，有不可不苟者。宫室妻妾之奉，園林之勝，倘必如其意欲而後安，則一身之微，常窮天下而不足，此尼父所以善衛公子之居室也。故額曰“且園”以明吾志。蓋“且”有“苟”之義，《莊子·庚桑楚》“與物且”者，其意即“與物苟”，此其證也。藉曰且住爲佳，則於物不免有求多之意，又不無五日京兆之見，匪且有且。居官從政當規其遠大，苟存一得過且過之意，以偷安藏拙，以習非爲守常，而曰能如是，是亦足矣！此人臣不忠之利，非所以興治也。余何敢然!

庚戌春三月，會稽陶大均記。

（選自《潛廬集》，作於1910年3月）

無錫光復門碑記

粵在重光大淵獻之歲，上暨黄帝紀元四千六百有九載，九月既望，無錫秦毓鎏等舉兵攻令丞尉于官舍，降之。

當是時，父老狃于故制，驟見更革，駭疑莫措，朋興衆言，以間染毓鎏所爲。毓鎏曰："予以眇眇之身，未有以大信于父老子弟，一旦辱加臨焉，勿順勿令，故其宜也。"于是禮賢士大夫之廬，以勿拂于民望，壹吏軌民，以靖民心。椎埋屠狗。盜連爲群，飛謀搆畫，思乘間越奪民貨。毓鎏擢摘良奸，不爲聲章，先事候情，落其機牙，磔其梟狼，以大畏民志。民老幼婦女不驚，市賈不變。

毓鎏曰："未也。市有廛，不爽不塏。道路不闢，有司之職也。"市故萃縣城北，貨別隧分，肩負踵接，噓氣成霧，上接乎霄雲。於是乎别闢民廛，除道路，節宣其氣，勿使有所壅閉。於是乎氣不沉滯，而亦不散越，是以心志不爽，無即于慆淫，然後民無夭昏瘥疾之憂。其在《夏令》曰："九月除道，十月成梁。"今其時矣！墮厥職勿修，亦其惟予之辜。鳩工董役，選能于衆。視于塗，平于陂，廛舍于道旁，梁于川，門焉于城之東北，顔其額曰"光復"，以志慶也。

有言于毓鎏者曰：“無門焉！古者王公設險以守其國，於是乎有城郭溝池之制。然而春秋囊瓦城郢，沈尹戌曰：‘子常必亡郢。苟不能衛，城無益也。’況時勢異殊，巨丸流砲，摧堡隳壘，加猛烈焉。于城何有哉？不如毁之，斥民居便。”

毓鎏曰：“唯唯，否否，不然，此古物也！吾聞有王其勤者，字時敏，松滋人，令于無錫。當嘉靖三十二年，東人入寇，蹂躪江南北地幾遍，無錫城久廢。其勤至官之三日，相城舊址，咨于父老，謀築城。時富吝于財，貧惰于力，囂囂然譁也，曰：‘孰庀爾財？孰鳩爾徒？城從地湧現乎？’其勤堅持其議不爲動，日討縣之人而訓之，于民之不可與慮始。寇至之無日，晏安之不可以懷，躬執版鍤，以身先之。不三月而城成，而寇已叩城，突攻號叫，聲動地矣。濠旁有樓，寇窟其中，發石飛矢，無不中城櫓。時有潘海者，勇士也。縋而下，渡濠，置烈炬燔城樓，燼焉，始得列戍于城，因告其勤曰：‘賊弱可擒也。’諸生苗子白起糾合里中驍勇，得三百人，出西溪與寇鏖戰，遇于西城之濠，死者三十六人，竟斃寇巨魁，破額塗腦，寇氣奪。我軍乘陴固守，城以獲全，民得相完聚如他日。寇退而後，手額走相慶告曰：‘侯生我，侯生我！’城何在？則今之百堵屹立者是也。吾聞游于羅馬之都者，歸而語曰：‘入其國，雖一隳磚，一壞瓦，皆可憑弔英雄，在在攄吾人懷古之念。況其崇墉危垣，其令人俯仰愾慕，不尤大哉！’予是以罣然高望，有舉而莫敢廢也。予生也晚，幸得從諸君子後，振我漢聲，匡復故物。則斯城也，其亦故物之一也歟？”

蓋毓鎏之言如此，則信乎城之不可墮也。博嘉毓鎏能持大體，門焉志光復之盛，存焉而不毁諸，留以爲吾民瞻弔先烈之地，道實並行而不相悖者。博聞嘉靖三十二年寇之至也，在城百雉外白骨矣。民狃于承平久，不見兵，無不目逃而氣懾者。而三十六人者，慷慨蹈難，不旋其踵，豈非高忠憲公所謂天下有事，匹夫能執干戈捍寇賊，雖不幸死，其氣自足千古者哉！博嘗登西城憑眺，環濠如帶，諸老先生猶或太息指睞博曰：“此三十六人殉義之地也。”庶幾于嚮風慕義，如忠憲所云“生有所勸，天下一旦有事，執干戈爲吾民衛者，必相繼而起”也歟？然則城之有係于民者不綦重耶！三十六人，舊祀于邑西水仙廟東西廡。其姓氏人多知者，故不著。獨其殺敵致果，偉爲國殤，有以立懦夫之志，可記也。因附記之。

邑公民錢基博撰文。

（原刊於《無錫光復志》，1913 年出版）

無錫民政之碑文

惟黄帝受命四千六百有九載，八月，癸丑，黎元洪起武昌。越一月，庚辰，無錫秦毓鎏等舉兵應之，縣令丞尉以次降。明年，政成，民大以和，辰于國慶，大合樂，雜陳百嬉，同休宣和，士女歡會，填郛溢郭。

事已大畢，毓鎏屬于博曰："今大義休明，實有光于邦人士，宜其永廣譽無窮，著文於石，惟吾子是勤。"博數數辭，弗獲已。横題其上曰"无锡民政之碑"，昭其朔也。其辭曰：

越稽古皇，堯黎舜黑。胼胝手足，作傭萬民。貴下于賤，屯大亨貞。勿規于古，亢龍有悔。高而無民，皇帝已待。臣僕億兆，剸制割宰。蔑古自秦，今二千載。增高繼長，隆極而殆。誕降武人，黎氏元洪。奮起張楚，曰天下公。力摧帝制，四海向風。毓鎏氏秦，天牖其衷。崛興玆邑，于古東楚。令孫友萼，不毓鎏與。刦衆阻兵，負力而强。思鉏吾徒，狙伺百方。毓鎏曰咨，無恣梟狼。壞其角距，令孤無佐。遂糾義勇，薄攻令舍。令衆袖臂，我武莫當。令駭無措，被逐出疆。無禮于民，視此傖荒。金匱縣令，治不别邦。夙居同城，匿走勿遑。威燀旁達，莫抗顔行。順承勿梗，黔首改化。率民自新，負眚肆赦。盜連爲群，怙終作狂。越奪民貨，民用勿康。走告毓鎏，斧斵其吭。剗滅暴强，奮揚武德。裒卒訓兵，徂征勿率。義誅信行，民靡懷慝。男樂其疇，女修婦職。大寧民居，毓鎏之力。毓鎏唯不，曰微予功。予德不孤，孫吴才雄。保圻孫氏，吴名廷①枚。乃相同德，匡予隕隤。琢石垂後，子文瑰魁。博魯無文，弗敢自才。辭不獲命，尚其勗哉！刊辭石表，萬古崔嵬。

（原刊於《無錫光復志》，1913 年出版）

① 廷，原作“延”，今改正。

無錫圖書館碑記

中華民國元年六月，邑人秦毓鎏已長茲邦民政，自以儒生躐膺民社，不當惟簿書期會之知，慨然益引文化爲己任。于是諮謀于衆，肇建圖書館于故三清殿舊基。倣大塊之大方，踞坤靈之正位。合體宸極，仰模元象。因度材而鳩工，廠千門而列萬户。繚以周閣，巔以鐘樓。十二辰于是乎正，八儒三墨于是乎群聚觀覽焉。

當是時，總其事而董之成者，蓋邑人秦玉書也。閱九月，用金萬五千，有書盈萬卷，上自經史百子，旁逮星算、方輿、樹藝之流，金石之刊，西方大秦之書，崖略粗備，潔緻精良，可披可哦，用餉孤陋，此則邑人顧倬之功，不可没也。邑人龔宜戊襄促役，周同愈、吴廷槐佐蒐書，抑亦預有勞焉。

是館之落成，將在茲歲之某月，謂博不可無一言。博乃悄然應，睪然起曰："僕何言哉？僕少小好讀書，日卒二三綫裝書，不以爲苦，纔苦無書讀耳。迨弱冠，走四方，稍稍購儲，踰兩千卷，往往庋置焉。甚矣！己有之不可恃也。猶憶童年十二三借書讀時，惴惴恐主人索太急，匆遑畢讀。每得一册，輒窮晝夜讀不輟，心猶以爲未足。纂鉤元要，目存而手撮録焉。及其既也，書已爛熟胸中矣。惟藏書之家，邑無二三。有之矣，輒又自私己有，秘不肯假人。人雖欲讀而無如何，宜其常保有是書矣，誠不自意其一旦身死而骨未寒，子孫已不知寶藏祖父手澤，徒喟詩書之無預于潤家，有燒《論語》以爲薪者，有沉水三十六萬卷者。僕嘗謂自私利其書之厄，厄于秦皇之火，則甚矣，已有之不可恃也。夫物私之一己，誠不若公之人人之爲愈也，又豈惟詩書爲然。然而世之自私利其書者，當聞僕言而知所反矣！則曷若資儲是館，司以典籍，爲是書計久遠也哉！”

邑人錢基博記。

（原刊於《無錫光復志》，1913 年出版，原石存舊無錫縣圖書館）

王君思子之碑

民國三年六月，王君鑑如有令子曰汝麟字夢若者，年若干，且卒學鐵路專門學校矣，猝遘猩紅疾卒。君悼之甚，余見而慰之。君則曰："此子早失其母，能劬躬于學，卑己于人，亢爽不爲兒女囁嚅，吾以是倍加悼念耳。"言之戚然，若重有憂者，余亦以爲人情愛子之常也。

既遇其從兄弟悼之如其父，遇其朋友又悼之如其從兄弟，莫不曰君之言信，或則又曰："夢若爲人，少小厚重有志節，倘不死，未卜其爲虎鼠也。"

余因思上元梅伯言殤男八十，自謂兒憨癡如凡童，又年不及中殤，然獨以爲天下之可悲者，莫如其兒若也。況茲頎頎壯子，凡若所謂都異于常人之兒者萬耶？宜君之深有悼已。

（選自《潛廬集》，作於 1914 年 7 月）

記岳鄂王精忠柏石

嗚呼！天下事精誠所至，而金石可開。豚魚能格，往往有不可以理曉者，杭州精忠柏亦其一焉。柏乃岳鄂王飛手栽於其室者也。王生長河北，用兵能以寡擊衆，戰無不克，宋高宗賜之旌，嘗御書“精忠”二字，人遂字其樹曰“精忠柏”云。

方其奉詔班師也，功墮十年，獄成三字，天下冤之。及孝宗嗣位，下詔雪其誣；乃因王故居建忠祐廟祀之。廟，頃浙江按察司舊署也。中有亭，額其上曰“流芳”，明王之身死而名稱沒世也。夫富貴壽考之徒，生赫赫可灼手熱，而死則泯没焉者，何可勝道！孰與王之義聲泣萬姓，英名垂伯禩，易世而下，輒令人低徊景慕而不能自已哉！是王雖死而仍不死也。相傳兹亭即風波亭舊址，王實死焉，故額亭曰“流芳”。亭畔有古柏，一即所云“精忠柏”是也。高二十尺許，圍四尺有奇，莖葉彫剥已久，然殘幹聳峙，亘七百年猶存。嗚呼！杭州古臨安地，宋故南都也，山水佳秀，爲天下最，惜無甚大雄偉之觀。侯官林畏廬氏嘗游覽其地，而致慨於南宋之不振有自，謂：“觀其富麗柔媚，若甚宜於裙屐羅綺之游觀，不意兹幹獨鐵骨崚嶒，崒植其地，盤薄霄漢，瘉久而不改，猶有河朔間俊鶻摩雲氣象。”雖謂王之精爽實式憑依焉可也。或曰：“王自傷忠不見宥，攀柏號泣，遂枯死。”然莫知其遂化石也。下逮衰清之季，有崔磐石者，時浙江按察司使也。嘗觴飲賓僚於樹下，見其文理縷直與木似，而扣之鏗然作聲，清越不類木，曰：“異哉！是乃化爲石乎?”人争擊取之。殘石碎爲六片，片長尺有奇，徙置西子湖畔岳王墓，圍以鐵闌。

某年三月，予季舅寄舫老人有西子湖之游，憑弔王墓，倖獲斷片二，歸以片石貽予父。予父甚寶異之，鑿檀木爲座，拱立几上。高不滿三寸許，而甚傾欹，頂面略似三角形，勢陂陀不平，左隆右卑，削成鋭角，其左壁嶄絶不可徑，色皚白如籠霜雪，上廣而下鋭小，懸崖若崩，後壁則石致蒼黑，不似左壁，下上齮齕，若頦頜斷齶，勢欲相齘，甚齗齗也。予睹其意氣端重，凜乎若不可狎侮，猶庶幾想見王當日提兵十萬時，中三軍而處，尊其瞻視，不覺望之儼然焉。老人孫姓，例得書，於是予父撰之銘而命予小子記之。銘曰：

此是古臨安岳王宅之柏，岳王精忠結成石。孫老手持歸贈我，我置案頭珍拱璧，猶想見萇弘血碧，睢陽毅魄。

右所記，据予舅寄舫老人手札。頃讀四川趙熙、浙江湯壽潛《精忠柏歌》，均謂石斷自咸豐中紅羊之刦，未詳孰是，要可備他年異聞。自記。

附録寄舫老人手札：浙江臬署，即岳武穆之孫岳珂程故宅。史宋孝宗既悉王冤，就其故宅建廟，名曰“忠祐”。内有流芳亭，精忠柏諒必當時所植，柏枯已久，賸幹丈餘，初不知其化石也。光緒季年，崔磐石爲臬司，宴同寮署中，見其文理似木，而質與石同，曰：“是殆化石矣。”以鐵物擊之，火星射出，碻已作石。衆皆争取，遂成數段。今餘六段，各長尺餘，已遷之西湖岳墓矣。

（原刊於《小説月報》第5卷第8號，1914年8月25日）

記天下第二泉

嗚呼！游惠山者，莫不曰品茗二泉之亭矣。孰知夫亭之興廢無常，而二泉亘古如斯乎？此以見人工之點綴，終不若湖山天然之勝爲可久也。

泉在惠山第一峰白石塢下，唐陸羽定天下水品二十種，以惠山石泉水爲第二，故又名“陸子泉”。或曰：“泉出若冰洞。”然洞有水甚濁而不通二泉，二泉伏涌潛洩，略無形聲。池二，六角圓形者爲上池，方者爲中池，兩池懸隔不及尺，中通，撓之則水俱動。而中池之味，遂遠不逮上。蓋中池便雜若冰洞水，上池不雜故也。水下流而不能逆上，故不雜。汲泉者瓶罌負擔，不舍晝夜，皆上池獨給之。相傳宋高宗南渡，嘗酌泉於此，遂作亭覆之。上繪雙龍，鑿石爲底，窾若銼斧，甃以陶甓，繚以石闌，跨於上中二池之上，即所謂“二泉亭”者是也。宋亡，亭燬，明製以木。清乾隆中，知縣吳鉞始重構石亭，今頽無片石存而易以木亭覆之矣。然嚮之蔭庇於是亭下者，邵文莊公謂上池淵然，中池瑩然，雖閱千伯歲無改可也。中池之前，堂三楹，牓曰“漪瀾”，東坡詩所謂“還將塵土足，一步漪瀾堂”者也。知堂所從來舊矣！

堦下鑿池，廣方丈，深二尺餘，即所云下池是也。下有暗渠，導泉從螭吻出；下注池，琮琮有聲；赤鯉數十尾，浮沉其間，唼喋菁藻，竹木交映於池之上，冠裳集焉。或曰：“螭吻蓋邑人楊理所作也。”當下池之右壁，刻元趙孟頫書“天下第二泉”五大字。左壁稍上，王澍撫趙孟頫書五字在焉。循壁，怪石交峙，虎鬬鳥厲，效奇於茲地。其中一石面北負壁立者，秀聳特甚，朱籐粗逾臂，曲折中貫其孔出，緣攀石頂，夭矯有致。予每游焉，輒瞻摩不忍去。

猶憶己酉春暮，偕友人徐夷吾徘徊其下，夷吾曰：“是有異。”視之，有摩崖題數十字，作長方形，漢隸書，似銘，惜漫漶都不可識，惟首“隕自星精”四字可辨。予戲名之曰“星精石”。其側别有刻字一行，楷書，纔得隱約識“嘉靖”二字，其爲明以前物無疑也。問之游人，輒不知。歸考之記無載，豈先民之作者，誠亦無所見歟？予竊怪夷吾爲人故短視，咫尺輒不見，而古今人游者初非盡無目者也，都無所見，而夷吾獨見之。然則天下之善視者，又無逾於夷吾矣，故附志之。

（原刊於《小説月報》第 5 卷第 11 號，1914 年 11 月 25 日）

重新南國杏壇記

厥惟我無錫縣立第二高等小學校之黌舍，寔爲東林書院之舊宇也。院故址在城南伯瀆港，明邑賢邵文莊公寔締造之，以昌明聖教。後之賢人君子，感教澤之常新，大懼典型之放廢，迺作而新之。今地是則顧端文、高忠憲其人也。室之正宇“南國杏壇”，中楹祀先師。庭前古樸一章，巍巍乎參天拔地，鐵幹虬枝，高出壇宇之上，仰之彌高，望之儼然，猶髣髴想見河目隆顙堯首傴肩，其長九尺，有六寸之聖容焉。其在《詩·棫樸》之一章曰：“芃芃棫樸，薪之槱之。”說者謂：“芃芃，木盛貌，以喻文王作人之盛。”故賡之四章曰：“周王壽考，遐不作人。”然則茲樸之莽蒼於壇下也，其人文興起之兆也。惜其宇之壞敝甚矣。

寔惟我老友許君棫，以民國二年八月來長茲校，日夜砥新，厥士再及朞而教成。迺謀更新壇宇，以告於主者，曰：“此屋不脩，且壞甚，匪所以昭聖化，瞻多士也。”於是掾屬主者，而分曹掌縣之學務者，厥爲基博之弟曰基厚，於漢則文學掾之儔也。自以職責無所貸，爲言於主者，任其貲之半。其半則諮諏於高丈汝琳、孫君鳴圻，鳩十七市鄉之繭捐都白金五百。俾之許君，猶不足，輒取舊宇材甓之緻實任營治者，估貲值白金百，以屬匠人，彌縫其闕。經始於今歲八月之一日，越十有五日讫事。營建合制，起敬起慕焉，仍其舊額曰“南國杏壇”。

顧説者謂：“杏壇在山東曲阜之孔宅，其地即先聖講授堂之遺址也。兹南國之有杏壇，匪古也，其樹樸而匪杏，不經尤甚焉。”而基博則謂：“杏壇者，孔子傳道之所也。夫孔子之道之大，如天之無不覆，地之無不載，其旁薄無外，何所往而不在也。孔子曰：‘吾道其南。’教澤之所及，即杏壇之所在矣！豈曲阜一縣之所得私有也耶？抑吾聞川沙黄炎培游乎曲阜之墟，瞻拜孔子之廟堂，徘徊杏壇之下，睹壇前二杏，稚葉纖條，意亦後人補植，不與大哉孔子之氣象相偁。以視兹壇之不杏而樸，甚蒼皮黛色，庶幾孔子删詩存《棫朴》‘壽考作人’之意者，尤何必彼之爲是，而此之爲非也哉！”

惟今歲之夏，大雷雹以風落樸也。特以頎碩障風，狂攖其彭怒，株半摧矣。亦猶之聖人之道大莫能容也。然風雷漂摇摧其半，而高猶齊簷，屹乎不拔，其根株異日葱鬱重茂，俾昌而熾。基博將於是乎占“大道之暫剥必復，久鬱而昌”焉。是故君子謂是役也，匪徒以新壇宇壯觀美而已，將以廣聖人之德而彰教澤之滂沛，於是乎觀化矣。故樂爲之記，以諗後之踵許君而長是校，瞻是壇者，有以知更新之自。庶幾繼葺之，俾勿壞。

中華民國四年八月二十日記。

（拓片今藏無錫市博物館，作於 1915 年 8 月）

麗則女學國恥紀念碑陰

凡碑面曰陽，背曰陰。碑陰文者，爲文而刻之碑背也，亦謂之記。古無此體，至唐始有之。或他人爲碑文而題其後，或自爲碑文而發其未盡之意，皆是也。

維中華民國四年五月七日，東人不德，實啓戎心，要盟是利，以蔑我宗邦。爲號五，爲件二十有一。我國人無拳無勇，亦既愛和平而薄武力，相忍爲國。越三日，諾焉。於是諸姑姊妹恥之，乃買石置礎於校之某方，顔曰“五月九日國恥紀念之碑”，以明恥也。夫知恥近勇，君子以爲難，況弱女子乎？嗚呼！可以風矣。

抑吾聞之也，土耳其貴主塞基氏，皇之妹也，作嬪於巴耐農典親王。巴爾幹之役，親王總戎馬，再戰再北，主以大戚，日夜跽神祝戰勝。乃琢木爲花，砌花成圈，用火燔焉。意蓋祈國勢之隆熾，炎炎如火也。既，火熾彌烈，光徹霄漢，主奮身投火中，揚手言曰：“天不祚土，男子執干戈衛社稷者，亦既不能發憤蹈難，繼繩我皇祖之武烈，用固疆圉。予雖婦人，私心實恥之。今不恤犧予身以祀大神，庶其天鑑予忱，厲戰陣無勇者而奮其虓怒。”卒燔以死。

嗚呼！人亦有言曰："嫠不恤其緯而憂宗周之隕，爲將及焉。"茲者彊鄰不戢，日蹙國伯里，豈惟吾黨二三子之恥，抑亦諸姑姊妹之憂也。往者斯巴達婦人每逢戰爭時，則以楯與愛兒曰："以此尸敵而歸，否則尸汝而歸。"嗚呼！此斯巴達之所以地方不逾伯里，而兵無敵於天下者也。惟諸姑姊妹實圖利之。

（原刊於《婦女雜誌》第1卷第11號，1915年11月5日）

侯澹泉先生祠記

距無錫東郭外三里，有地曰鳳凰翅者，鬱鬱葱葱哉，侯氏之祖墓也。墓西北里許，有庵曰菩提庵，是則明故户部主事侯澹泉先生鼎鉉僧服隱居之所也。先生之祖曰先春，世居無錫城中之駁岸上，中萬曆八年進士，官給諫有聲，世所稱侯太僕者是也。侯氏自太僕以上無不萃葬於鳳凰翅之兆域者。太僕卒，迺葬太湖之華藏山。山有寺曰華藏寺，宋紹興間太師張俊勑葬是山，寺爲俊建也。及太僕埋骨於此，先生重鼎新之，遂爲侯氏家寺。

甲申國變後，先生義不肯左衽，僧服不斷髮，遁居寺中，杜足不入城，曰："吾得常依先人塋墓足矣！"子曦，順治十五年進士也。往省視，從容請曰："大人山居阻湖，子孫勿獲親顔色，乞歸侍。"先生怒，詬曰："城爲東人有，已設官置吏。兒欲以東人吏臨我耶?"東人云者，蓋明人斥滿洲之詞也。叱出勿與見。嗚呼！自張俊以阿秦檜殺岳飛、宋以偏安勑葬於此，湖山蒙羞久矣。得先生者，貞隱是山，矢志不移，庶幾爲振刷之乎？曦既弗得請，自以爲人子不獲遂烏鳥之私，泣歸，營建菩提庵於鳳凰翅墓旁，重往請曰："此地不村不郭，爲先人兆域，無背大人廬墓之志，兒輩朝夕便晨昏焉。"先生鑑其誠而許之。買舟繞郭外行，抵庵居，終不入城，以城爲東人吏臨焉也。若曰：東人雖怙持兵衆，得設官茲土，纔不過擁有斗大城耳。此外尺土一民，終不謂所有也。其志節堅彊有如此者。歿，仍葬鳳凰翅祖塋。年久庵亦燬廢。

友人侯君保三，先生九世孫也。嘗有志重構之，留先生舊迹。後不果，地轉易他姓矣。迺建先生祠於駁岸上侯氏忠孝堂舊址，以誌先生麥秀黍離之感，而示世世子孫以毋忘也。

余謂先生愾慕故國之思，曦善能養其親之志，以及保三追遠之忱，三者皆於是乎在，一舉而三善備焉，不亦足以厲世風而維人心於不敝也哉！

邑人錢基博記。

民國四年二月，以菩提庵餘款五百元，鴻鑑捐資一百元建家祠於忠孝堂遺址。落成之日，奉神主入祠；禮畢，得王太安人苦節百韻石刻二，澹泉公壙銘石刻三。祠成石現，非吾祖靈爽式憑，安得有此神奇耶！敬跋數語以誌不忘云。裔孫鴻鑑謹書。

（拓片存無錫市博物館，作於1915年）

麗則女校學生圖書館成立記

中華民國復活之日，乃有我麗則女校學生圖書館之建議，越十有二日而成立，所以志也。於是我校長任味知先生實董厥成，而教員嚴玉成、王守成、任守梅諸先生之屬，輒爲草創規約，商訂書目，襄贊咸與有勞。其書則有繪畫字書、駢散文，旁逮稗官、藝術之流，崖略粗完，潔緻精良，可披可哦，用以餉我諸姑姊妹而蘄之於課餘之探討，其用志亦良殷矣！

惟博以不學，備位茲校，愧不能有所致力，爲諸先生分勞。即諸先生不以相譴訶，寧獨無愧於心乎？此博私心所良不安也。然有一言爲我諸姑姊妹告者，平居歎得書難，讀書尤難。蓋勵志讀書矣，而或苦於無書，有書者或尤侵羈於事，而苦日力之不給，書與日力二者兼之矣。或則尤以學力不足以窺書之蘊，輒亦不能卒讀，故曰讀書難也。茲則圖書館已成立，凡我諸姑姊妹，不患無可讀之書矣。儻日以十二小時計之，每日程課不逾六小時，綽乎有餘暇，日力匪不給矣。則以我諸姑姊妹之敏而好學，有不勵志於讀以蘄無負我校長與諸先生之盛心者乎？然而諸姑姊妹之卑以自牧，有古君子謙謙之風，必不乏以學力不足相諉謝者。

博則謂臨川陳大士先生，明之聞儒也，家貧不能從師，又無書，時取旁舍兒書屏人竊誦，從外兄羅汝士所獲《書經》，四角漫滅無稜而中顧無點。先生於所不可句者，輒以意看注得之；字不可識者，以意切聲得之。二者自謂終身用之不謬，時則先生年不逾八九歲耳！此其小弱無知，學力之不足爲何如，顧不以自限也。抑博又聞先生方十歲，其舅氏鍾濟川借之《三國演義》，向牆角曝背觀之。母呼食粥，不應；呼午飯，又不應。即飢，索粥飯皆冷。如是者屢，母怒，捉襟將與杖，濟川至，母問："舅何故借而甥書？書上繪有人馬相殺事，甥耽之大廢眠食。"先生急應口曰："兒非看人物，看人物下截字也。已悉之矣!"濟川不信也，試挑之如流水。

今館所庋書，故不乏繪寫故實中人物者，未識諸姑姊妹之讀之也，將看其繪寫人物乎？抑亦欲媲美大士先生看人物下截字乎？願諸姑姊妹之有以諗我。

中華民國五年四月十二日，無錫錢基博記，實爲中華民國復活後之第二十有一日也。

（原刊於《婦女雜誌》第2卷第9期，1916年9月5日）

作新吴江縣立第一女子高等小學校校宇記

度地不廣大而攬納宏遠者，惟高且顯者爲然。巴陵吴南屏語而博以之稱吴江縣立第一女子高等小學校校宇者也。宇七楹，楹廣丈有咫，深如之。度地不盈畝，而高矗雲霄。中分三層，搴裾登絶頂，憑檻遠眺，西北望吴山，迤邐繞縣，如翼而抱，如屏而障，脈接勢連，翠靄可挹；北瞰吴閶之北寺塔，其上人行如蟻，户牖細纔如指頂大，然無不可歷歷數；南瞻具區汪洋三萬六千頃，煙洲草渚，遠浮天際。周遭伯數什里間，湖與山之獻於欄檻而入於窗牖者，皆南屏所云"向未知其有於此"也。而今有之，庶亦足以激發學子之志氣，資登覽以自廣。壯觀哉！微吾執友任味知先生之力，不克致之也。經始今歲之五月，閲八月迄事。庀財鳩工，耗銀幣，枚計八千三百。相地得劉姓基，價購直銀幣千，而他雜費不與焉。纔由縣主者撥得銀幣五千六百而已，先生慨然發私藏，都所費倍稱不啻。傳者侘相告語曰："侈哉！先生之不吝其私橐也。若是乎其賤財而渴義也。"雖然，猶淺之乎窺先生也。

先生家承通德，綺年瑛瑛，稽古若時，欲紹厥績，發憤言曰："師傅保姆之助，德容言功之教，詩書圖史之戒，珩璜琚瑀之節，古賢聖之教女子者何周至也。後世陰教不章，無才是德，婦學日即於榛蕪，甚非所以昭前徽作女範之意也。”用丕基我麗則女校於私宇，自丙午迄今日，什祀之間，道化大行，負書荷笈，比肩接踵，亹亹如也，兢兢如也。其中初等小學、高等小學、師範中學靡所不具備，而吴江縣立第一女子高等小學校，厥爲我麗則女校之高小乙部蜕化者也。實惟舊令君周君燾以吴江不可無縣立女子高小，而又重主校事之未易其人，輒擇私立之聲實駢美者，撥帑歸縣有。而我麗則女校之高小乙部，著績號稱甲通縣，茂膺首選焉。然而四方來觀化者，道行指者，女羈肄學至者，猶嘖嘖盛稱曰：“麗則麗則，莫改其故。”而任先生則以私立性質之麗則中初兩部，不可與縣有之女子高小同庇一宇，混淆人觀聽，資縣官費以爲己名也。校宇於是乎作新。而竭誠佑贊，參與以有成功者，則縣紳金祖澤、柳暮曾二人，縣文學掾邑人王熒、袁福倫、周公才三人，麗則女學講師邑人麗琳、王家驤、任傳鶴三人，都八人例得書。

中華民國五年十一月某日，將刊桓紀績，昭示來者，謂不佞比廁講席，亦知茲宇經度之所自，是俾書次大凡，彰施屋壁。

（原刊於《婦女雜誌》第3卷第1期，1917年1月5日）

記無錫公園之景

在吾邑盛巷之西，浩浩乎有水汪然，曰白水蕩，嚮衹供居民浣洗之用；而搢紳士大夫，無有問之水濱者。惟予年十五六，輒獨徘徊憑弔於其地，每當晨光微熹，夕陽在山，錦霞半天，倒映水上，隨水波動，浮光耀金，深不見蕩底。蕩北，古木四五章，間以灌樹，參差横斜，雜植水畔，高者摩蒼天，卑者齊佳作余肩。余顧而樂之，小步姗姗，問之父老。曰："此故明盛氏後樂園遺址也。"

當明天順間，盛氏有副都御史諱顒者，冰壑其字，文章氣節，負天下重望，賓朋相過，譃從者日數百人，池館臺榭，占地三十畝許，一時稱盛。而今何有哉？僅此半泓蕩水，悠悠亙古耳。

循蕩南行，不十武，有楊柳數株，障於蕩之西，垂垂拂人襟袖。其西纔荒煙野蔓，荆棘縱横，日瞑風淒，但見飛螢數點，上下而已。是則今日之所謂公園，而盡人游之者也。花木之茂，景物之盛，一何佳麗哉！俯地草裀柔緑，蹊徑縱横罫畫，游人士女容與其間。五步一椅，十步一亭，隨地可憩。掇幽芳而蔭喬木，盤桓寄思。登眺危樓，舊曰"海鶴"，軒窗四闢，遥見九龍崔崒，蜿蜒變態，嶂者岑者，若飛動於窗檻間。下視咫尺汪洋若千頃陂，烟波凝碧，色如綠玉，即所謂白水蕩者，是也。遠揖九龍峰，近挹白水蕩，吾人俯仰騁目其間，致壯觀矣！宜其婦稚聯袂，裳履交錯，若是之盛也。然游屐所至，輒不越作障白水蕩之楊柳一步，而蕩之寂寂終年，闃無搢紳士大夫之迹焉。抑亦猶之故也。

予暇仍一往訪之，覓童年履痕，衹睹浣衣婦二三，臨流杵衣聲入耳而已。是爲記。

（原刊於《新無錫》，1917 年 5 月 2 日）

無錫公園創制記

公園，邦人士女群萃而游處者也，匪直耳目之娛而已。將以噓精吸和，眺雲物，暢幽懷，盤桓寄思，灝灝乎與造物者游焉。惟吾邑之有公園，匪[①]朔經之營之什祀之間，而幽芳夾道，鋪以細沙。其旁廣場方丈，淺草一碧，豐褥如裀，席其上，坐卧絶無纖塵粒泥沾衣袂，致可喜也。入門右折，循西道，行數十武，至一木亭，方形，飾以丹漆，覆以陶瓦。再進，一阜巍然，高十許尺，拾級而上，有松亭作長方形，鐵椅數具，游人輒憩息焉。亭東有大樹一株，厥名曰千孫之樹，莖皮黝黑如鐵，爲五六百年舊物，圍三抱有奇，高幹參雲，枝葉茂盛，垂蔭可數畝，亭亭如華蓋覆阜巔。每當炎炎夏日，驕陽可灼，予嘗携書息影其下，清風徐來，不知夏日之可畏也。嗚呼！美哉！此尤公園之殊勝也。

逾大樹南折，石級數十，迤邐下，佳木異竹，夾道交蔭。循道折而北，有一六角松亭，茅簷土茨，致樸有味。再北，有涼棚架道右，蔓藤攀緣，緑葉繽紛，宛若結采；道左則丹檝蒼松，朱緑粲映。循道又北，有一小丘，上有一四方形松亭，地以五色碎陶嵌砌花紋。折向東南行，又有一木亭，視他

① “匪”當作“晦”，音之誤。

亭爲獨鉅，道路四通，外砌扇形花塢四繞之。再折而東北，又有亭一，亦以木製之。去亭不數武，有楊柳一株，垂絲欲舞。

再東，有樓屹然。是實歲在己酉（1909），資邑諸老先生春酒介壽之需所成，而爲公園營構之始也，顏曰“多壽”。軒窗四闢，遥見九龍崔崒，蜿蜒變態，嶂者、岑者，如飛動於窗檻間，蓋雲山景物，亦若相容悦而暱就者。樓東數十武，有大池，汪汪若千頃陂，烟波凝碧，每當晨光微熹，夕陽在山，錦霞半天，倒影水上，隨水波動，浮金耀翠，深不見池底。池北古木四五章，間以灌樹，參差横斜，雜植水畔；高者摩蒼天，卑者齊予肩，渺然有澤畔行吟之思，幾自忘其在甚囂塵上之城市間也。自此又北，界以竹籬，其中雜卉珍木，共邦人之求，是爲花墅。

夫君子居有燕喜之地，游有高明之具，所以宣氣節情，進之清寧平夷之境，非祇游觀云爾也。

惟兹園也，始美於邑人俞君復、丁君寶書，繩徽於裘君廷梁、林君志熙、華君文滙、文川昆弟、華君鴻模等，而大恢廓於秦君毓鎏長邑民政之日。蓋君爲人强毅，敢任事，力鋤豪者，籍不義所取入，俾之俞君得藉手以經闢是園。雖秦君以是府豪者怨，獲奇禍，而園已都麗逾於昔焉，則是秦君之有大造於斯園也。然非諸君子前喁後于，繼繼繩繩，瘁私人貲力，植其基於先，雖秦君不恤身，府豪者怨，即亦不能疾觀厥成。若是，予以知用力衆而爲之久，且專之，可以有功也。伯爾君子，其有輸義貲，宏毅願，創制奮庸，以與於役者，敢不刊姓氏桓石，以昭盛懿，矢弗諼於予億萬姓。

俞仲還　丁芸軒　裘葆良　林虎侯　王鑑如　唐玉九　尤幹臣　高映川
陳仲英　蔡兼三　裘小翰　陶永讓　廉惠卿　錢季常　趙鴻雪　曹衡之
薛南溟　周仲堅　吴公記　謝藴石　楊森千　藝蘭居　華海初　華子隨
吴俊夫　鄒静山　徐石樵　華藝三　詹銘仲　楊翰西　顧石仲　顧叔嘉
吴松雲　高梅坡　寧鈺庭　吴玉書　孫鶴卿　沈星齋　王殿揚　龔仲華
永大生　吴觀岱　唐晉齋　高季蓮　秦琢如　薛遂安　孫蔭皋

中華民國六年七月某日，邑人錢基博撰，邑人華綰言書，吴縣周容刻石。

（原石存無錫市碑刻陳列館，作於1917年7月）

無錫縣立第一高等小學校二十周紀念碑銘

朱君鏡澄任縣立第一高等小學校校長之二年，適值二十週年紀念祝典，遂伐石而屬銘於博以紀念之。往者博嘗奉職於校焉，誼不敢以辭，爰敬謹請於君曰："茲校舊名竢實，邑先輩楊範甫先生實造之，時在戊戌變政之前一年也。寧祇我無錫縣立之第一高等小學校而已，厥爲新中國教育之曙光焉。此可紀念者也。雖然，茲之二十週也，將何以紀念之?"君蹶然起曰："其惟茲校附屬圖書館乎? 圖書館之成立，會逢茲校二十週之歲，丁君倡議之，且不吝出所蓄珍本秘笈以充實之。而某也幸承其役焉，可特筆也。茲校爲我無錫縣立之第一高等小學校，而圖書館亦揭縣立學校附屬圖書館之第一幟焉。"博聞而肅然動容，爲揚言於邑人君子曰：朱君其知道哉! 博嘗謂：學生者，學而能事畢焉；然教師者，非教而能事畢焉。天下爲學之道無窮，而學生承教之日有終，使教學生者教學生而不能教之知類通達，以自力於學，將天下學問無止境者，而教亦與爲無窮期焉，可乎? 教師者，匪以教學生爲知所務，而以教學生學爲知所務者也。然吾國學校往往有教學生之地，而亡教學生學之地，教室者，《記》曰："君子之教喻也，道而弗牽，强而弗抑，開而弗達。”“優而遊之，使自求之；饜而飫之，使自得之。若江海之浸，膏澤之潤，渙然冰釋，怡然理順，而後能自有得也。”藏焉，修焉，遊焉，舍圖書館其曷以哉！此小子博之所爲欽君於無已也。爰最君詣以銘詞於石曰：

茲校弘啓二十祀，圖書闢館以爲紀。董厥成者誰尸之，其名正色姓朱氏。插架三萬誰輸此，毓丁仲祜字。多文爲富資多士。刊石紀休用，詔世世俾知其所始。

（原刊於《無錫縣立第一高等小學校雜誌》第 2 期，1920 年 12 月）

公園蘭簃將次落成

本邑公園自前清耆紳華子才、華海初諸前輩捐建多壽樓以後，又由董事諸君從事擴充，悉心規畫，漸臻完備。前年夏君子坪擬獨出資財，於園中建屋數楹，以供遊人憩息，嗣因遽歸道山，未及樂觀厥成。茲由其哲嗣伯周、叔楣昆仲繼承先志，在公園左偏萬新花園原址，建築廳屋三間，四面繞以曲廊，旁依池沼，適與池上草堂相對，其經費悉由夏氏擔任。自去臘興工經始，迄已將次落成。公園董事華君藝珊，因夏氏昆仲克承先志，孝思堪欽，額以"蘭簃"二字，並由邑紳陶丹翼撰序，如皋沙健庵撰記，以志蘭簃建築之顛末。嗣後吾人遊覽公園，又多一佳處休憩矣。茲將華君原跋照録於下：

《傳》曰："蘭有國香。"又《詩序》："《南陔》，美孝也。"今夏氏伯周昆仲承父遺命，築屋於公園左偏，藉資同人遊息，錫類之仁，殊堪嘉尚；而入此屋者，知油然必有紉佩之思。爰以"蘭簃"二字顏之，誌勿諼也。

（原刊於《新無錫》，1925年3月2日）

硯坳橋碑銘

出無錫縣北門三里有下隰地曰硯坳槽，蓋肖其形而名焉者也。其傍有橋曰硯坳橋者，則因槽以名橋也。橋之所跨，曰裏塘河也。裏塘河者，當運河迤西趨之吭以委注白湯圩，逾廣而深，帆艢之所林立，商賈之所騈集，絲麻粟麥、魚鹽竹木之利都積而委輸，利盡東南，罔不假涂經此以爲聚散也。河之深不足於二丈，而廣則十七丈强焉。舊有橋曰“三里”，厥當綰轂之口而制，埤下大檣巨艦，或閡不過焉，甚匪所以利舟楫、通百貨也。獨橋在三里橋之西，而崇閎不啻倍蓰之，其高丈有三尺，而面方廣三十五丈强也。巃焉巍焉，風帆利不得泊焉，斯足以綰轂東南之美而通百貨之委者矣。始置礎於中華民國九年二月，以十一年七月落成，歷二年又六月而後有成功也。都費銀幣以八千八百又一枚計，胥資之棧曰復生者也。經之營之曰蔡文鑫、文森兄弟，蓋復生之主者也，而文鑫實總其成焉。然基博之所受命辭者，文森也。所以委成功於厥兄者，曰伯兄壹力之所任也。蓋文鑫通商惠工，明計然之學，而文森則竺恭君子，以見稱儒林，用能兄弟濟美，以矜式我邑人者也。謹撰次其事，而系以銘曰：

硯有坳猗，注墨飽猗。彪文炳猗，河有橋猗。聚舟囂猗，輸委遼猗。無窮教思奏硯績，橋通佰貨來不竭。風行水上，涣而是之。適以利邑人，自蔡之有錫。

（選自《潛廬集》，作於 1925 年 7 月）

小學教育博物館佐金題名之碑銘

中華人民造國之元年，無錫顧倬實宏啓江蘇省立第三師範學校以來昭明於兹土。其屬有小學，作聖基於養蒙，博物迺徵君子，迺於禮堂之西，闢土築館，翼翼業業，是曰小學教育博物之館。經始謀於八年，告厥成以明歲，實惟江陰陳綸主其教務，奔走無射，啓佑顧君。顧君發其猷謀，陳君同迺心力，士氣大和。伯爾君子，是觀是興，咸曰："休哉！宜佐之金。金多寡各稱其家。"顧君迺詔於陳君曰："實惟諸君子出金以贊大予成，宜刊姓字，施於貞石，以對揚大德。"亦惟顧君倦於懃，陳君實纂服厥事以長兹校，夙夜不懈，惟墮顧君之志以不克繩徽美是懼。

亦越五年，都館之所儲，析科爲七，而挈其宏綱，綜以兩端：有足以籀討科學者焉，有足以徵驗人文者焉。其中曰算術之科，凡百二事。曰理化之科，凡三百四十一事。曰博物之科，凡動物三百三十二事；植物八百一十九事；地質礦石三百三十五事。曰工藝之科，凡百六事。四科都二千又三十五事，足資籀討科學者也。曰歷史之科，凡圖畫寫真五百九十三事，古器物二百九十九事。曰地理之科，凡圖畫寫真一千又二十四事，模型實物三百事。曰教育之科，凡教育玩具二十事，教科圖書簿籍九百八十五事，英文教育十事，兒童作品一千六百八十事。三科都四千九百十一事，足以徵驗人文者也。亦有瓌物詭狀，資於多識，雖曰未茂美，差睹具體之微者也。

獨念基博任教於校，顧君實命之，陳君仍之，迺不克終襄厥事，是疚是悚。陳君既纘顧君之志，將戒石以揭佐金者諸君姓名於壁，迺謀諸基博曰："其何以命辭於右?"基博曰："宜章佐金者諸君姓名於石之端，而命之曰'小學教育博物館佐金題名之碑'。"君曰："俞，子其文諸石。"迺潤厥辭，具書本末，寧啻以昭諸君宏贊之雅，并欲以徵始事之不易也。武進黄生，造端經畫，與於執事，亦皆有勞焉，例得附書。迺推明茲館作始之意，而系之銘：

世儒鑿空，曷如其已。學之所貴，實事求是。我聞姬周，保氏六書。學童是教，發蒙於厥初。作書者誰？實曰史皇。亦資博物，觀迹蹏迒。寧啻羲皇，象物畫卦。儻事空文，學者所戒。不見孔聖，誦詩三百。草木鳥獸，多識以索。不曰詩教，翰藻無餘。而云義歸，迺文士拘虚。所以古人，左圖右史。圖以昭物，史寧徒侈。學不徵實，道從而污。觥觥顧君，儒服裾裾。師法所詔，曰端其基。小學而知方，老壯不移。聿啓茲館，宏規以起。有陳紹之，迺克濟厥美。方物所蒐，迺輯迺來。敢告諸生，尚亦念之哉！相觀而摩，正名於百物。無徵不信，女曆曰弗。我眎女徵，女告我從。嚮聲背實，女將何庸？迺著辭於石，以昭厥指。是俾來者，知作之所始。

中華民國十六年元月一日，無錫錢基博撰文。

（原刊於《南通報·文藝附刊》，1927年2月13日）

六三堂壁畫銘

巍然而負地者，奐乎其爲聖約翰大學之黌舍也！矗然而干霄者，挺乎其爲聖約翰大學之旗竿也！聖約翰大學之黌舍者，美人之所建，而國人於焉託子弟！聖約翰大學之旗竿者，國人之所贈，而國徽不得託扶搖！國人子弟之負笈以來茲者，將揭國徽以揚諸竿，而自居賓師之僑客卜舫濟者，迺攫之而下焉！其日則中華人民造國之十有四年六月初三日；而其地則在民國領土之上海！

於戲！四竟之内，邦域之中，有子弟而國人不能以自教！有國徽而僑客不許以自懸！巨恥極辱，苟有血氣心知之倫，疇能低首以靦顔於此！國人皆憤，詎不欲一日留！唯天相牖於厥衷，知慮奮發，少長畢力，無貳爾心，以能宏啓我光華大學！義問昭宣，多士景從，鄉風而慕義者以千計！豈不知宫牆之閈閎，園林之軼麗，圖書之美富，胥曰聖約翰大學之所有！而甘沾體塗足，伐茅夷塗以來遽集於此也！緟當新屋落成，迺繪厥事，圖諸壁，而額“六三”兩字以顔堂之楣，唯我世世子孫永無斁！爲銘識之！歲在我光華大學肇建後之三年六月又十六日，無錫錢基博銘曰：

戒之哉！尚未觀厥成也。用其光，復歸其明！持其志，毋暴其氣！我之不競，而於人何誹！知恥則勇，致果則毅！千秋萬歲，一日之欷！

（原刊於《南通報・文藝附刊》，1929年2月19日）

六三紀念礎文

我光華大學以歲之六月三日爲紀念日，士大和會，弗懋弗竦；匪徒昭慶，以明恥也！邦人君子，亦念之哉！唯我邦人，共和建國，十有四載，我不自休，用來虓暴，闞翦我工商，侵據我堂奥。民之無告，伈伈睍睍，低心下首，仰食爲幸！亦有顧君，遭逢疾威，發憤一道，慘以殞命！國人兇懼，號慟衢路！盜憎主人，劫衆阻兵，虔劉我髻髦，率我蝥賊，以來蕩摇我國家！發難自日本，憯毒於英吉利，其日則五月三十日！此邦之人，罔不震悼，謚之曰五卅慘案；定其日爲紀念日，詔世世萬子孫毋忘！

凡我同學，負笈以至聖約翰大學校者，是用告於校長美人卜舫濟氏曰："同恤患難，豈敢徼亂！大功廢業，著在《禮經》，况此殲戮，媿於伉儒！而操刀外人，靡所告訴！凜凜栗栗，若墜若覆；是用痛心疾首，瞷就於君！君若惠顧諸生，哀此中國，乞下國旂，用弔不辜，君之惠也！我之願也！"卜氏則諾，而有貳心，同惡長讎，背棄前言，國旂懸而褫之，謂："我畀汝學而用弗率教乎！"濟濟多士，垂涕以膺；謂："我率教，將不有國！國之不存，雖學何用！既聞命矣，請從此逝！"是日也，實爲六月三日！諸生悼其靡歸，邦人聞之累欷！

於是拓啓疆宇，不私其有，以奠厥址；則有王省三先生豐鎬！宏覽英賢，咸奮所學，以長我校；則我張詠霓校長壽鏞！擘畫教育，獨萃厥勞，以觀于成，則有朱前副校長經農！而我同學則有若許君體剛、張君祖培，史君乃康、陳君訓恕以暨誰何，奚啻數什伯，締造艱難，咸與於至計！而其姓名不能以備著也！

今歲庚午，同學畢業者都若干人，將樹國旂之桓表，永詒紀念於來茲，迺詔基博，亦既備睹其事，不有所記，何以儆後！是用文於礎石，以詔四方之來觀化者，勿墮於學，有敦厥行，是競是綠，而無詒我前人羞！

中華人民造國之十九年六月三日，無錫錢基博撰文，宜興童斐寫石。

（原刊於《南通報·文藝附刊》，1930 年 6 月 11 日）

孫先生鶴卿紀念碑文

無錫國學專門學院院主孫鶴卿先生既歿之一歲，而圖書之府式觀于厥成，太倉唐文治迺揭諸壁以景行多士，曰“院主孫先生紀念之碑”，俾芳烈奮於百世，令問顯以無窮，而詔辭基博以文于後①曰：

先生孫氏，諱鳴圻，鶴卿其字，無錫人。家承儒業，生而和静，照章麗藻，以試提學。第高等，補諸生，有耀於庠，以恩貢生援例官江西候補同知，尋擢浙江候補道，而未嘗一日赴官。

雍容鄉邑，觀時變，因通商賈之利以自饒益，又不屑屑計錙銖，有大人長者之德。然其贏得過當，愈於纖嗇，遂以儒生起富。於戲！天下財富人衆矣，罔不纖儉習事以矜能，操奇計贏以逐時，勞身苦思，廑得一當。而先生獨以長者雍容得之，不窺市井，坐而待收，身有處士之義，而歸于富厚焉。先生之言利，不任心計，因時翕張，主於能散，博施宏濟，事難以殫計。凡所興利，皆爲后規，邦人倚重，邑政是毗。方當先生任事，逡逡若不能，久而見思，人以爲莫之逮，迺知賢者不可測識。性固通敏，而外則謷謷。

---

① 後，别本作“石”。

既出儒家，通商惠工，獲其贏利，以末致財，用本守之，敬教勸學，以爲己任。而睹歐風之東漸，迺自輕[1]家丘，五經束閣，吟誦不聞，先生惻惻引爲大戚矣。無錫國學之有專院，始基之以屬文治者，錢唐施公省之，而實恢宏於先生。相邑文廟之東，是經是營，築閣五楹以爲院宇焉，顏其額曰“尊經之閣”，昭其舊也。燕居之室，誦講之堂，寢宿之館，至於庖湢庫厩，各以序爲。施公既更世患而以謝不敏，先生則悉力自任。世德如燬，弗震弗渝，詔于文治曰：“公播其教，吾輸其賄，斯文一脈，唯力是視。”前後八年，所費累鉅萬不啻。文治老矣，亦唯先生之董督，罔敢以自惰棄，考覽六藝，收朋勤誨，諸生賴焉。用祛其蔽，將拯文武之方墜，延微言於已絶，昭德塞違，以徵將來，先生之教也。

如何靈祇殲我哲人？末命之日，遺誥所親曰：“吾生裨贊，都關公益，凡所贍繼，宜如余存，而國學院實居其一。”於戲！音徽未沫，其人已亡，誦孝標之言，君子所爲，薄言永歎者已。享年六十有一，以中華人民造國之十七年，歲在戊辰，夏四月九日卒。

凡我同仁，永懷哀悼，靡所寘念，乃相與惟先生之德，貞亮足以幹事，隱括可以矯時，不有所述，後來何觀。揭於貞石，用詔無極。系曰：

於皇先生，何不蓋也。顧盼清揚，肌玉雪也。席豐履厚，志不涅也。人間何世，微言絶也。沃以古膏，我内熱也。風雨如晦，光則烈也。我生有已，而志揚也。何以報之，粢盛絜也。薦之白茅，長無絶也[2]。

中華人民造國之十八年四月十日，愚表弟錢基博謹撰。[3]

（原刊於《無錫國學專修學校校友會集刊》第 1 輯，1931 年 6 月）

① 别本“輕”字下有“其”字。

② “薦之白茅，長無絶也”，别本作：“儀型四方，尚無絶也。”

③ 别本此句下有：“世愚姪金鼎書丹，邵晉康刻石。”

錫山邑館題名碑記

惟我中華人民造國之十七年六月十日，首善之地，成賢之街，譽髦斯士，有耆有弱，以會於國立中央大學之科學館。而才不問文武，人不問仕商，有序秩如，厥容穆若，濟濟百餘人，唯以從善爲衆，咸黜異圖，用融鄉誼。而我無錫旅京同鄉之有會，於是乎俶落權輿發其謀於王啓周、許慶圻，總其成於俞復、蔡培、江祖岱。彼五君子皆弘敏而多奇，雅達而聰睿，故同方者以類坿，殊業者用氣契，而加之以薦，固申之以忠信。廉静則孫揆均、過探先、蔣嘉祥，以名聲光邑；勤勞則杜澐、范望湖、錢廷梁、孫祖基、秦鳳翔、屠綱，以器任幹職；謞謀則繆斌、楊建時、張軼歐、許修直、衛彬，以風議舉正。尋聲響臻，罔不畢力，然後令聞光譽施於邑，服義歸高，以有協志。榮宗銓，邑豪賈也，用紡織起，闊達好施與，而得大度之名。以栖神於家衖，有地五畝而盈實，在成賢之街，用委之同鄉會以爲會址，而賸以千金曰以營建也。於是義問所昭，人有奮志，近則旅食，遠而濱海，探囊以輸，各如其量，千百不爲贏，錙銖不爲絀，都國幣一萬三千六百有奇枚，則其所輸之數也。然後勼工飭財，於民國十八年三月率作興事，至十九年三月告成。而器用勿給，榮宗敬兄弟競爽，資以財賄，而椅案瓶盂之屬，各善其事，華筵潔設，重樓廣欄，而顔之曰“錫山邑館”。

於戲！錫山高不逾尋丈，吾邑西郊之一部婁爾。獨念建業自古爲奥區，襟帶河山，新都奠焉。肇啓景運，度宏規而大起，用窮泰以極侈。都人士女殊異乎五方，而二三君子連交合衆，騁騖其中，俯仰異矚。長江龍蟠，瀉泄百川，則太湖爲號涔矣；金陵虎踞，積山萬狀，而錫山爲部婁矣。志變神動，得無作故鄉無以好湖山之吟乎？而特惓惓於西郊之一部婁，以顔於館若有餘慕者，豈非貞於志者，不以紛華易慮；茂其性者，不以勢能鑠真歟？於戲！可以風矣。慨人生之如寄，睹堂廡以奕然，俾我邑人旅於斯，燕處於斯，聚國族於斯，豈唯二三君子經營之力，抑亦諸父老伯叔兄弟，罔識不識，咸有一德，輸財樂義，以克有成功也。是用揭其姓名，施於孫子，以詔來者，銘貞石。

中華民國廿有二年九月，邑人錢基博撰，孫揆均書。

各人捐款數略。

（拓片今藏無錫市博物館，作於1933年9月）

王省三昭德之碑文

我光華大學肇造五週紀念之日，迺樹碑於校之北方，額曰“王省三先生昭德之碑”；而委成無錫錢基博以文於石：

昔在十四年之六月有三日，我同學五百五十又三人，既以不忍於父母之邦，不爲卜舫濟所容；望門投止，以棲徐家匯之復旦中學，瞻顧四方，蹙蹙靡所騁。

先生有賢子曰恩照、華照，生長紈綺，攘臂同仇；而不誘勢利，不爲柔脆；固難能已！疾痛慘怛，則以歸命父母，於是先生奮而起曰：“我隨節歐洲，横大西洋以抵美，足迹無不之；幾見有國人不能自教其子弟，而拱手受成於外國人如我國者！兒曹幸少安無躁，我有先人之墓田，經之營之，足以闢黌舍；爲我留一穴歸骨以從先大夫於九京也。”夫人費佩翠，媲德均懿，以克贊於夫子之閎雅。而於是勞之來之，匡之翼之，以啓佑我光華大學，則是先生之有大造於我也。

《傳》不云乎！“何德不報！”而況先生，宏此遠謨！用銘貞石，允昭大德。爲德不卒，昔賢所戒。樹德務滋，先生有焉。

先生，上海王氏，名豐鎬。弱冠之歲，嘗爲吾邑故太常寺卿薛庸庵丈所賞拔；隨軺四國，象鞮是寄；用以起家，歷官有績，爲世所稱；不具著也。

時在民國十九年六月三日，宜興童斐篆額寫石。

（原刊於《光華大學半月刊》第2卷第4期，1933年11月25日）

崑山方唯一先生公葬碑

中華人民造國之二十一年四月十日，崑山方唯一先生歿於京邸。其年幾月，崑山人以其匶歸，聚而哭曰：“先生有造於邑，匪方氏子姓之所得私。邑之師保，寧方氏子姓是庇賴。先生則逝，而所以妥其神靈，藏之玄宮，世世萬子孫祀掃無廢者。邑之人咸與有責。”詢謀僉同，擇地卜吉，無長無少，大會以葬先生於崑山之陽。於是故吏士門人嘗及事先生者，送客訖事，會哭將退，顧戀牽連，齗齗齊口，罔不曰：“自先生歿至葬，凡所以附棺送終者，於今粗完，而墓道不文，其何以章顯令德，式矜於後之人？先生以文章名世，而樂道人之善，若己之有。賓朋從容，每誦説無錫錢君之文，自歎勿及。茲所以謀不朽先生於身後者，惟錢君是宜。”乃以屬於基博。

基博於先生，匪故也。先生嘗一過我於江蘇省立第三師範學校，則以書告南通張謇曰：“無錫錢某，樸學閎文，並世所罕。古人與幾？”基博大懼標榜以爲世指目，不敢答也；然知我之感，何嘗不中心藏之。既以重其邑人之命，迺文於墓道之碑曰：

先生方氏，其名則還。字曰唯一，世居崑山。乃考筠亭，堪輿名家。誠慤自將，有樸無華。母氏曰顧，齊懿妃德。戌誕先生，邦人所式。母也不禄，子代婦職。將順厥考，柔聲淑色。

何以奉之，童蒙我求。束脩以獻，日潔膳羞。徒曰能養，今之稱孝。匪所思存，稽古有效。顯親何以？莫大文章。宏中肆外，聲施畢張。遭世不若，士多曲學。視天醉夢，一室咿喔。先生攘臂，橫舍宏開。黨庠州序，隻手拓恢。亦有拘虛，一譸千詠。駭所不見，久服孔卓。稚子挾册，漸安若素。勤學敬教，曰先生之故。

瀛海大通，天涯咫尺。神州坦迤，而胡阻隔。我不自謀，人不我任。亦有彊鄰，狡焉啓心。寧滬敷軌，長江之潯。千里蜿蜒，瞰我璆琳。葱葱鬱鬱，玉山片岑。客卿有格，藉口圈租。大官噤口，莫或咨吁。先生憤發，上說下教。强聒不舍，一身騰趠。武冠峨峨，擁衆有旅。千里棄疆，莫固吾圉。先生儒冠，而徒手以拒。義問昭宣，格乃意沮。闢爲公園，長松夾路。士大和會，曰先生之故。

鐵路既通，重城間之。士女赴者，露體塗肌。厥土泥塗，莫知所爲。先生亟起，闢門除路。摩肩擊轂，可馳可步。治道周正，曰先生之故。

漢宇光復，邑人景從。官失其守，莫或靖共。霪水爲災，隄決洶洶。民靡告愬，誹語鞫訩。我安適歸，先生是宗。起長民政，噢咻從容。築圩蠲租，雖災無害。先生爲政，曰治去秦。我不剬己，民意攸賴。均田清丈，賦不課最。彍義滂仁，身瘁無奈。返我初服，逝將去之。喪亂弘多，民不自持。亦有彊藩，盜兵而嬉。邑當四戰，車騎交馳。巨室譸走，四民何維。先生曰嗟！我在勿懼。撫民饟軍，出内以度。縣官仰成，衆志用固。流亡來歸，曰先生之故。

有矯先生，財無錙銖。商人何意，不戴陶朱。而長商會，乃出腐儒。先生寒儉，而商則裕。捄災扶困，曰先生之故。

綜此五事，有口皆碑。邑人輿誦，清風莫追。先生逝矣！含酸銜悲。其它焯焯，匪邑之爲。築路濬茆，旁施四陲。議官謇諤，事關國政。走檄飛書，有筆銛勁。

先生之文，茹古涵今。蘇面王骨，筆舒氣沈。先生之詩，出入蘇黄。得黄之遒，發以蘇昌。先生之書，不名一家。沈雄宕逸，最自喜誇。出其餘技，事必驚人。無與大計，難一具陳。有勞於民，永世足式。我銘貞石，用昭顯德。

（原刊於《青鶴》第2卷第20期，1934年9月1日）

新建無錫縣監獄記

吴縣地方法院無錫分院，舊爲無錫縣知縣署，環玉帶河，而以西南隅地爲獄室，而室爲之栅，自明以來皆然。前清咸豐十年，嘗爲太平軍所燬，而光緒元年知縣廖綸之所重建者也。迄今六十歲，圮壞勿修，又湫隘地下，雜居氣惡，繫者多死，不死於法而死於病，非病死之，室使之也。於戲！囚不必盡人當死辜，而卒不能無死於繫，而勢又不能不繫，此宜仁人君子之所哀矜者也！

管獄員韓毓文，既以告今縣長嚴君慎予，君則以力任，邑人周君寄湄首贊厥成，而今分院院長徐君體乾、首席檢察官錢君承鈞一德同心，實主其事。程工度地，因舊址拓而北，三倍之不啻，地廣以爽，室高而明，計建五十人居監樓四幢，幢九室；五人居監樓四幢，幢八室；一人居監房一幢，前後二十四室。築以水泥，植以鋼骨，既固既安，以利攸居。此外又營浴室以除不潔，建病室以休弗康，置尸室以闢不若，教誨室以化不德，而治事有辦公室，守衛有瞭望台，繚如廓如，宏規大起。於民國二十三年九月率作興事，至十二月落成，所費國幣都七萬六千九百枚有奇。其中請發帑五萬三千餘枚，不足則以資於邑之好義急公者。而上海陸君伯鴻，獨以異地而未嘗自外，募金襄事，如不及焉。豈惟陸君之一視同仁爲不可及，亦周君寄湄善與人同，有以牖啓之也。其工程則邑人張君德載以縣建設局長與陳君湛如、程君敬堂親其役。捐款則予季孫卿以縣款産主任楊君翰西、蔡君緘三董其成，而今管獄員邢君源堂秉命蒞視，以奔走率職，尤與有勞焉。然微嚴君上説下教，徐君、錢君協於厥志，烏能相與有以成功也？

既已集事，而屬基博爲之記，伏念昔王猷定有《浙江按察司獄記》，方苞有《獄中雜記》，備記慘苦，讀之未嘗不太息，謂誰則囚也，而非民胞，罹法而猶欲之死而致生之，而罹於獄乃之生而致死之乎？是可忍也，孰不可忍也！吾邑秦小峴侍郎爲浙江按察使，海寧吴騫特寫王猷定《司獄記》以獻，謂此地之陰磷毒霧，何必不爲和靄春風。惟在公有以加之意耳。侍郎以是治獄有仁恕名，而係浙人之思不衰。基博生長茲土，安敢不以小峴侍郎之仁恕頌於有司，而敬獻吴氏之説以自媲於瞍賦蒙誦，所不計云。其邑人之捐金以相成功者，例得備書姓名於石。

邑人錢基博撰。

（原刊於《無錫概覽》，1935年出版）

拓建尤文簡公祠記

惠山之有尤文簡公祠舊矣！維我感誠年丈，光紹前緒，勿替攸修，曰：“嗚呼遠哉！尤氏之大，不始文簡。前乎文簡，自叔保訖雲耕，高曾四世，潛德勿耀，以鍾休美於文獻、文簡；而後乎文簡，兵侍莊定，代有達人。維世傳德襲訓集，余其敢有惰?”迺拓祠之南，因山之高，築屋三楹，妥厥先靈，於是文簡公以上四世，暨文簡公以下，繼繼繩繩之有光於前人者，是來是饗，用爲位而祀焉；實爲讓清光緒之二十有九年也。

既崇既閎，猶曰未已。亦越二十又一祀，爲民國十二年，益拓祠而西，以成所謂錫麓書堂。堂上有樓，爲萬卷樓，而翻空爲高閣，顔以“暢閣”，皆文簡公之所舊有，久而失其址，茲薈建之於此，以無忘其舊者也。崇厥阯，延其檻，有憑有翼，陟降晦明，高者挹山翠，下者俯清泉，嘘精歙和，悠悠乎與灝氣俱，蓋一祠之勝焉。

年丈既自爲記，以明劬躬燾後之義，詔宗人世世萬子孫毋墮廢，而又命基博以首承地靈，詩書文章之澤，積久或替，唯尤氏克光前人於穆林，烝耀此馨香。凡其子姓，瞻拜來者，尚克體年丈追祀文簡公以上四世之意，而懷祖德之永勵報本反始之義。上焉者立身行道，以趾美於文獻、文簡；次則聿修厥德，無隕其世。則其祠之式增式廓者，未有艾也。遂以復於年丈，而爲之記。

年丈名桐，感誠其字，與余仲父頌眉先生，讓清光緒戊子江南鄉試同榜副舉人。長者有命，誼不敢以辭。

時在中華人民造國之二十五年四月，邑子錢基博謹記。

（原刊於《新無錫》，1936 年 6 月 8 日）

陸軍第五十一師保衛龍潭司陣亡將士公墓碑文

惟中華民國紀元卅四年五月，實爲我中華人民抗日之七年又十月，陸軍第五十一師周師長××①以所部大敗日人於龍潭司。龍潭司者，溆浦縣之南鄙，而湘黔之咽喉也；西行百里抵安江，則我陸軍第四方面軍總司令部之所駐也；又西行少北二百里抵芷江，我空軍基地之所在也。

自去年六月，長沙不戒，日人盡掩有粵漢、湘桂兩鐵路，以逞志於我，縱横馳突，南沿湘桂路以竄擾桂黔，而西佔邵陽以掩護湘桂路。亦既頓兵挫鋭，再衰三竭，深入無繼，窮而思返。而我陸軍第四方面軍總司令王公耀武承命危難，撫定湘西，整齊其民人，訓練其士卒，軍民輯睦，日夜厲戎講武以圖反攻。日人大懼，而伺我整軍之未成，先發以制，悉鋭西犯；以其一一六師團偕同一零九聯隊，一二零聯隊、一三三聯隊之一部，及砲工輜重各種兵，自邵陽循大路以進竄龍潭司。周師長以五十一師隸王公之日久，而習知

① 時五十一師師長爲周志道。

其號令，以四月十七日受命阻擊，而大戰以起。

然五十一師百戰之餘，創殘僅補；而日人以精卒五百推鋒而前，先佔紅岩、木敖洞等嶺，得地據險，鋭不可當；師長指揮若定，將士再接再厲；而我一五一團第四連連長劉鶴齡以其衆率先衝入紅岩，而陷敵圍，死焉。敵勢亦少挫，而敵援大至；有衆六千人，砲十二門，以二十三日大舉進攻，霆震星流。我軍無砲，而有空軍之助，彈亦雨墜。顧日人晝伏夜動，以避空襲，而抵隙蹈瑕，狡焉思逞。師長以寡禦衆，在險彌亮；將士奮不顧身以争效命，與日人連戰十有六日，所殺過半當；虜救死扶傷不給，至五月八日而大潰。師長率勵所部，追奔逐北，以賈餘勇，及十四日而後收兵。

此一役也，延二十八日，殲敵大隊長奥居熊吉以下三千五百餘人，俘敵分隊長奥村春夫等三十四名，獲敵戰馬二十五匹，步鎗一百五十九枝，輕重機關鎗十挺，擲彈筒十六具，無綫電兩具，以及其他彈藥器材不可勝數。而我五十一師之官佐七十九員，士兵一千九百人，咸以身殉焉。嗚呼！精貫白日，猛烈秋隼，殺身爲國，亦云烈已！然能忠骸交撑，毅魄長往，歿而猶視，生何以安！

於是其地父老驚魂甫定，指溪山以無恙，賴將士之忠勇，致命遂志，哀思彌深。而裹尸無駿馬之革，樹冢象祁連之山。爲之倡者諶君祖鏡；而嚮風慕義，實繁有徒；僉謂："不有所記，幽光何發？表墓旌善，長留人思，匪惟以昭我武，抑亦以見遺惠。"而介龔君勵初、何君觀洲以命基博曰："竊有講也，顧不敢以遽。"基博則瞿然應曰："將士流血，人民流汗；顧僕庸朽，敢不嘔心乎？"於是濡毫載績而文於碑，以慰父老之思，而彰戰陣之勇。稜威可厲，懦夫克壯，俾國人者咸知所式。而係之銘曰：

彼狡者寇，墮我百城。百城可墮，衆志不傾！龍潭寸隘，屹莫我争。非隘之嚴，而气憤盈。成師以出，誓死無生。刈寇如草，曾不聞聲。寇血以瀝，我尸亦横。斂骸巍冢，化魄長庚。千秋萬歲，仰莫與京！

（原刊於《湖南日報》，1945年8月27日、28日、29日）

湯上將軍修復寶界橋記

無錫仙蠡鄉之寶界山，臨五里湖，翠岫靈巒，與波光烟景交相涵挹，明秀冠絶。自有宋錢伸仲紳始置田卜宅，通泉建亭，及於有明，而陳方伯賓、王仲山問諸邑彦，率于林泉邱壑間，有所營造，山藝嘉樹，池種白蓮，而山之景益以勝秀。蔣階、歸有光、蔡載諸子皆有詩文紀詠之。然而朝謝代更，歷年數百，堙圮漫漶，寂寞無聞。

今獨寶界橋有名於世，橋毁於民國二十六年抗日之始戰，修復者湯恩伯上將軍，而始建者榮君德生也。榮君爲吾國棉紗及麵粉工業鉅子，樂善好德，聚而能散，嘗發宏願爲千橋會，將建千橋以濟行旅。而寶界橋之建，則在民國二十三年，用志其六十歲周甲之慶。橋接湖山路，而跨五里湖①，凡六十穹，度閎規而大起。自山頫眺，横亙如虹之飲于湖，而自湖平視，水天輝映，如珠之聯、璧之合也。莫不歎爲神工，稱一邑之勝迹。蓋不僅潤色湖山適于遊觀而已，行旅往來，悉蒙利賴也。

橋成裁三年，而日人作慝，狡焉啓彊，肆其毒弱，而我無錫控扼京滬，

① 五里湖，原作“五里路”，涉上“路”字而误，今據文意改。

地當兵衝，湖濱之小箕山，有大將駐焉。日人欲以逞其志，以飛機偵察者數，而擲以炸彈，橋中彈而壞其三穹。民方流亡蕩析，不得寧處，無論修復。是年十一月，我偏師不戒，邑以告陷，而南京亦不守。非族入據，僭擅政令，暴斂繁刑，賊殺無厭，邑人惴慄，不知命在何日，而敢言造作。

及民國三十四年八月，日人惡稔而勢窮，悔禍納命，神州重光，而上將軍實以第三方面軍總司令來受降，陳中將大慶實爲之貳，而參謀長萬中將建蕃、副參謀長李中將元凱參與帷幄，以有成命。旋第三方面軍改爲第一綏靖區，而司令部駐於無錫，上將軍不競不求，以輯睦我軍民。于是民命昭蘇，流亡來歸，曩兵燹所毀，稍稍綢繆之安其居，僉謂寶界橋，當湖山孔道，係一方觀瞻，以言葺繕，莫此爲先。第大劫之餘，加之以饑饉，民既憔悴困頓，公私索竭，小有經營，亦已不給；而榮君之實業多墜，張皇補苴，惟日之不給，而何暇有事於橋上。

上將軍撫循閭閻，周巡邑境，見寶界橋基礎剥蝕，梁柱傾欹，日就圮，慨然曰："不惟行旅攸阻，抑亦名勝失瞻，亦既户里凋敝，吾其坐視？"因以爲己任，而不欲邑人創殘之餘，重有所勞費，則以役賦于士兵，費資于廉俸，而督之以第四處處長繆中將啓賢，仁之至義之盡也。乃以民國三十五年六月十一日興工，七月某日工竣。邑人欣忭，行路歡虞，頌聲雷闐，以爲微上將軍，則兹橋將與寶界山錢氏之四亭、陳氏之梅坡、王氏之草堂同一堙圮漫漶，寂寞無聞矣！

然而上將軍之加惠于吾邑，邑人之所仰望上將軍，尤在閭閻之綏靖，不徒湖山之潤色。獨吾觀五里湖山水佳麗，不減西湖，而西湖之勝則以白香山、蘇東坡而箸，亦惟白蘇二公之施政有純，遂以堤繫人思耳！今五里湖得寶界橋以發其勝，而有上將軍之嘉惠以相得益章，則寶界橋不猶西湖之白堤、蘇堤以來永繫人思，而上將軍不將與白蘇二公同其流惠歟？

縣長徐君淵若，博舊識也，市獄無擾，休生養息，而與上將軍咸有一德以相詔曰："橋不可以無記，惟子之宜。"誼不可辭，而以文于石。

（原刊於《江蘇民報》，1946年7月9日）

重修東林書院後記

顧君彬生少小同學，蚤而茁秀，老而砥節。倭夷作慝，吾邑淪胥。余跳而避，君不違難，用晦而明，再見囚縶而威武不屈，莫之害也。及窮寇悔罪，還我河山，余歸相見，握手太息，不及道無恙，而亟傷荐亂。觀於人心之未轉，而知亂日之方長。多難古有興邦，殷憂今幾啓聖。安危利菑，不獨小人。縱欲長傲，尤多君子。苟不知儆，人將相食。君則以爲德之不修，由於學之不講。東林書院者，先端文公與忠憲公之所嘗講學也。豈非蒿目時艱，而以傷心衜喪。人心溺而不反，患氣積而以深，發聾振聵，宏我夏聲。流風未沬，猶或興起。而今薪木毀傷，講堂漸圮，苟不亟修，蕩焉以盡，遺型不存，後生何仰？幸託體端文，其何敢不力？

於是義問昭宣，闔邑風動，則其從孫希炯爲之奔走，楊君郁初相與勸募，陶君達三、辛君柏森佐其規度，榮君鴻元、王君禹卿、張君競顯、徐君采臣等輸以貲財。經始於去年十月，訖工於今歲二月。群策群力，而君綜其成。邑老唐蔚芝先生既爲之記，而君以余嘗參末議，重辱命之辭。

獨念東林書院講學，而今上庠如林，何嘗不講學？特顧、高欲以講學正人心，而今則以講學攖人心。此何也？世道之衰，群言淆亂。居仁由義，自以爲言之成理；反道敗德，何嘗不持之有故？要以便身圖，負意氣，乃至殺人越貨，賣國求榮，莫不文以奸言，鼓其簧舌，譸張爲幻，聚徒合衆而争之。强辯之疾，使顧、高生於今日，得無發憤而道曰："予欲無言。"嗚呼！莊生不云乎！"慎毋攖人心！"然而攖人心者，不幾曰"正人心"乎哉！質之於君，尤當憮然。

時在中華民國紀元三十六年二月，邑後學錢基博謹記，邑後學朱夢華莊書。

（原石存無錫市東林書院，作於 1947 年 2 月）

校訂後記

托馬斯・卡萊爾（Thomas Carlyle）指出："歷史是無數傳記的結晶。"此話如果用於中國的歷史典籍，尤顯得貼切允當。不過，傳記在中國古代一向隸屬於史籍，"紀實存真"是其基本的寫作要求，因此不存在西方傳記文學"與生俱來"的困局，即真相與想像、自傳與別傳、紀實與虛構等方面的矛盾與衝突。

衆所周知，中國之傳統傳記史籍，不唯以作品的浩如煙海而令人歎爲觀止，而且還以其編纂體裁的完備而獨立於世。史傳、誌傳、碑傳若三足鼎峙，源遠流長，争奇鬥豔，爲傳記史籍編纂確立了基本格局。其間還派生出了各種傳記新形式，如用編年方式記載人物的年譜體，記述學派承傳流衍關係的學案體，琳琅滿目，美不勝收，由此表明中國傳記史籍在一定程度上按自身規律向前發展。

所謂"史傳"，即正史中的列傳；而"誌傳"則指方志中的人物傳（或稱人物誌）和獨立成書的各類傳記，稍晚於史傳出現。史傳和誌傳無疑是傳記中的正體，一般以官修爲主。惟有"碑傳"屬於私家撰述，含碑（墓碑、碑記、神道碑、墓誌銘等）和傳（家傳、別傳、行狀、事略等）兩個方面，文體内涵十分豐富。

作爲一代國學大師，錢基博先生最使我們傾慕的，一定是他恢閎的學術氣象。他在《自傳》中嘗論及個人的治學領域，除了“詁經譚史”之外，還談到其所作碑傳雜記，不僅“頗爲世所誦稱”，而且“於三十年來民情國故，頗多徵見，足備異日監戒”①。由此可知，錢氏在其一生當中必定撰寫了大量這類人物傳記作品。的確，在錢先生存世的數以千萬字計的著述宏文當中，傳記作品廣涉史傳、誌傳、碑傳等諸多傳記門類，總數不少於百萬字。其中，除了上述碑傳文之外，也保存下來了數量可觀的誌傳作品，此類代表性成果有《江蘇省立第三師範學區紀念人物誌》、《無錫人物誌稿》、《常州學者傳》、《韓愈志》、《江蘇學風》、《近百年湖南學風》等；而史傳方面，則有《現代中國文學史》，皆爲民國學術史上不可多得的傳記佳作。尤其是《韓愈志》、《現代中國文學史》和《近百年湖南學風》三書，因其網羅之宏富和見解之深刻，久負盛名，不僅成就了各自學術領域的經典地位，而且也以其義例體裁的精巧獨特，迥别於歷代任何傳記史籍，甚至可以説：“前無古人，後無來者。”由此也引發了學者們越來越濃厚的探究興趣。不過，歷來對錢基博“集部之學”的研究，大都關注於文學史和文學理論，往往無視其傳記作品的存在，尤其是碑傳、誌傳、史傳等方面的創作實踐和理論貢獻，鮮有提及。

本集乃《錢基博集》“碑傳”部分，全一册，收入了錢基博一生當中創作的大量散篇碑傳文章，並按體裁分類，釐爲五卷：卷一“傳記”，卷二“述狀”，卷三“銘表”，卷四“哀祭”，卷五“碑記”。全書共輯録碑傳文一百一十四篇，約計三十萬言。

錢基博十八歲時，嘗立志“爲文章以有聞於四方”，因讀《韓昌黎集》而“橅仿所爲”。清宣統元年（1909），他二十三歲，入幕江西提法使陶大均行署，先籌辦江西司法改良，後做了一名專主文案的師爺，其弟錢基厚回憶説：“時叔兄已治古文有名，膺江西臬使山陰陶大均之聘，爲記室，喜讀昌黎文，於碑版尤有得。一時贛省碑版，多有出其手者，而人亦推服之云。”② 明言錢先生寫作“碑版”而鑽研韓文有得，亦是他從事碑傳文創作之始。目前，我

① 傅宏星：《錢基博年譜》，武漢：華中師範大學出版社，2007年版，第259頁。

② 傅宏星：《錢基博年譜》，武漢：華中師範大學出版社，2007年版，第21頁。

們已知的錢氏創作於這一時期的碑傳文章共有四篇：《明贈都督僉事副總兵鄧子龍祠碑文》、《且園記》和《江西提法使陶杏南先生哀辭》、《會稽陶杏南先生行狀》，文辭工整，體例謹嚴，前兩篇爲代陶而作，后兩篇則爲祭陶而發。當然，他在本階段尚未從理論上探求碑傳文的有關問題，但此番寫作實踐却無疑地使他鞏固了對於碑傳雜記的興趣，錢先生一生的傳記情結恐怕正是由此而奠基。

錢基博於清宣統二年（1910）秋離贛返回家鄉，隨後親身參與了無錫一地辛亥光復的全過程。民國成立之後，他又一度出任蘇浙聯軍援淮軍司令部代理副官長、少校參謀，援淮軍後來改編爲陆军第十六师，亦任副官参谋，授职陆军中校，戎馬倉皇，不廢文事。他把平日聽來的遊俠劍客的傳奇故事，一一記録下來，諷世涉俗，用心匪淺。這批武俠類文章大都在《小説月報》上刊發，最后結集爲《武俠叢談》一書。他此時雖然熱衷於筆記體小説的創作，但也有意識地嘗試了其他文體的寫作，包括碑傳文。

民國四年（1915），錢基博轉任吴江麗則女校國文教師。他又試圖將文體知識的教學貫穿於平日的國文教學及寫作訓練中，使學生知道“某種題事適用某體，辨其體之所宜”。他給學生所開列的命題作文，從體裁上來分，包括碑文、啓、祭文、傳、記、札、書序、箴、雜記、釋、引、誄、箋、議、書後、論、贈序、頌辭等，可以説從前傳統文章分類的主要體裁，已經大體具備；而錢基博每爲學生寫一範文，必於篇首爲學生考述該種文體的源流特點，由此使得自己對傳統傳記的感性上的興趣上昇到了理論上的重視。尤其讓人喫驚的是，這批範文裏居然保存了四篇英譯漢的作品，其中三篇是《記布加利亞之婦人》、《亞幾梅笛别傳》和《嘉利樂别傳》，這除了表明錢先生“力謀與外國文字聯絡”的教學旨趣之外，也説明他已經涉獵了西方傳記作品，且探究“中西文字息息相通處”。

錢基博先生常説：“愛國始於鄉土。”他熱愛家鄉，關注現實，傾全力於無錫的文化建設——寫文章，辦報紙，修縣志，籌文博，從不吝惜把生命工夫投入到這種歷史文化的傳播事業當中去，不求人諒，不圖名利，一秉素志。他主持無錫縣立圖書館期間，除了着手整理出版“錫山先賢叢書”之外，還做了大量的“鉤沉蒐逸”工作，於地方歷史文獻保全不少。錢先生又曾於民國七年（1918）五月、民國十八年（1929）五月和民國三十六年（1947）六月，三次擔任無錫縣修志委員會總纂，對修志事宜多所建言，并寫下了大量關於《無錫縣志》的著述。民國十九年（1930）三月，無錫在城内學前街孔廟附近籌設縣立歷史博物館，他擔任首任館長。錢先生長期患病，曾自嘲"多愁善病"，但他又不得不擔任繁重的文教工作，以及爲學校、出版社大量編寫講義和出版學術著作。從他留下的文字當中，我們常常可以讀到"胸腹痛，不能伏案"、"近患痼疾，伏枕時多，不能握管"等類似的話，也正可説明他的身體狀況一直都不好。此外，做爲當地的"大文豪"，錢先生又必須面對接踵登門的父老鄉親，有時是他主動寫的，也有受邀而撰的，因此留下了大量的應酬文字。所以，本集除了滙聚傳記類的碑傳文之外，還收録了一組關涉無錫近現代史和地方文化建設方面的碑記文章，如《無錫光復門碑記》、《無錫民政之碑文》、《無錫圖書館碑記》、《記天下第二泉》、《重新南國杏壇記》、《無錫公園創制記》、《無錫縣立第一高等小學校二十週紀念碑銘》、《小學教育博物館佐金題名之碑銘》、《錫山邑館題名碑記》、《新建無錫縣監獄記》、《拓建尤文簡公祠記》、《湯上將軍修復寶界橋記》、《重修東林書院後記》等，林林總總，珍貴異常。其中，《湯上將軍修復寶界橋記》作於民國三十五年（1946），記述了當時駐紮無錫的第一綏靖區總司令湯恩伯將軍修復寶界橋的事迹。寶界橋是一座現代化的鋼筋水泥大橋，長橋卧波，以濟行旅，由江南棉紗及麵粉工業鉅子榮德生捐資建造。大橋毁於民國二十六年（1937）抗戰之初，三穹壞圮。戰後，無錫百業待興，而榮氏一姓則無力負擔修復費用。湯恩伯聞知此事後，引爲己任，出資督工，不勞地方。無錫各界感其惠德，特懇請錢先生爲之記，刻碑立石，以爲紀念。湯氏的一貫爲人和政治立場不無可議之處，但他修橋的善舉則不能因人而廢。"人生過處惟存悔，知識增時祇益疑。"如果不是有幸讀到錢先生的碑記，今天的人們，何從知曉那座屹立太湖北岸幾近八十年風雨的寶界橋，還有這樣一段鮮爲人知的滄桑往事。

自清宣統元年（1909）至民國三十八年（1949），整整四十年間，錢基博持續不斷地創作傳記作品，並對傳記理論中的諸多問題作了深入細緻的闡述，散篇零論，俯拾皆是，我們很難對他兩方面的成就進行通常意義上的分期分類研究。其中，史傳和誌傳作品，遺篇浩繁，獨立成書，在此不得不忍痛割愛，姑置毋論；而碑傳文則可以按傳主的類別劃分，大致有四种，即學者名賢、高人義士、親朋故舊、閨門節烈。

其一，學者名賢。錢先生的碑傳文，既有先秦的聖賢大哲，也有歷代的將吏儒生，無一不是表彰他們爲學則義理悦心，爲官則輔世長民，爲將則忠勇善戰。前者如《孫子别傳》、《尹文子傳》、《鄧析子别傳》、《慎子傳》、《惠子傳》、《公孫龍傳》等，剪裁異同，条贯其事，深得古人“多聞闕疑”之旨；後者如《拓建尤文簡公祠記》、《明贈都督僉事副總兵鄧子龍祠碑文》、《記彭剛直公》、《吴南屏業師兩先生傳》、《常州學者傳》等，略人之所詳，詳人之所略，機杼别出，論述精當。這些作品大都根據歷史文獻剪裁而成，既有考證性内容，又有評論性内容，學術氣息也較濃厚。

其二，高人義士。指那些賢能仁義之士，文章包括《會稽陶杏南先生行狀》、《記合肥李文忠公之手杖》、《吴禄貞傳》、《魏鐵三傳》、《費太公家傳》、《近世游俠三君傳》、《聖約翰大學校校長卜先生傳》、《黄霞峰先生傳》、《光華大學創辦人王省三先生傳》、《富陽章定瑜别傳》、《楊親彦先生傳》、《安陸程逸濱先生家傳》、《張仲仁先生軼事狀》、《趙元真墓表》、《唐保謙先生墓誌銘》、《蕭德義士墓誌銘》、《崑山方唯一先生公葬碑》等。人物類型多樣，或心憂清政而賫志以殁如陶大均者，或不願爲官而終生從事教育如卜舫濟者，或隱逸江湖而不欲以力勝他人如費允嘉者，或雄傑大略而失身喪元如吴禄貞者，或藏書三千餘册而悉贈華中大學如程逸濱者，或僑居中國而身殉長空之美國軍人如蕭德者，或工商致富而樂善好施如唐保謙者，或拄危定傾而無負於國家如張一麐者，無一不是具備“奇節偉行”之人。這部分文章，以錢基博親見、親聞、親歷的點滴史料入手，憶及傳主或其他各界人士，由此爲中國近現代史上的若干重要人物的生平和人格特徵等情況，提供了一批鮮爲人知的寶貴的傳記資料。

其三，親朋故舊。錢基博有八篇碑傳文是專門哀悼親人的，分别是《先母孫宜人述》、《西林二哥家傳》、《枏庭三哥家傳》、《大哥述略》、《先大父述略》、《先仲世父述略》、《先府君行述》、《春申君里墓碣》等，爲他故去的父母、叔伯、大哥、堂兄以及早夭的二哥、大姐、小妹所作。王蘊章《与钱潛夫书》曰：“行述（指《先母孫宜人述》）一篇，自是天地间有数文字。我亦鲜民，读之陨涕。”可見該文寫出了作者内心的切膚之痛，感人至深。而其悼念師長友朋的作品至少有十一篇，大略有《南通費生傳》、《高老愚先生家傳》、《陶錫侯先生家傳》、《高眠宀先生傳》、《亡友徐君薇生學行誼狀》、《邑老周君墓碣銘》、《瞿少安先生墓闕銘》、《韋生哀辭》、《顧公述之先生哀辭》、《孫先生鶴卿紀念碑文》、《王省三昭德之碑文》等。錢先生在《先大父述略》一文中自述道："會以戊午之夏，撰《高老愚先生傳》，而散原先生辱題詩其後，有句曰：'錢生契獨行，立傳追范史。吾褒美其文，綴詠亦贅耳。'自以末學小生，幸見稱於當世賢豪長者，其忻榮爲何如也！"一時文壇耆宿推獎若此。這類碑傳文，因爲作者對傳主的生平事迹和人格特點有足夠的了解，所以概括評價，追懷往事，文字顯得尤其細膩生動，情真意切。

其四，閨門節烈。錢基博筆下的女性傳主均生活在晚清入民國這一特殊的歷史時期，體現的特徵也往往是新舊雜呈，大略可以分爲兩類：一是中下層的普通傳統女性，文章如《唐室陳夫人家傳》、《李夫人墓表》、《顧賢母杜太君墓碣銘》、《秦母莫夫人墓碣銘》、《華貞節婦墓表》、《丁節母王太夫人墓碣銘》、《王貞孝女墓碣銘》、《王太公太母墓碑》、《高母喬太君祔碣銘》、《陶母姜夫人墓碣銘》、《宗嫂陶室諸夫人墓誌銘》、《唐室馬夫人墓碣》、《馬母劉太夫人墓碣銘》、《唐室馬夫人哀辭》等，褒揚她們貞、孝、節、烈、賢、義等婦女的傳統美德。二是近代新女性和外國婦女，文章如《金宮芸女士傳》、《金女士誄》、《記布加利亞之婦人》等。其中金宮芸是一位接受過學校教育的知識女性，自幼莊敬如成人，事繼母若生母，婉順至孝，一堂和睦，自膺吴江麗則女學初等一年級主任後，循循善誘，勤勞教職，深得衆人愛戴，而不倖以暑疾去世。錢先生感其人格之高潔與事迹之感人，不待人求，"固宜於是爲作金女士傳以慰衆人之慕"。由於時代的變遷，私家采用"樹碑立傳"傳統方式者，日漸減少，所以錢基博先生留下的這批碑傳文，也可以説是我國史料學上碑、傳這一重要分支的絶響了。

歲月淘人，原非可料！這些幾被當代人遺忘的碑傳文章，體例謹嚴，文筆典雅，人物生動，事理通明，妙在真實地反映了那個特殊歷史階段中某一地域或某一類人物的時代風貌，無疑也是二十世紀中國不可多得的文言文珍品！可惜本文不便一一細説，惟有按本書編排次序，每卷各舉一篇文章評論爲宜，或簡叙傳主生平，或就每篇的寫作背景、文字特點和社會影響等等，分别予以必要的介紹。

（一）《吴禄貞傳》

比較而言，在錢基博早期的傳記作品中，《吴禄貞傳》最有特色，也最爲成功，社會影響又最大。該文作於錢氏任職蘇浙聯軍援淮軍司令部期間，戎馬倉皇，只能“席地为草”，後發表在民國元年（1912）三月二日、三日的《民立报》上，可謂一紙風行，衆口稱頌。此文一經刊出，就引發了讀者熱烈的討論，《民立報》曾先後刊登謝炳樸《致廉南湖吴芝瑛兩先生書》和吴稚暉《讀〈民立報〉所載記述吴綬卿先生雜作書後》兩篇長文，給予錢傳以充分肯定。拿錢先生《自傳》里的話來説，即“文出，一時傳誦，咸以爲傳神阿堵，如見生平”。也難怪廉泉（號南湖）先生作爲此事的親歷者之一，多年以後，仍相憶不衰，因有《錢潛夫贈詩三十二韻答以兩絶句》咏及此傳①，其一云：“詩似其文固不群，英靈猶見故將軍。西風翻盡清華樹，一字推敲正憶君。”其二云：“新雁南來若可呼，講臺夜静月華孤。賞奇更愛孟夫子（辛亥革命之際，君著《吴禄貞傳》，稚暉先生歎爲史筆，毘陵孟憲成讀之神移，以此相結，今同爲清華學校教授），禪病通身醫得無（時余患臂痛）。”②

（二）《先母孫宜人述》

述狀是最基本、最原始的傳記素材，篇幅往往比較長，内容全面，用於親人死後乞求墓誌銘的依據。錢基博的母親，出身於無錫石塘灣孫氏，書香門第，富甲一方；然其秉性勤敏能干，不自暇逸，絶無豪族奢靡享樂之習。平日處事公正，鄰里和睦。持家嚴而有惠，烹作浣濯，教子課讀，將一門之内的上下諸事打理得井井有條。母氏去世後，兄弟三人及兒媳、家人傷心慟哭，無法釋懷，錢基博遂作述以告哀。詩人陳三立《簡錢子泉》曰：“屢讀大著，瑰異優渥，不僅三吴之文士，抑亦海内之通人也！並世有此才，足驚老眼！即以文字論，如《孫宜人述》、《春申君里墓碣》諸篇，家常瑣細，一以大雅之筆出之。永叔、熙甫，有此情韻，無此雄奇。可謂前不見古人者矣！”於此可知錢先生之碑傳文見重於當時如此。

（三）《蕭德義士墓誌銘》

傳主蕭德是一位與教育界本無任何聯繫的美國空軍退役軍人，而錢先生爲之撰寫墓誌銘，目的則是痛斥某些國人不知團結抗戰之大義，貪生怕死，助紂爲虐，故而大聲疾呼：“暴日侮我之亟，我不自奮，而庸人爲我奮乎？”

---

① 錢基博先生於民國十四年（1925）秋，北上出任清華學校大學部國文教授，因與廉泉先生重聚，故有此作。

② 廉泉：《夢還集》，北京：中華書局，1931年版。

作爲一名僑居中國的外國人，“日人陵我，於君何辱?”而蕭德見義勇爲，尚知駕機迎戰，與日寇“奮與周旋，遂以身殉”。蕭德的死，正可以驚醒和激發民衆的鬥志。

（四）《顧公述之先生哀辭》

這可能是錢基博新中國建立之前寫的最後一篇碑傳文，長達二千七百餘字，用極富感染力的文言文寫成。傳主顧倬（字述之）先生是錢基博最親近的友人之一，曾執長江蘇省立第三師範學校者十年，而錢氏追隨且五年，志同道合，不懈益奮。顧倬嘗言：“交道之不終，吾則自知罪矣！然吾寧獲罪朋友，而不顧朋友之暱就於我，長傲縱欲，以貽誤後生，貽誤教育。吾望朋友爲當代之人師，而不能陷朋友爲教育之罪人。知我罪我，任之而已。”由此可見其交友與辦學之旨趣。“先生惟日孜孜，以師道劘切吾同仁；而吾同仁惟日孜孜，巧以學術劘切諸生，教學相長，用知不紛。同仁晤對，賞奇析疑，文史而外，語無猥俗。相觀而然，海内風動。”省三師之能“冠出一時”，未嘗不是因爲顧校長重視“師道”，鼓之舞之，“有以善其用也”。“淞滬會戰”之後，無錫亦被日軍攻陷，顧倬義無反顧，“挈寡妻，捐廬墓，亡命長沙”，顛沛流離，遇雖困而意氣方壯。在他去世前三天，雖自知時日不多，但仍爲教育事業鞠躬盡瘁，死而后已。唯其如此，該文的主旨是把顧倬“君子謀道不謀食”的一生經歷、思想學問和品德描述出來，借鏡自照，反觀當時的教育界：“道揆法紀，日即於墮弛，校長不敢以師範繩僚友，教師亦罕以學業嚴課督，相爲容説，舍業以嬉。”或許仍不失爲一篇“憂患”之“哀辭”，“發憤”之“傳記”。

（五）《陸軍第五十一師保衛龍潭司陣亡將士公墓碑文》

民國三十四年（1945）春，日军在太平洋戰場遭到接二連三的毀滅性打擊，败相已成，但仍負隅頑抗，不肯承認失敗。中國戰區日軍爲确保粤漢、湘桂兩铁路畅通，妄图摧毁芷江机场，以減轻空中威胁。四月初，他們调集精锐，兵分三路，沿湘黔方向大举进犯，鋭不可當，先後攻佔了新寧、武岡、洞口等地。中路日軍即主攻部隊，由一一六師團擔任，從邵陽一口氣殺到了雪峰山脚下。中國方面，亦派重兵參戰，其主力部隊是王耀武第四方面軍全部兵力和第三方面軍一大部，采取分兵阻擊，誘敵主力深入，再尋找戰機圍而殲之。而據守雪峰山天險隘口的，正是王耀武最精鋭的第五十一師周志道部。那場慘烈的保衛戰發生在漵浦縣龍潭司境内，持續打了二十八個晝夜，日軍一一六師團始終未能越過龍潭半步。雙方一直在弓形山南面的鷹形山（戰後改名英雄山）、紅岩嶺、青山界、車岩嶺一帶激戰，損失慘重。最終，在我軍總攻的壓力下，日軍全綫潰退。此役爲湖南抗日戰争中的最後一戰，史稱“湘西會戰”。戰争結束後，爲了紀念“雪峰山大捷”中壯烈殉國的陸軍第五十一師二千多位將士，龍潭父老倡議，政府撥款在龍潭鎮附近的弓形山上修建烈士陵園，祭奠英靈。自委員長蔣介石以下幾十位黨政要人和各界名人題字紀念。蔣介石題字：“精忠貫日月。”時任國防部長何應欽的題字是：“將軍之勳烈兮，猗歟休哉千秋。”漵浦各界隨即派代表敦請錢先生爲烈士陵園撰寫紀念碑文。

遺憾的是，鼎革之後，一些“左”派人士，往往以“樹碑立傳”爲問罪興師之由，以毁墓搗碑爲革命壯舉之榮，歷史文物、史料損失之嚴重，堪稱空前浩劫。龍潭弓形山上的烈士陵園亦不能倖免，全部碑刻和附屬建築均遭焚毁，惟有錢先生的銘文被有心人抄存下來，而誌文則長期不得而知。1991年，龍潭父老再次倡議修復烈士陵園時，已經對當年保衛戰的細節不甚了了，僅從殘碑上辨識出百餘位英烈的名字，重新刻石以爲紀念。2008年冬，我前往湖南省圖書館查閱歷史文獻，終於在民國三十四年（1945）八月的《湖南日報》上發現了錢氏所撰《陸軍第五十一師保衛龍潭司陣亡將士公墓碑文》。碑文記述了戰役的諸多細節，而均不見載於其他任何戰史。文中有云：

> 我陸軍第四方面軍總司令王公耀武承命危難，撫定湘西，整齊其民人，訓練其士卒，軍民輯睦，日夜厲戎講武以圖反攻。日人大懼，而伺我整軍之未成，先發以制，悉鋭西犯；以其一一六師團偕同一零九聯隊，一二零聯隊、一三三聯隊之一部，及砲工輜重各種兵，自邵陽循大路以進竄龍潭司。周師長以五十一師隸王公之日久，而習知其號令，以四月十七日受命阻擊，而大戰以起。然五十一師百戰之餘，創殘僅補；而日人以精卒五百推鋒而前，先佔紅岩、木敖洞等嶺，得地據險，鋭不可當；師長指揮若定，將士再接再厲；而我一五一團第四連連長劉鶴齡以其衆率先衝入紅岩，而陷敵團，死焉。敵勢亦少挫，而敵援大至；有衆六千人，砲十二門，以二十三日大舉進攻，霆震星流。我軍無砲，而有空軍之助，彈亦雨墜。顧日人晝伏夜動，以避空襲，而抵隙蹈瑕，狡焉思逞。

師長以寡禦衆，在險彌亮；將士奮不顧身以爭效命，與日人連戰十有六日，所殺過半當；虜救死扶傷不給，至五月八日而大潰。師長率勵所部，追奔逐北，以賈餘勇，及十四日而後收兵。

而這次保衛龍潭的戰果："此一役也，延二十八日，殲敵大隊長奥居熊吉以下三千五百餘人，俘敵分隊長奥村春夫等三十四名，獲敵戰馬二十五匹，步鎗一百五十九枝，輕重機關鎗十挺，擲彈筒十六具，無綫電兩具，以及其他彈藥器材不可勝數。"至於國軍將士的陣亡情況："而我五十一師之官佐七十九員，士兵一千九百人，咸以身殉焉。"碑文内容翔實，數據精準，既可糾正某些似是而非的傳説，又可彌補湖南抗戰史著的疏漏與空白。

龍潭本是湘西漵浦縣一個偏遠的小鎮，群山環抱，消息閉塞，如若不是六十七年前在這裏彙集了中日雙方最精鋭的陸戰部隊，曾經爆發過一場慘烈的攻堅戰與保衛戰，誰會知道它呢？而錢先生碑文的重新"發現"，不僅喚醒了一段塵封已久的抗日往事，而且再次用鐵的事實證明碑傳文可補正史之不足。可惜的是，陵園能夠毁而復建，石碑可以碎而再立，但烈士之英名，十不存一，本不該忘却的記憶，終將永遠地消失在歷史的長河當中了。

錢基博一生當中，雖然没有一部研究傳記的理論專著，但是在其相關的講義、論文、序跋、書信裏，廣泛探討了傳記創作的一系列内在的關鍵性問題，比如傳記的起源、碑傳的文體屬性、碑傳文的名稱與分類、對於傳記要素與功用的認識、傳記的創作方法等等，高屋建瓴，卓有建樹。可惜資料相對零碎分散，蒐羅爬剔已是不易，梳理脈絡亦難兼善，又限於篇幅，不能一一評述。故而，試舉最有價值的一二理論要點略作介紹：

其一，傳記的起源。關於中國傳記的起源，一些學者傾向於它在先秦時期以"脱胎於經"和"依附於史"（即記事之作無一與人相始終）的形式萌芽。至西漢司馬遷創造"列傳"體，纔基本確定傳記的人物本位觀念。

錢先生則完全否定了先秦存在這樣一種"萌芽"。他認爲《太史公書》著列傳以記叙人物，遂爲史家定體。换句話説，即傳記起源於司馬遷之《史記》。首先，必須明確經傳之"傳"與記叙人物之"傳"是兩個完全不同的概念。其次，先秦之"史"與"傳"，亦分屬兩個不同的領域："史者，使也，執筆左右，使之記也。""傳者轉也，轉受經旨，以授於後。"劉勰《文心雕龍·史傳篇》辨之甚明。然則記事謂之史，轉經謂之傳，來歷既殊，用途不同。而或謂左丘明因孔子史記，論本事而作傳，兩漢博士早就明言左氏爲不傳《春秋》。又如《公羊·定元年傳》云："主人習其讀而問其傳。"何休注："讀謂經，傳謂訓詁。"此傳解經而不記事之證也。故而，"傳之與史，本不連類"，則今人傳記"依附於史"之説毫無根據。

錢先生在讚同傳記之隸史籍亦肇始於司馬遷的同時，又進而分析《史記》一書："蓋紀者編年也，傳者列事也；紀以包舉宏綱，猶《春秋》之經；傳以委曲衆端，猶丘明之傳；丘明則傳以解經，馬遷則傳以釋紀也。"似乎又指明了傳統傳記發展確有一條從"經傳"到"史傳"的基本軌迹。我們若承认司馬遷著"列傳"以配"本紀"的"創意"，來自於他對"經"與"傳"之間關繫的深刻認識。那么，傳記"脱胎於經"之説，似乎也講得通。

其二，傳記的創作方法。錢基博對傳記寫作的探討，形式多樣，心得极多，都是他在長期創作實踐过程中深入思考和总结的成果。他認爲自己與傳統傳記的最大的區别在於"史之所欲傳者世間成功之學者，而我之所欲傳者在其人如何成學者也"，并歸納出諸如"傳記二宜"、"所據三例"和"剪裁兩端"等寫作原則。其《致喆肫論史筆》寫道：

> 承以陳君之命，索《常州學者傳》，先録一序並《倪瓚惲格傳》奉正。足下試取《明史·倪瓚傳》、《大雲山房·南田家傳》讀之；方信拙筆别具爐錘也。博謂記傳之作，有二宜焉：一曰宜有依據；二曰宜有剪裁。失所依據，是曰杜撰。不知剪裁，則爲鈔胥。博自信不爲鈔胥；或恐失據，用爲大厲。作《倪瓚惲格傳》，咸注所據。條以三例：曰據者，直據某書而書之也；曰參據者，參訂異同而書之也；曰見者，援本集所見也。雖然，見聞異辭，何所取材。得據非難，剪裁爲難。剪裁之難，厥有兩端：一曰剪裁異同，歸於一是；則卓識之難也。一曰條貫其事，言有章序；則載筆之難也。歷來作者，不言援引，無以見其用心，所謂良工不眎人璞也。獨温公《通鑑》别著《考異》，所以牵較異同，示人裁斷。燕居私論，謂深識之士，於二十四史精選傳記文三四十首，仿《涑水考異》之例；詳注所本，衡其取捨。即可以觀史筆之會通，發凡起例，署之曰《史筆發凡》。此書若成，可與劉子元《史通》、章實齋《文史通

義》驂駕而三矣。余文質無底，然環顧當世，斐然述作，相過者鮮。故亦不妄自菲薄，今苦冗迫，無能爲役！其言之不慚，恃惠子之知我也。①

不僅詳細闡發了創作某一類傳記作品時的注意事項，而且也透露了他的著書心事——撰著《史筆發凡》，期待此著能與劉知幾《史通》、章學誠《文史通義》“驂駕而三”，不啻爲一篇錢先生傳記寫作的“夫子自道”。

碑傳文本是古代最嚴謹的文體之一，在寫作體例和傳主選擇上都有一定的標準，當然錢先生也不例外。他曾在抗戰後期的一篇文章中明確談及個人寫作碑傳文的原則，即傳主是否具有“奇節偉行”。文曰：“余以文章娱戲，不以文章炫鬻。倘有奇節偉行，往往不待人請，而藉以發胸中之奇；亦有人請之而不與。”②

一般而言，碑傳作於文人，乃應傳主子孫之請求，奉筆致潤，隱惡揚善，是事理之當然；而錢先生却與一般文人大有不同。他坦言：“吾本不以市文爲生。”有人上門求文，錢先生首先看傳主是否具有“奇節偉行”，無則拒絶，有則爲之，文之佳與不佳，皆不收取任何酬潤。故而謁客紛紛，往往推脱不掉，又讓多病的錢基博不勝其煩。對此，曾經邀請他爲母親撰寫介壽之文的張一麐先生，有過真切的體會，並斷言錢氏是“端人”而非“文士”。另據錢基博《復陳贛一先生論桐城文書》云：“有來索吾文者，興到則爲之，佳則神來之筆，不佳則本不取酬潤，無所謂報當，而一成則不改，鄭孝胥所謂‘骨頭有生所具，任其支離突兀’也。”亦可以反映出錢先生“重義輕利”的學人本色。

中國傳統傳記在近現代的衰落，恐怕與“新文學”的“勃興”有莫大關係，一興一衰，頗耐人尋味。胡適最早使用了“傳記文學”的概念，援西入中，目的是企圖與舊傳記“劃清界限”。他斷言中西傳記在整體上是“西優於中”，中國舊傳記“惟以傳其人之人格”，而西方傳記則“不獨傳此人格已也，又傳此人格進化之歷史”。諸如此類，不一而足。今天看來，胡適對中西傳記的比較也並非毫無見識，但“捉妖打鬼”，用心非常險惡，所以在中國古代傳記研究當中，對胡氏的評價不宜過高。比較而言，梁啓超對古代傳記的研究

---

① 錢基博：《致喆盹論史筆》，刊於《無錫新報・文學月刊》，1923 年 6 月 1 日。

② 錢基博：《錢基博賣文》，刊於《復蘇月刊》第 2 卷第 8 期，1944 年 10 月。

態度客觀一些，也無太大成見，但他好學善斷，開風氣有餘，學問精深不足。比如，他將傳記作品分作五類：一列傳，二年譜，三專傳，四合傳，五人表。言者無據，又顯得駁雜不純，毫無標準，過失在於輕率。

正是由於中國傳統傳記存在著這樣那樣的批評意見，纔激勵錢基博尋求新的改革與創新，而不是簡單地放棄努力，改弦更張。在韓愈研究中，錢基博就有不少新的探索：一方面，他把《春秋》内外傳的義法，化進了《韓愈志》裏，形貌雖變，但精神不變；另一方面，《韓愈志》以史體著論，在非常傳統的框架中，却藴涵了許多西方傳記的元素，非中非西，亦新亦舊。讀者因其新，會看到它與傳統短篇誌傳的不同；因其舊，故不類於"五四"以來一般的文學家評傳。中國舊無"文學史"之目，錢基博與時俱進，以史傳之體而爲《現代中國文學史》，他仿班、范兩《漢書・儒林傳》分經叙次之法，以文體爲綱，以作家爲目，即先生所謂"在人即爲傳記，在書即爲叙録"之意也。而《近百年湖南學風》創作於抗戰後期，師道不立，學風不振，錢先生有感世勢時事而發，在湘言湘，力圖用傳記的方式，發掘諸人身上足以"立懦廉頑"的精神資源，正所謂"通子之意於傳記"也。他扣定"學風"而自明一家之學，既不同於方志，又有别於學案，乃誌傳體史籍之創格，或可稱之爲"學風體"。令人痛心的是，此後中國之發展，被時代風雲席捲而去，它無情地徹底摧毁了文言文賴以生存的土壤，并導致錢先生的這些創新傳記書體一出生就夭折，倒真應了那句"絶響"的話。嗚呼哀哉！

由於深受"新文學"思維定式的影響，時下尚有不少學者重復着中國的舊傳記"并不發達"的論斷，奉胡適之"名言"爲圭臬，甚至尊其人爲所謂"現代中國"之傳記文學的"鼻祖"，無知妄説，貽害無窮。

殊不知，一部華夏文明史，典籍浩瀚，文集叢生，從史傳到誌傳，由誌傳再發展到碑傳，幾乎隨處都可以看見"傳記"的身影。清以前毋論，僅就碑傳總集編選而言，近代有錢儀吉《碑傳集》、繆荃孫《續碑傳集》、閔爾昌《碑傳集補》、汪兆鏞《碑傳集三編》，當代有卞孝萱、唐文權《辛亥人物碑傳集》和《民國人物碑傳集》，以及錢仲聯《廣清碑傳集》、方樹梅《滇南碑傳集》等，尤其是海内外學人企盼已久的儒學大型叢書《儒藏》首批成果"史部"五十册《儒林碑傳》的出版，無一不是卷帙浩繁的"煌煌鉅著"，豈可小視？讓人感覺吊詭的是，中國"并不發達"的傳記作品，似乎總以一種不容漠視的方式反復證明着它的“存在”與“發達”，也難怪歷史學家章開沅先生會有這樣的前瞻：“如果進一步考察探討碑傳的文體、内容、作者、形製、禮儀、風俗等方面，則將可以發展成爲具有自己特色的碑傳學。”① 前賢的熱切期盼，必然成爲後學探索“未知”的動力。

如此看來，二十世紀初期，正值胡適倡導的“傳記文學”風生水起之際。而同樣潛心於傳記創作的錢基博先生，則與之保持適當的張力和距離：一方面，堅守傳記的史學本位，由探尋“傳記之源流”入手，承續各類傳統文體的寫作規範，並對之進行調整和改造；另一方面，他又在舊有的學術構架下，思考關於傳記的界定，構畫傳記的範疇，梳理傳記發展、演化的統序。錢基博正是通過以上兩方面的努力，力圖建構中國的、本土化的傳記知識譜系，穩健地推進以史傳、誌傳和碑傳爲核心的傳統傳記寫作向現代的轉型與發展。

哲人雖萎，其言猶在！當民國先賢們偉岸的背影漸行漸遠之時，我們唯一能做的，就是少説空話，多做實事，保存歷史文獻。

本書的資料，大都輯自數十種以上民國時期的報刊書籍以及手稿本、拓片和單行的哀輓録、家譜等。每篇均標明文獻來源，以方便學者復覈。而這些珍貴的文獻，網羅匪易，時過境遷，恐怕很難再找到了。其中十二篇文章選自作者生前手訂的八册綫裝稿本——《潛廬集》，今收藏於子泉先生哲孫錢佼汝教授處；而部分拓片，則是由無錫學者徐志鈞先生手抄並寄贈。在此，衷心地向兩位古道熱腸的老先生以及所有關心和支持我們的師友表示感謝。本人學養有限，編校錯誤在所難免，懇請海内方家不吝賜教。

傅宏星

二〇一三年六月識於湖南科技學院國學研究所

① 章開沅：《辛亥人物碑傳集序》，刊於《辛亥人物碑傳集》，卞孝萱、唐文權編，北京：團結出版社，1991年版。